JN268364

ミネルヴァ日本評伝選

身はたとひ武蔵の野辺に

吉田松陰

海原　徹　著

ミネルヴァ書房

刊行の趣意

「学問は歴史に極まり候ことに候」とは、先哲荻生徂徠のことばである。

歴史のなかにこそ人間の智恵は宿されている。人間の愚かさもそこにはあらわだ。この歴史を探り、歴史に学んでこそ、人間はようやくみずからの正体を知り、いくらかは賢くなることができる。新しい勇気を得て未来に向かうことができる。徂徠はそう言いたかったのだろう。

「ミネルヴァ日本評伝選」は、私たちの直接の先人について、この人間知を学びなおそうという試みである。日本列島の過去に生きた人々の言行を、深く、くわしく探って、そこに現代への批判を聴きとろうとする試みである。日本人ばかりではない。列島の歴史にかかわった多くの異国の人々の声にも耳を傾けよう。

先人たちの書き残した文章をそのひだにまで立ち入って読み、彼らの旅した跡をたどりなおし、彼らのなしとげた事業を広い文脈のなかで注意深く観察しなおす——そのとき、はじめて先人たちはいまの私たちのかたわらによみがえってくる。彼らのなまの声で歴史の智恵を、また人間であることのよろこびと苦しみを、私たちに伝えてくれもするだろう。

この「評伝選」のつらなりのなかから、列島の歴史はおのずからその複雑さと奥ゆきの深さをもって浮かび上がってくるはずだ。これを読むとき、私たちのなかに新たな自信と勇気が湧いてきて、その矜持と勇気をもって「グローバリゼーション」の世紀に立ち向かってゆくことができる——そのような「ミネルヴァ日本評伝選」にしたいと、私たちは願っている。

平成十五年（二〇〇三）九月

上横手雅敬
芳賀　徹

松浦松洞筆「吉田松陰画像」（京都大学附属図書館蔵）

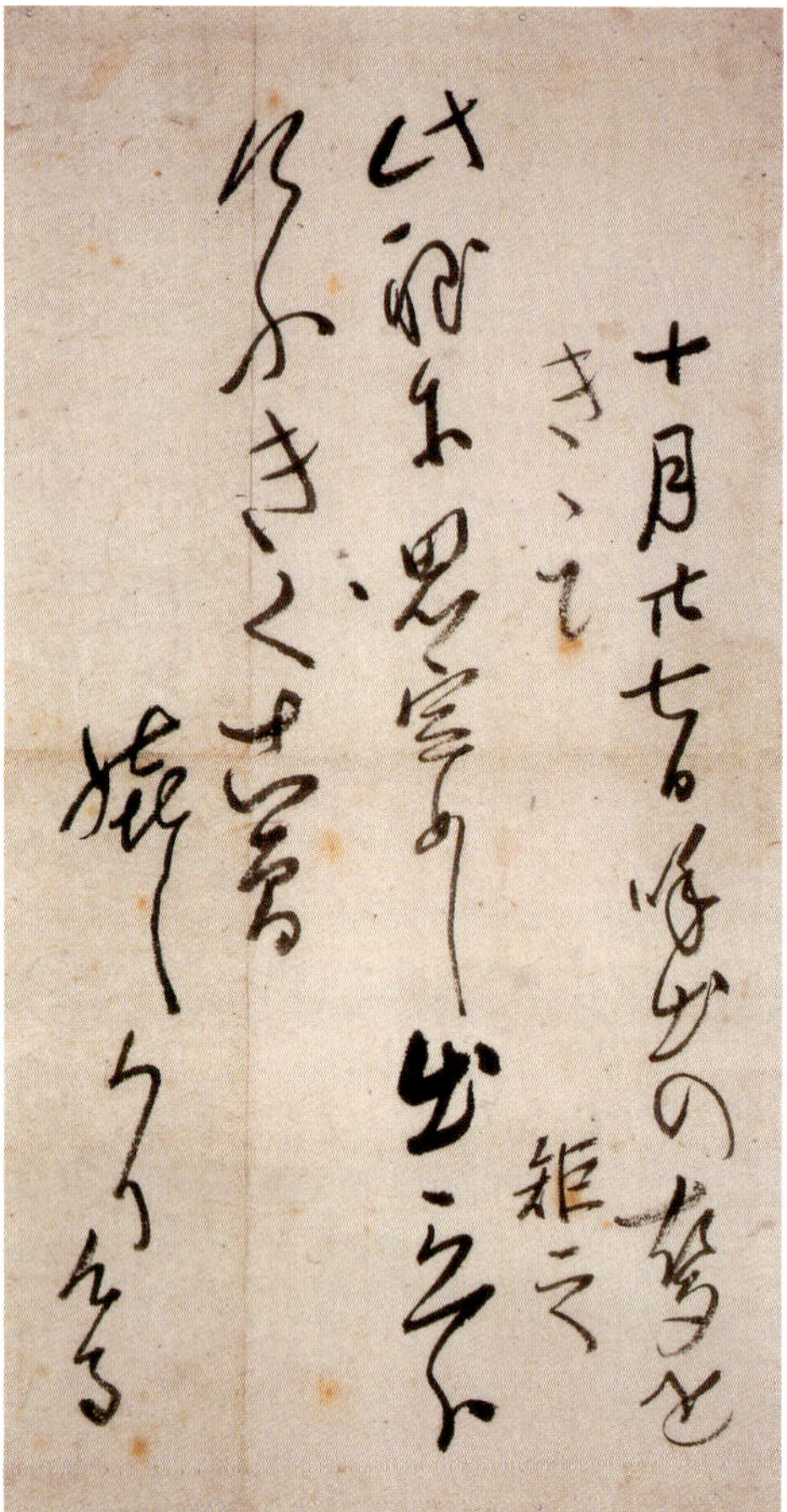

十月二十七日呼出の声をききて
矩之

此程に思定めし出立ハ
けふきくこそ
嬉しかりける

「吉田松陰　絶筆」安政6年10月27日（山口県文書館蔵）

はじめに

吉田松陰と私の出会いは戦後間もなく、新制中学の修学旅行で萩城下を訪ねたときが最初である。肖像画に描かれた妙に暗く淋しげな姿は少年時代の私に馴染みにくかったのか、極めて薄いぼんやりとした記憶しか残っていない。その頃読んだ本に登場する松陰先生もまた、いかにも堅苦しくいかめしい感じの、何だか気難しそうな人物というイメージしかなく、あまり興味を覚えなかった。おそらく戦争中に出版された子供向けの本だったと思うが、著者、書名など何も覚えていない。

大学の卒業論文で私は、近世期の藩校萩明倫館《めいりんかん》の教育をテーマに取り上げたが、そのさい、あちこちにしばしば登場する吉田松陰や松下村塾なる存在がよく理解できず、これを説明しようとして、修士論文では萩藩の私塾教育を研究対象に選んだ。私が吉田松陰やその学塾に注目するようになったのは、この頃からである。もっとも、その後、私はしばらく明治から大正期の教員史や学校の歴史に興味を持ち、そうした方面の勉強にもっぱら従事し、何冊かの本も書いた。江戸時代の教育、とくに私塾へ回帰したのは、四十代半ばに発表した『近世私塾の研究』(一九八三)の頃からであり、これ以後、私塾の一つの典型である松下村塾の研究に本格的に取り組み始めた。六七歳になる今日までに、『吉田松陰と松下村塾』(一九九〇)、『松下村塾の人びと』(一九九三)、『松下村塾の明治維新』(一九九九)、『江戸の旅人吉田松陰』(二〇〇三)など、計四冊の本を書いたが、この間、関連するテーマの研究論文も幾つか発表しており、吉田松陰や松下村塾はもとより、その門下生たちの維新後の活躍も含めて、ほとんど書き尽くした感さえある。ではなぜ、今回、改めて吉田松陰をテーマに取り上げようとするのか。

修士論文の頃から数えれば、ほぼ半世紀に及ぶ歳月、私は吉田松陰と何らかのかたちで関わってきた。最初の本が出てから今日までの一三年間は、この人物と真正面から向き合うような生活となった。とくにここ数年は、ほとんど毎日、どこかで「全集」を繙《ひもと》いていたような気がする。そのような私であるから、吉田松陰や松下村塾のことなら、そのほとんどすべてを知り尽くし何でも分かっているはずであるが、少しもそうはならなかった。それどころか、私は、一冊の本を書き上げるたびに、何か書き足らない、言い残したことがあるような漠然とした不満、もしくは焦燥感にとらわれ、すぐさま次の新しい本に取り組むことになった。比較的短期間に四冊の本を次々に発表したのは、そうした私自身の研究史と無関係ではない。これまで、さまざまな角度から何度もトライしてみたが、今一つその全貌をつかみ切れず、まだよく理解できない部分をたくさん残している。観点を換えて見れば、それだけわれわれの好奇心をかきたてる、いかにも魅力一杯の人物であったということだろうか。いずれにせよ、私にとって吉田松陰は、依然として多くの謎に満ちた、したがってまた、興味津々《しんしん》たる存在であり続けている。その意味で、今回の試みは、屋上屋を重ねるどころか、まったく新しい、もう一つの吉田松陰論である。稿を起こした今、私はこのように考えている。

吉田松陰――身はたとひ武蔵の野辺に　目次

挿入図表一覧

序章　松陰はいかに理解され、評価されてきたのか

1　刑死直後から松陰神社の創建まで

安政六（一八五九）年一〇月二七日、江戸伝馬《てんま》町牢で行われた松陰の刑死は、萩藩内でどのように受けとめられたのか。この頃、江戸藩邸に勤仕していた井原孫右衛門は、当日の日記に、「従来胆力有ㇾ之敬畏之心無ㇾ之、壮年之儀深ク慎ミ重ク警《いまし》メ置候ハハ学業之進ミ次第年齢モ重リ候ハハ又御役ニモ可ㇾ立候所、脇ヨリ軽率ニ何角ト早ク誉、却而如ㇾ是ニ至ル」（『全集』別、四〇八頁）と書いている。松陰の優れた資質は認めるものの、あまり周囲がちやほやし褒《ほ》めすぎるから、こうした悲惨な事態になったのだととらえ、今回の出来事を若者の暴発程度にしか見ていない。松陰のような輩をほめそやし、公儀を悪し様《あざま》にいう軽佻浮薄《けいちょうふはく》の徒が今もなおいるが、これは以《もっ》ての他《ほか》であり、厳に慎むべきであるともいうから、むしろこの類《たぐい》を徹底して取り締まる必要性を感じていたようだ。国元にいた叔父

玉木文之進《たまきぶんのしん》が、この一件に関する意見書の中で、「素より寅二学術不正狂妄の挙より自ら禍害を招き候杯《など》と、世上の謗議《ぼうぎ》も之れあるべく」（吉田庫三「玉木正韞《まさかぬ》先生伝」「全集」一〇、四〇五頁）と述べているように、萩城下での松陰の評判もまた、決して芳《かんば》しいものではなかった。

藩政府の中枢にいた周布政之助《すうまさのすけ》が、藩公の責任問題にならず大いに安心した、まずまず被害がこの程度で済んだのは幸いであるなどというのは、しごく当然の発言であるが、これに付随するかたちで、関係者の処分が相次いで行われた。杉家の人びとについては、すでに江戸へ松陰の駕籠が発《た》った安政六年五月二五日、父杉百合之助《ゆりのすけ》と兄梅太郎《うめたろう》の両名が取締方不行届を理由に御役召上げ、謹慎処分となっている。父百合之助は、万延元（一八六〇）年閏三月一三日、謹慎が逼塞《ひっそく》五〇日となり、五月四日には隠居を命じられたが、お咎《とが》めを免じて尋常の隠居の身分になったのは、文久二（一八六二）年一一月一七日のことであり、かなり遅くまでこの処分を解かれていない。一方、兄梅太郎は、万延元年五月四日に謹慎を免じられ、隠居した父に代わって家督《かとく》を相続した。一一日後の五月一五日には、御所帯方筆者暫役《おしょたいがたひっしゃざんやく》に任じられており、ともかくも公人として復帰を認められたことが分かる。この年三月三日、桜田門外の変で井伊大老が死に、天下の形勢が一変したことが、大きく影響していることは言うまでもない。

この間、親族に対する処分も当然行われており、万延元年一〇月二一日、玉木文之進、久保清太郎、児玉太兵衛らの三名に対して、親類として甚だ不行届であり遠慮を命じる旨の処分が発表された。当時の遠慮は大てい十日前後、門を閉じて籠居という比較的軽いものであり、この場合も一一月七日には解除された。これより早く、叔父玉木文之進は再三辞職を申し出たが受け入れられず、在職のまま遠慮という奇妙な取り扱いとなっている。名代官の評判が高かったためと思われるが、処分を最小限にとどめて事件の波紋をこれ以上広げたくない、つまり穏便に事を済ませたい藩庁側の思惑《おもわく》もあったようだ。

ところで、名誉回復の動きはどのように始められたのか。村塾出身者らを中心にした慰霊祭の類は早くからあったが、これが一般に受け入れられたのはかなり遅い。正式の名誉回復は、文久二年一一月二八日、幕府の大赦令によってであり、このとき、安政大獄で刑死した松陰らの罪がすべて免じられた。文久三年四月二日には、吉田家を再興し、兄梅太郎の嫡子小太郎（六歳）を相続人にすることが命じられた。元治元（一八六四）年五月二五日には、山口明倫館で楠公《なんこう》祭を行い、松陰らを併せて祭祀した。これに先立つ文久三年正月には、入江杉蔵ら村塾出身者が多数登用されたが、そのさい、吉田松陰に従い尊攘の大義を唱え志行共に立派であるためと言われたように、松陰との関係がことさら評価の対象となっており、名誉回復はほぼ完璧に行われていたことが分かる。萩・山口両明倫館で、松陰の著作をテキストに採用したのも、この頃からである。

松陰なき後、事実上空屋の松下村塾が再開されたのは、慶応元（一八六五）年一一月、奇兵隊を辞して萩に戻った馬島甫仙《まじまほせん》が教鞭を執《と》るようになってからである。慶応四年三月には、藩政府より畳の表替やその他の修覆料として年々銀七百目宛の給付が認められた。この頃始められた「郷校諸費支給方」の準用であるが、民間私塾への措置としてはやはり異例である。出願書が高杉や久坂《くさか》ら多くの知名の士を輩出した功績を強調しており、名誉回復なった松陰先生の存在が決定的であったことは、容易に想像できる。

明治五（一八七二）年春から九年一〇月まで、玉木文之進が村塾で教えた時期は、安政大獄で刑死した吉田松陰の名前が盛んに喧伝《けんでん》され、またその著述も熱心に読まれたが、これはあくまで一地方、萩城下のみの現象であり、中央レベルでとくに彼が注目されるようなことはなかった。それどころか、萩の乱前夜の政治的混乱は、前原一誠《まえばらいっせい》（佐世八十郎《させやそろう》）ら村塾関係者の画策であることがはっきりしており、そのいわば教祖的存在である松陰先生の名前は、むしろタブー視されていた嫌いがないではない。いずれにせよ、萩の乱は、吉田家を嗣いだ兄民治《みんじ》（梅太郎）の子、松陰の甥にあたる小太郎の戦死、叔父玉木文之進の自殺、民治の山口県庁免職など、散々の結果をもたらしており、当然のことながら、松陰先生の評判も一時期地に落ちた感がある。この頃、玉木文之進の伝記作成を企てた乃木希典《のぎまれすけ》が、中央政府へ気兼ねする周囲の思惑に抗しきれず、ついに断念せざるを得なかったのが、そのことを何よりもよく説明してくれよう。

萩へ戻った杉民治は、玉木の死で消滅した村塾を再開しようとしたが、萩の乱へ多くの塾生を送り込んだ実績を有していただけに、県庁側の承認を得ることが難しく、開塾までにかなりの時間を要している。民治をバックアップするはずの品川弥二郎ら中央にいた村塾出身の有力者たちは、案に相違して塾の再開に批判的であった。前原軍の幹部養成学校の観があった、かつての村塾の二の舞になることを恐れていたためらしい。村塾再開の時期は明治一三年の頃としか知りえないが、民治が教鞭を執ろうと考えてから、実に三年余の歳月を経ており、この間、いかに周囲の人びとが村塾に対して冷淡かつ無関心であったのかが分かる。萩の乱の影響もむろん大きいが、加えるにまた、西南戦争勃発から自由民権運動が活発化する時代背景も無関係ではなかっただろう。

村塾の再開と軌を一にするように、そのかつての主宰者である吉田松陰の名前が浮上してきた。中央にいた旧門生たちが著述の公刊というかたちで、泉下に眠る先生を顕彰しようとしたものである。明治九年、神奈川権令の野村靖（和作）が、流罪先の三宅島から帰った、もと伝馬町牢の同囚沼崎吉五郎から松陰の遺著「留魂録《りゅうこんろく》」を受け取ったエピソードはあまりに有名であるが、この頃、ドイツから帰国したばかりの品川弥二郎は、そうした著作の公刊にとくに熱心であった。萩城下の吉田家と交渉して「先師之著書悉皆上木之委任状」を得た彼は、『照顔録《しょうがんろく》』『縛吾集《ばくごしゅう》』『涙松集《なみだまつしゅう》』などを次々に上梓《じょうし》している。明治二〇年三月には、京都高倉通錦小路に一屋を購入して尊攘堂《そんじょうどう》（のち京都大学構内へ移転）と称した。松陰の遺志を継ぎ、維新に関係した勤王忠節の士の遺墨遺物を収集して広く一般に公開しようとしたものであり、この時期刊行された「留魂録」以下の著作は、ほとんどこの尊攘堂蔵版である。

吉田松陰木像（京都大学尊攘堂蔵）

松陰神社（東京都世田谷区）

松陰神社（萩市椿東船津）

松陰先生の神格化は意外に早く、明治一五年一一月、品川弥二郎ら東京在住の旧門生が募金活動を行い、世田谷村の松陰の墓所の南側に松陰神社を建てた。国元の萩では、二三年八月、島根県令を辞して帰郷した境二郎（斎藤栄蔵）が中心になって村塾の保存会を発足させるとともに、西側の蜜《み》柑《かん》畑に土蔵造りの一小祠を建てた。以後、毎年ここで春秋二回の例祭を行い、多くの参詣者を集めた。明治四〇（一九〇七）年一〇月建立された萩松陰神社の発端である。

2 揺れ動いた松陰像

松陰先生の伝記を作ろうという企ては、刑死後間もなくあった。土屋蕭海《しょうかい》が稿を起こし、途中まで書き進んだが、たまたまこれを見た高杉晋作が、何だこんなものを先生の伝記とすることが出来るかと怒って破り捨てたという。萩城下で八江塾《はっこうじゅく》を主宰していた土屋は、早くから藩内随一の文章家として名声が高く、また松陰とも親しかったから、伝記作者としてはうってつけの人物のはずであるが、弟子たちにとって先生は、いくら文を舞わし美しい言葉を列ねても表現しきれない、それだけ偉大な存在であったのだろう。維新後間もなく、野村靖（和作）らが史料を集めて、長三洲《ちょうさんしゅう》へ執筆を依頼したことがあるが、彼もまた、到底自分の力で先生の神髄を伝える伝記を書くことは不可能であると辞退している。その後しばらく、伝記の作成が問題にならなかったのは、おそらく萩の乱の余波も影響していると思われる。

明治二四（一八九一）年、野口勝一・富岡政信共編の『吉田松陰伝』が刊行された。もと水戸藩士の両名が品川弥二郎ら旧門生の協力を得て執筆したものであるが、凡例に「率子《おおむね》其料ヲ登載シ、作者ノ文ハ其料間ヲ補綴《ほてつ》シテ事実ヲ明ラカニスルニ過キス」とあるように、編年史的な史料集のタイプである。ごく一般的な伝記のスタイルをわざわざ避けたのは、著者の説明や解釈を加えることで、かえって真実を見誤ることを恐れたためらしい。序文を書いた野村靖が後に、先生の伝記を書いて、その精神や面目を人に知らせようなどとすることは絶対に不可能という姿勢が、そうした編集方針をとらせたのであろう。

ところで、吉田松陰の名を一気に高めたのは、一二年後の明治二六年末に民友社から出た徳富蘇峰《そほう》『吉田松陰』である。「革命という大悲劇」の本幕に登場する主役、それが松陰であるという、革命家松陰像の提唱である。松陰を「維新革命の健児」「日本男児の好標本」などというのは、第二の維新、すなわち革命をめざす平民主義者蘇峰の面目躍如たるものがあるが、日清・日露二つの大戦争を経て、帝国主義的主張に急傾斜した蘇峰は、明治四一年刊の『吉田松陰』改訂版で「革命家としての松陰」をすべて削除し、これを「維新改革の率先者としての松陰」へ書き改めた。

改訂版の出たほぼ同じ時期、帝国教育会は松陰没後五十年の記念大会を開催し、四二年末、そこでの追悼や顕彰の言説を記録した『吉田松陰』（弘道館）が刊行された。帝国教育会会長の辻新次《しんじ》が、「先生の志業終始一貫、憂国忠君の事に非るはなし」といい、また文部大臣小松原英太郎《えいたろう》が、「先生の教へられたる所は人格の修養を主とし、君臣の大義を明らかにし、国体の精華を発揚せられんことを期せられた」などというように、後の国体論とセットになった忠君愛国的松陰像が早くも登場している。

大正一〇（一九二一）年、革命後のロシア国内で消息を絶った新聞記者大庭景秋《おおばかげあき》（柯公《かこう》）は、革命を新建設であると同時に、「旧状旧物旧人の破壊転覆である」（『柯公全集』第三巻、四四二頁、田中彰『吉田松陰』、七一頁による。以下同じ）という観点から、明治維新をフランス革命に始まった世界の革命の一つととらえる。事実、維新の志士をロシア革命の士に対比し、吉田松陰をケレンスキー、高杉晋作をレーニン、前原一誠をトロツキーなどというが、その当否はともかく、「熱烈な愛国者であり、忠実な愛民家」（同前書、第五巻、一五一頁）と言われたケレンスキーに松陰を重ね合わせたのは、極めて興味深い。世界各地に足跡を残したいかにも国際感覚豊かな人物らしい発想であるが、大正デモクラシー、民本主義の高揚する時代潮流とも無関係ではなかろう。

　われわれにはむしろ馴染みやすい教育者松陰の登場したのは、一体いつ頃からであろうか。松陰を教育者として取り上げ、評価するようになったのは、昭和初期に着手された「吉田松陰全集」編纂事業の中心人物玖村敏雄《くむらとしお》の影響が大きい。松陰の思想と行動、とくに教育者的側面に注目する彼の立場は、その後、スイスの教育家ペスタロッチに松陰をなぞらえ、あるいは兵学教育者松陰を強調するなど、理想の教育者として彼を見る多くの研究書を生み出した。玖村自身が、その著書『吉田松陰』（昭和一一年、岩波書店）の結語で、松陰の愛国的精神や教育的精神を強調しながら、「雄大なる国策と共にこれを仰ぐ者の心に永く生きて作用《はたら》きつづけ、天壌と窮りなき皇運を万古に扶翼《ふよく》し奉るであらう」と述べたのは、国家総動員法体制の下、なかんずく日中戦争前夜の暗雲垂れ込めた時代背景を抜きにして語れないだろう。

　太平洋戦争の勃発により、玖村の松陰論に見られた、まだ冷静かつ実証的な視点はほとんど一掃され、八紘一宇《はっこういちう》の肇国《ちょうこく》精神発揚のため生涯を捧げた松陰、大陸南進論者の松陰、大東亜共栄圏建設の先駆者としての松陰など、ひたすら戦意高揚のための松陰像の提唱となった。そのピークはおそらく、

「個人主義を捨てよ。自我を没却せよ。我が身は我れの我ならず、唯だ天皇の御為め、御國の為めに、力限り、根限り働く、これが松陰主義の生活である」(「松陰主義の生活」、田中彰『吉田松陰』、九四頁による)を高調した松陰精神普及会の登場であろう。萩に本部を置くこの団体は、全国主要都市に支部を設け、松陰主義、すなわち日本主義の本然へ立ち帰って「日本臣民の道」を歩む、まさしく戦争遂行のための思想動員を行った。

侵略戦争の宣伝マンとなり、時局便乗の道具と化した吉田松陰は、当然のことながら、戦後しばらくタブー視された。昭和二六(一九五一)年の奈良本辰也《ならもとたつや》『吉田松陰』(岩波書店)が、そうした沈黙を破った最初の本である。「時代的関心を欠いた松陰研究は、すべてこれを死物」だと考える奈良本は、「松陰の時代に生きた生き方の失敗と真実の中に了解できる多くのもの」を見出そうとした。松陰像の復権がようやくスタートしたわけであるが、その後の松陰研究の詳細については、ここでは触れない。

戦時下の松陰主義的なフレームアップは論外としても、それぞれの時代および社会の求めた松陰像、たとえば革命家、憂国忠君の士、理想の教育者などは、松陰なる人物の一部分、ある特色を示しているが、それ以上ではない。つまりいかにも中途半端であり、消化不良のままの説明に終わっている。松陰の全体像を見ようとすれば、これまで意図的に隠され語られなかった部分をすべて明るみに出すところから始めなければならない。誤解を恐れずにいえば、彼の陰影となる側面にもあえてスポットを当てる必要があるだろう。

よく知られているように、これまで吉田松陰を取り上げた書物は無数にある。田中彰は『吉田松陰』（平成一三年、中央公論新社）で、主要文献一一〇冊の単行本を挙げているが、戦前たくさん刊行された教養本や子供向けの読み物、パンフやブックレットの類《たぐい》を合わせれば、おそらくこの何倍もの冊子が世に出ているはずである。学術誌に掲載された研究論文になると、優に何千もの多数を指摘できるだろう。戦時下の異常な松陰ブームを割り引いても、極めて珍しいケースであり、明治、大正、昭和、平成の時間的経過の中で、この人物がいかに興味津々《しんしん》たる存在であり続けたかが分かる。

ところで、単行本や研究論文の別を問わず、そのおそらくすべてが、松陰なる人物にひたすら称賛の眼を向け、ほとんど理想の人間であるかのような見方をしている。事実、私自身、未だかつて松陰のマイナス面に注目し、その欠点や短所をことさら言い募るような本や論文に出会ったことはない。この偏りは一体どこから来るのか、またなぜなのか。

松陰という人物が、純粋無垢《むく》、限りなく明るい童子のような心根の若者であったことは間違いなく、その呆れるばかりの生真面目さ、いつも真っすぐ正面をみつめ、ひたすら前へ前へ突き進んだ積極果敢な行動力が、時代や場所を超えて多くの人びとに強い感動を与え、圧倒的な支持を導き出したことは容易に想像できる。われわれが誰一人真似できないような見事な生きざま、というよりその死にざまが、憧《あこが》れにも似た共感を呼び、しばしば称賛のコトバとなるのも、あながち分からないわけではない。僅《わず》か三〇歳の若さで歴史の表舞台から忽然と消え去ってしまったこともあるが、その短い生涯を通じて、ほとんど非の打ちようのない思考や行動のパターンが、この人物にはたしかにある。松陰ファンを自称する人びとが、松陰先生を限りなく偶像視し、神様扱いをして遠くから眺めはするが、決して彼の生き方に自らのそれを重ね合わせたり、その軌跡を忠実に辿《たど》ろうなどとしないのは、あるいはそのためかも分からない。

とはいえ、まだ十分に若い松陰は、勉学、修養いずれの面でも完成の域には到底達しておらず、未熟なところや足らない部分がたくさんあったに違いない。短所や欠点もそれなりにあったはずである。時には周囲の人びとから嫌われたり、疎《うと》ましく思われることもなかったわけではなかろう。しかし、松陰先生を理想の人間のように持て囃《はや》し、ひたすら賛辞を呈するところから、そうした側面はまったく見えてこない。だとすれば、われわれはさしあたりまず、これまでの松陰像に何ほどかの距離を置き、すべての予断や先入見を排しながら、松陰という人物をほとんど見えなくしている数々の虚飾や願望にも似た過度の思い入れを、一つ一つ取り除く作業から始めなければならない。吉田松陰の全体像を再構成し、その思想や行動の内実を可能なかぎり掘り起こすために、今これが、われわれにもっとも必要な取り組みではなかろうか。

第一章　松陰吉田寅次郎の誕生

1　どのような家庭に生まれ育ったのか

団子岩の生家

吉田松陰は、文政一三（一八三〇）年八月四日（陽暦九月二〇日）、萩藩士杉百合之助《ゆりのすけ》の次男として生まれた。通称は、庚寅《こういん》の生年に因んで、初め虎之助というが、のち大次郎、松次郎、寅次郎などと改める。名は矩方《のりかた》、字は子義《しぎ》または義卿《ぎけい》と称した。幾つかの号があるが、われわれのよく知っている松陰という号は、一三歳のとき、東北脱藩の罪で国元送還となり自宅謹慎中の嘉永五（一八五二）年一一月頃から使い始めており、また二十一回猛士という号は、下田踏海の罪で野山獄中にいた安政元（一八五四）年冬頃から用いるようになったものである。松野他三郎や瓜中万二《かのうちまんじ》は、いずれも一時の変名である。

松陰が生まれたのは、護国山（俗に東光寺山《とうこうじやま》）の南麓、団子岩《だんごいわ》の地であるが、正確には萩城の東郊

杉家跡（萩市椿東小新道）

誕生地より萩城下を望む

に位置する松本村（現萩市椿東《ちんとう》字椎原《しいばら》）の小高い丘陵地である。山宅、山屋敷などと呼ばれたように、山中の一角に作られた小さなあばら屋であるが、松陰崇拝の台頭と軌を一にするように、早くから急坂の道を改修し、屋敷跡を広げて小公園風に改めるなど、付近一帯の整備が行われた。観光化が進められている今も、ベンチを設け、案内板を配するなど、絶えず手入れを繰り返しており、往時の草深い雰囲気は窺《うかが》うべくもない。山県有朋《ありとも》の書いた「吉田松陰先生誕生地」の碑前から、萩市街を一望にできる景勝の地であるが、萩城のあった指月《しづき》山は遥か向こうに見えており、お城勤めをする士分の住居としては、必ずしもふさわしくない。ではなぜ、杉家はこの地に住居を構えていたのだろうか。

もともと杉家は、城下川島の地に住んでいた。文化一〇（一八一三）年三月、父百合之助が一〇歳

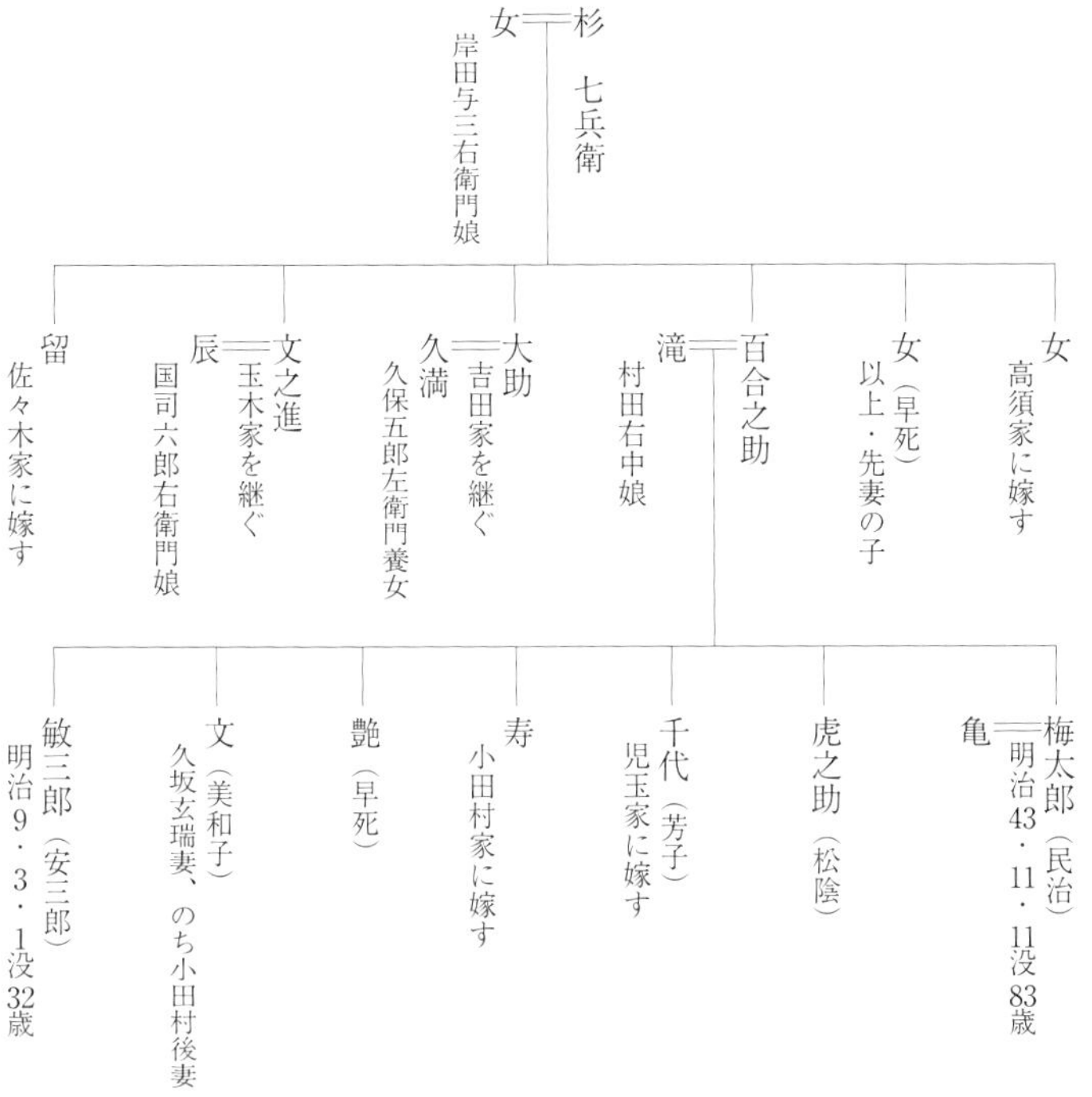

図1　吉田松陰家系図

の頃、萩城下を焼き尽くす大火があり、杉家も全焼してしまった。家財道具すべてを失った一家は、着のみ着のまましばらく母の実家、阿武《あぶ》郡川上村の岸田家へ身を寄せた。その後、松本村へ転居したようだが、場所などは分からない。団子岩の地へ移ったのは、文政八（一八二五）年暮の頃らしい。百合之助二三歳のときであるが、この年彼は、阿川毛利氏の臣村田右中《うちゅう》の三女滝二〇歳と結婚したばかりである。家格の関係で、大組士（四七石）、児玉太兵衛の養女となって嫁入りしているが、団子岩の家は、新妻滝が父右中から与えられたものらしい。松陰の祖父になる舅《しゅうと》の七兵衛は前年に没しており、このとき杉家には、夫の百合之助の他に、姑の岸田氏（名前不詳）、次弟大助一七歳、三弟文之進《ぶんのしん》一四歳、妹留《とめ》一〇歳らがいた。百合之助の姉になる先妻の娘二人のうち、一人は早世、もう一人は年齢からみて、すでに他家へ嫁いでいたと思われる。いずれにせよ、新妻の滝を加えれば計六名になるわけであり、新しく生まれてくる子供たちのことを考えると、いかにも手狭であった。下級サムライの村田家に家を買う資力があったというのも分かりにくいが、身分違いの家に嫁いだ娘を案じる親たちがやり繰りしたのだろうか。

団子岩の家は、もと萩城下に住む藩士八谷聴雨《やたがいちょうう》が営んだ山荘を譲り受けたもので、樹々亭《じゅじゅてい》と名付けられていたが、松陰を含む杉家の人びとはごく単純に山宅、山屋敷と呼んでいたようだ。長府の俳人一字庵菊舎《いちじあんきくしゃ》の作という、「閑けさや樹々にきかれよ秋の雨」は、この樹々亭を詠んだものであり、雅趣に富む辺りの景色を伝えてくれる。

建物は早くに失われ、今は跡地に敷石が残るのみであるが、福本義亮《ぎりょう》の「樹々亭見取図」を見ると、玄関三畳、表座敷八畳、居間六畳、隠居部屋四畳半の他に台所、物置、厩舎《きゅうしゃ》となっている。三畳の間がもう一つあったという説もあるが、いずれにしても大した広さではなく、次々に誕生する子供たちは、玄関の三畳一間に起居したという。指月のお城まで、直線距離で一里（四キロメートル）はあり、決して便利な場所ではない。ただ、現松陰神社に近い清水口《しみず》への転居は、嘉永元（一八四八）年、松陰が一九歳のときだから、子供時代はすべてこの家で過ごしたことになる。後年、九州遊歴の旅先で見た夢が、樹々亭での家族団欒《だんらん》の風景であったのも、そう考えると分かりやすい。

杉家の人びと――複雑な家族関係

団子岩の家に松陰が生まれたとき、父百合之助は二七歳、母滝は二四歳、兄梅太郎が三歳であった。祖父の七兵衛はすでに没しておらず、五二、三歳と推定される、まだ若い祖母がいたが、その他、百合之助の二人の弟、松陰の叔父にあたる吉田大助二四歳と玉木文之進二一歳、また後に佐々木孫右衛門家へ嫁す妹留《とめ》一七歳がいたようである。弟たちは縁戚の養嗣子《ようしし》になっていたが、まだ一家を構えるまでに至らず、そのまま杉家に同居していたものである。妹留の場合、同居の有無がはっきりしないが、すでに十代後半だから、嫁入りしていた可能性もないではない。

この時点で早くも七、八人の家族構成になるが、これから後、杉家には次々に子供たちが誕生した。二年後に妹千代《ちよ》、九年後に妹寿《ひさ》、早死した妹艶《つや》を挟んで一三年後に妹文《ふみ》、一五年後に弟敏三郎《びんさぶろう》が生まれており、兄梅太郎から数えると、少なくとも六名の子供たちがいたことになる。叔父吉田大助は、間もなく藩士久保五郎左衛門の養女、実は阿武郡黒川村（現福栄村）庄屋森田頼寛《よりひろ》の娘久満《くま》と結婚して杉家を離れ、また玉木文之進も、天保八（一八三七）年、二八歳のとき、藩士国司《くにし》六郎右衛門の娘辰と結婚し、杉家の宅地内に一屋を構えて別居しており、おそらく叔母の留を含めて三名がいなくなったことになる。もっとも、松陰がまだ幼い天保三、四年の頃、祖母の妹岸田氏が舅と一児を抱えて寡婦となり、病床に伏すと、杉家が引き取って面倒を見たというから、この一家三人が増えた。松陰には伯母にあたる母滝の姉大藤氏が孤女を連れて寡居し、ともに病気になると、これを一時同居させて世話したこともあるらしい。三畳一間を加え最大二四畳半の居住スペースとしても、常時十人前後の人びとがおり、それに寝たきりの病人もいたというのだから、極めて劣悪な居住環境という他はないが、杉家の中でもめごとらしきものは、一度も起こったことがないという。病人の世話から家事万端を引き受け、暇があれば田畑にも出て耕したという、しっかり者の母滝の存在が大きかったようだ。

天保一四（一八四三）年、松陰が一四歳のとき、祖母が死んだ。同じ年、父百合之助は百人御中間《おちゅうげん》頭《がしら》兼《けん》盗賊《とうぞく》改方《あらためやく》に任じられ、長女千代一二歳を連れて城内に住むようになった。団子岩の家から往復する労を避けるためであるが、親子二人がいなくなれば、少しは家内にゆとりができると考えたのかも分からない。兄梅太郎が最初の妻かめを迎え入れた時期ははっきりしないが、安政二（一八五五）年には長女豊《とよ》、三年後にはのちに吉田家を嗣《つ》ぐ長男小太郎が誕生しているから、松陰が野山獄《のやまごく》を出て杉家に閉居した頃には、さらに三名の家族が増えた計算になる。もっとも、この時期、杉家は団子岩の家を出て、松本村の借家を転々としている。前述のように、嘉永元（一八四八）年には清水口の藩士高洲為之進《たかすためのしん》の家へ移った。一屋を構えたわけでなく、屋敷の中に寄宿のかたちらしい。母が百合之助の異母姉、つまり松陰の伯母というから、為之進は彼の従兄になる。嘉永六年には、清水口から小新道の藩士瀬能吉次郎《せのうきちじろう》の借家へ転居した。数百メートル離れた近距離であり、変わり映えしない引っ越しの感があるが、何かと不便な高洲家への寄宿を解消したかったのであろう。

ところで、この間、成人した妹たちが次々に嫁入りした。つまり杉家からいなくなっている。嘉永六年には、妹寿一五歳が小田村伊之助（楫取素彦《かとりもとひこ》）に嫁いだ。児玉家に嫁いだ千代の家を出た年は分からないが、七歳年長の姉であったから、寿の結婚よりかなり前のことだろう。安政四（一八五七）年には、妹文（美和子）一五歳が久坂義助（玄瑞《げんずい》）に嫁ぎ、そのまま杉家に同居したが、玄瑞は間もなく江戸へ出て一年近く帰らなかったから、一緒に暮らした期間は短い。親類縁者の頻繁な出入りなど、若干の増減はあるが、次々に生まれてくる妹や弟たちを合わせると、常時十数人の家族が松陰の周りにいたようである。

無給通士の経済生活

杉家は代々萩藩士席班中の下士にあたる無給通に属し、禄高二六石であった。「嘉永改正毛利家分限帳《ぶげんちょう》」には、「高弐拾三石（外三石減少石）」とあるが、これは松陰の曾祖父文左衛門の代に官借をしたためで、以来、杉家の実高になっていた。嘉永六（一八五三）年四月、杉百合之助は、銀一貫二〇〇目を納入することで借銀帳消しを願い出ているが、これが認められたのか、安政二（一八五五）年の「分限帳」には「扶持《ふち》三人高拾弐石五斗」とある。この頃萩藩では一人扶持四・五石の割合で給付していたから、扶持三人は一三・五石となり、高一二石五斗と合わせて計二六石となる。ようやく本来の知行へ復したことが分かるが、むろん、この高二六石がそのまま杉家の実収入であったわけではない。

萩藩士の実収高は、表高の四つ成（四〇％）から馳走米分を差し引いたものである。杉家の場合、減少石を持つ時代には、二三石の四つ成は九石二斗となり、馳走米は百石未満の禄高で五石六斗掛り、つまり禄高の五・六％がカットの対象になる。杉家の禄高で算出すると一石二斗八升八合だから、これを九石二斗から差し引くと、手取りは七石九斗一升二合となる。減少石の消滅した嘉永六年以降は、一石三升二合を増して八石九斗四升四合となるが、いずれも大した石高ではない。世襲の本知行の他に、役職に就いたとき支給される役料が別収入としてある。松陰の父、杉百合之助は、天保三（一八三二）年五月より翌年三月まで記録所御次番役、天保五年四月より七年三月まで呉服方、天保一四年九月より安政六（一八五九）年五月まで百人御中間頭兼盗賊改方の職にあった。記録所御次番役や呉服方の役料は毎年二石、百人御中間頭が二石八斗、盗賊改方が二石八斗と銀一五〇目である。

記録所御次番役や呉服方は、在職期間が短く、また役料も少なかったため、さほどプラスしたとも思えないが、百人御中間頭兼盗賊改方は、松陰東送の安政六年五月二五日、御役召上げとなるまで一六年近く在職しており、二つの役料を合わせて五石六斗と銀一五〇目が、それなりに杉家の家計を潤したことは想像に難くない。

松陰の子供時代はすべて減少石を持っていたから、本知行からの収入は七石九斗一升二合であり、これにたとえば百人御中間頭兼盗賊改方の役料を合わせると、一三石五斗一升二合と銀一五〇目となる。三井本店作成の「相場の控」によれば、この頃、米一石銀八三目の値段であり、銀一五〇目は米一石八斗に相当するから、すべてを米に換算すると、総計一五石三斗一升二合が杉家の実収入となる。これで一〇人前後いたはずの大家族を一年間養うことが果たして可能なのだろうか。

江戸時代の平均的な生活費、一人一日米五合の計算でいくと、一年間に一石八斗二升五合必要となり、八人程度の家族を養うことができるが、厳密には飯料を確保するのがやっとという状態である。

玉木文之進が同居中はその家禄四〇石があり、また松陰が士籍を削られるまでは、その家禄五七石六斗があったから、若干の家計補助が見込まれるが、養子の境遇を考えれば、そう多くのことは望めなかったであろう。

家族の飯料すら賄《まかな》いかねる年収を補うためには、さまざまな副業に従事せざるを得ないが、杉家の場合、田畑を耕すことで何とか不足分を穴埋めしている。団子岩の家にあった厩《うまや》は、自家の馬の用に供するのでなく、他人の馬を預かって賃稼ぎしていたという説があるが、ありそうな話である。一家総出で働いた田畑もすべて借地らしく、時には他家の田畑に手助けに出ることがあったかもしれない。いずれにせよ、大家族の食べる分を可能なかぎり自給しようとしていたらしく、半端な農作業ではない。「杉百合之助日記」の天保一三（一八四二）年五月分について見てみよう。松陰がまだ一三歳の夏のことである。

この年の五月は小月だから一カ月二九日であるが、父百合之助が家にいたのは僅《わず》かに二日だけであり、残りの二七日はすべて田畑へ出掛けている。しかも、家にいた二日間も、「八日、曇天〇麦こき〇麦こつき〇麦ざひ（箕などを使い種と殻をより分ける）皆済」「十三日、曇晴〇麦干〇小麦干〇新麦荒付〇同精ケ《しら》」（「全集」別、一五～六頁）などとあるように、収穫したばかりの麦の脱穀や精白という、野良仕事と変わらない労働に従事している。ところで、田畑では毎日どのような作業をしたのか、日記の中から主要なものを摘記してみよう。

五月一日には、茄子《なす》の苗を百本植え、江戸ササゲに水肥をやっている。二日には胡麻《ごま》の種を蒔《ま》いた。

三日と四日には麦刈りをした。五日には胡麻の畑に水肥を施した。六日には山へ行き馬に喰わせる草を刈った。七日には畑を耕した。九日と一〇日の両日は、小麦を刈った。一一日には蔓《つる》を伸ばしてきた胡瓜《きゅうり》の添え木を立てた。一二日には茄子と胡瓜に水肥をやった。一四日には田を耕し、畑に茄子の苗を植えた。一五日にはサンド豆の支え木を作り、茄子に水肥をやった。一六日には田を耕し、藍《あい》畑に肥を施した。一七日には稗《ひえ》を刈った。一八日には藍畑に肥をやった。一九日には田植えをすべて済ませ、畑に藍を植えた。二〇日には粟《あわ》の草取りをし、茄子に水肥を施した。二一日、収穫を終えた小麦畑の跡に大豆と青豆を植えた。二二日には山へ行き木を切り、馬を洗った。二三日には豆をすべて植え終わり、粟の草取りをした。二四日には黒豆を植え、粟の草取り、間引きをした。二五日には山へ行き木を切った。二六日には胡瓜の添え木を立てた。二七日には山へ行き馬に喰わせる草を刈った。二八日には蔓を伸ばしてきたササゲの垣を作り、ツマミ肥を施した。二九日には肥汲みをし、畑に施肥をした。

夏の初め、麦の収穫を終えた後、すぐ田植えが始まる一年でもっとも忙しい時期であったこともあるが、それにしても、連日のように田畑へ出て汗水垂らして働くのだから、武士というより、もはや百姓の生活といった方がよい。杉家だけでなく、おそらく当時、萩城下に暮らす下級武士たちは、大なり小なり同じような日課であったのだろう。野良仕事は松陰兄弟を含めた家族全員、老若男女を問わず手伝っているが、父百合之助が百人御中間頭兼盗賊改方として城中に住むようになると、どうしても主婦である母滝の負担が大きくなった。後に兄梅太郎が、父百合之助が出仕した不在の六年余の間は、使用人を雇うような余裕もなく、母滝が一人で家事を切り盛りしながら田畑を耕したのであり、その苦労のほどを思いやられると述べたのは、そうした情景を伝えたものである。

吉田家の養子となる

天保五（一八三四）年、松陰五歳のとき、萩藩大組士（五七石六斗）吉田大助の仮養子となった。吉田家は初代重矩《しげのり》、文之允のときから代々山鹿流兵学の師範として萩藩に仕えた家柄である。杉氏三代、松陰の曾祖父にあたる文左衛門は、吉田家から来た養子であり、また吉田氏六代の他三郎、矩達《のりたつ》は、松陰の祖父七兵衛の兄である。つまり杉家から吉田家へ養子として入った人である。大助、賢良は、百合之助の三歳年下の弟、松陰には叔父にあたるが、杉家の出である伯父他三郎の養子として迎えられたものであり、吉田氏七代となる。いずれにせよ、両家は早くから緊密な縁戚関係にあった。

ところで、仮養子という制度は、当主の不慮の死に備えて藩当局へ申し出て許可を得る文字通り仮の養子、当分養子であり、すでに叔父大助がかなり重い病の床にあったことが分かる。なぜなら、このとき大助はまだ二八歳と若く、健康体ならば、後継に悩む必要などまったくなかったからである。病名は、瘍《よう》としか分からないが、腫瘍、潰瘍などのコトバから連想すれば、かなり深刻な病気であったようである。あるいは癌《がん》性の疾患に侵されていたのかも分からない。大助は病がいよいよ重くなり、回復不能なことを知ると、死は命なりとして一切の医薬を断り、臨終のさいは、床上に端座《たんざ》したまま従容《しょうよう》として目を閉じたという。幼い松陰を仮養子に迎えた時点で、おそらく来るべき死をはっきりと覚悟していたと見える。天保六（一八三五）年四月三日に死んだ。享年二九歳である。

後年、吉田家を継いだ松陰の甥庫三《くらぞう》が、この人はよほど剛直な性質であり、百合之助に勝るほどの気力家であったといわれる。また兄や弟より学問が出来たらしく、大助が著した経書の注解を見ると、中国の考証家の説と符合したところが多々あり、人並み勝れた頭脳の持ち主であったと思われるなどというように、百合之助を筆頭にする杉家の三兄弟の中では、気力、学問ともに一番優れていたようだ。もともと兵学者が、文学を修めず経書や歴史を知らないことに飽き足らず、自らさまざまな書物を渉猟《しょうりょう》し、独自の注解を付しており、詩文にも巧みであった。吉田家に伝わる遺著、「毛詩未詳考」乾坤二冊、「論語備忘録」「史記抄録」「課題文稿」などは、そうした日頃の学習の成果である。学統は当時、萩藩の主流であった徂徠《そらい》学でなく、むしろ朱子学を重んじた。兵学に関しても、家学の山鹿《やまが》流という一流一派に閉じこもることを喜ばず、諸家の兵法を積極的に学んだという。

忌日に詩を書いたことはあるが、松陰はこの叔父の人と為《な》りについてあまり多くを語っていない。松陰が物心ついたとき、叔父はすでに病床にあり、おそらく接触が大してなかったせいであろう。仮養子になった正確な月日は分からないが、翌年四月三日に早くも大助は死んでおり、この間おそらく半年余の歳月と思われる。いずれにしてもごく短期間の出来事であり、親子関係とは言いながら、ほとんど没交渉であろう。六月二〇日、虎次郎が家督を嗣ぎ、大次郎と改める。まだ六歳の子供である。吉田大助の妻は、萩城外の阿武郡黒川村（現福栄村）の庄屋森田頼寛の娘久満といったが、家格の関係で大組士（四九石）久保五郎左衛門の養女となり、吉田家に嫁いでいた。松陰には養母となるが、大助の没後は黒川村の実家へ帰ったため、親子が一緒に生活したことはない。松陰がいう黒川北堂とは、この養母久満のことである。

誰について学んだのか——教育環境

児玉家に嫁した二歳年下の妹千代がいうように、松陰は子供時代、寺子屋や手習場の類《たぐい》に学んだことは一度もない。物心ついてからの勉学は、すべて父百合之助ともう一人の叔父玉木文之進が教師となって行われた。寺子屋へ納める束脩謝儀《そくしゅうしゃぎ》がなかったためというのは、杉家の貧弱な家計を見れば納得がいくが、村のお師匠さんどころでない優秀な教師が身内にいたのだから、わざわざ他家の門を叩く必要などなかったということもあるだろう。

　松陰の祖父七兵衛は、三度の飯よりも読書を好んだといわれ、貧乏所帯にも関わらず書物をたくさん持っていたようであるが、この気質は三人の息子たちにそのまま受け継がれた。百姓仕事に明け暮れる父百合之助は、米を舂《つ》くときは棚を架して本を読み、馬の世話をしたり縄をなうときでも、絶えず勉強のことを忘れなかったといわれるように、いつどこでも暇さえあれば、本を開くという努力家であった。松陰の妹文と結婚して一時期杉家に同居した久坂玄瑞が、古い書物に勉強家の事は随分形容して書いてあるが、杉の老人のような勉強家は見たことがないといい、また吉田庫三が、百合之助の性質はすこぶる厳格で、あまり笑顔を見せぬ、無益な話もしない、勉強一方の人であったなどというのも、そのことを裏書きしてくれる。

　お城勤めのない無役の時期でも、一日中田畑に出ていた父百合之助が、子供たちの勉強をどうやって見たのか不思議な気がするが、杉家の教育は机について字を習い、書を読むというだけでなく、むしろ多くは野良仕事の間にさまざまな労働と並行しながら行われた。田畑へ出掛けるさい、百合之助は大てい松陰兄弟を伴ったが、草取りや耕作をしながらさまざまな書物を教えたという。兄梅太郎が回想するように、四書五経の素読はもちろん、文は「文政十年の詔《しょう》」や「神国由来」、詩は菅・頼諸家の毛利氏・両川氏を詠じたもの、および楠公墓下の作などを彼らは田圃《でんぽ》の中で学んだ。「文政十年の詔」は、十一代将軍家斉《いえなり》を太政大臣に任じた詔書であり、京都へ参内せず江戸城でこの詔を受けた無礼を武臣の跋扈《ばっこ》、王室の式微《しきび》ととらえて悲憤慷慨したものである。「神国由来」は賀茂神社の神官玉《たま》田永教《だながのり》が論じた国体論であり、菅・頼云々は、菅茶山《かんちゃざん》や頼山陽《らいさんよう》が毛利氏、吉川・小早川両家や兵庫湊川の楠公墓前で詠んだ詩文である。鍬《くわ》を振るい鎌を使いながら、まず父が声を出して誦読《しょうどく》し、後からこれを松陰兄弟が復唱したという。

野良仕事から家へ帰ると、夜は米搗《つ》きの手伝いが待っていたが、そのさい、やはり本を読んだ。萩城下で台柄《だいがら》と呼ばれた米搗台は、中央に体を支える鳥居があり、大抵二人一組となって搗いたが、主役となる一人は鳥居の後方に立ち、もう一人は前に立って作業をした。父百合之助は、この鳥居の上に本を置く見台を設け、松陰兄弟を助手にして、鳥居の向こう側に立たせ、次々と書を授けたのである。冷泉《れいぜん》雅二郎（天野御民《みたみ》）が「大日本史」を米搗きをしながら学んだというように、松下村塾ではごく普通に見られた光景であるが、実は、杉家に以前からあったやり方を真似たものである。

もう一人の教師は、父百合之助の六歳年下の弟、松陰には叔父にあたる玉木文之進である。文政三（一八二〇）年、一〇歳のとき大組士（四〇石）の玉木十右衛門、正路の養子となったが、年少のため、そのまま実家の杉家で暮らしていたものであり、松陰が誕生したときは、まだ独身の二一歳であった。

この叔父が百合之助の忙しいときは、父親代わりとなって教えた。二八歳で結婚、初め団子岩の宅地内に一屋を建てて独立し、のち新道の吉田宅（当時空き家）に移り住んだが、前者は目と鼻の先であり、また後者は杉家から二、三百メートルの近距離であり、松陰兄弟を教える上で何の問題もなかった。

文武両道に優れていたという点では、この叔父は二人の兄に少しも退けを取らない。山鹿流の三重極秘の伝を許された後に荻野流を学び、西洋砲術などにも盛んに興味を示しつつあり、一かどの兵学者として知られた。経史に明るく詩文書札もよくしたというから、よほど博学の人であったのだろう。一時明倫館都講として教えたのは、そうした学識を高く評価されたものと思われる。その人と為《な》りは、厳正にして勤倹は百合之助に過ぎ、剛直は大助を超えると評されたように、とりわけ強烈な個性の持ち主であった。

父百合之助も十分厳しかったが、文之進の教授振りは想像を絶する厳格無比のスパルタ教育であった。体罰も日常茶飯のように行われており、幼少の松陰が少しでも物覚えが悪かったり、本を読む態度がよくないと、すぐさま書物を取り上げて、放り出すという猛烈な教え方をした。授業中に少しでも肩がねじれたり脇見をすると、手にした竹鞭で容赦なく殴りつけたというから、中途半端な叱り方ではない。あるとき、怒り心頭に発した文之進が、幼い松陰を五、六メートル先の庭前へ放り投げたことがあるが、そのあまりの激しさに、傍らにいた母の滝はなぜ松陰は逃げないのか、この場を離れればひどい目に合わなくて済むのにと思ったというが、松陰の方は、生真面目そのものというか、あ

玉木文之進画像（田総百山筆）

るいは生来の強情の質か、いつも我慢してこのお仕置きにじっと耐えたようだ。新道にあった玉木家に一時寄宿していたとき、夜半、背中に机を括《くく》り付けたまま戸外に立たされたことがあるというから、猛烈ぶりは一向に治まっていない。後年、松陰が玉木の叔父に叱られたときほど恐いことはなかったというのも、そうした教育風景を彷彿《ほうふつ》とさせてくれる。

ところで、松陰は一体どのような子供だったのか。前出の妹千代が、兄松陰は幼少の頃より遊びということは知らずに過ごした。年頃の友達と一緒に紙鳶《たこ》を上げるとか、独楽《こま》を廻すといった遊戯に耽るようなことは一度もなく、常に机に向って青表紙（漢書）を繙《ひもと》くか、筆を走らせる以外にしたことがない。運動とか散歩に出掛けることも極めて稀にしかなく、記憶に残るような目立ったことは何もない。五つ六つの頃から手習いや書物を読むのが好きで、他家の子供たちが大勢でいろいろ遊びをしていても、振り向きもせずに家でじっと書物を読んでいるような毎日であった。たまに遊び事らしいことをするときは、自宅の庭で、その頃土図《どず》と呼ばれていた、鏝《こて》などで土を練って山をこしらへたり河の形を造ったり、つまり土でいろいろな図を畫《えが》くといったような遊びをしていたなどというように、子供らしい世界とはまるで無縁であった。

毎日のように父に連れられ野良仕事へ出掛け、家にいるときは、厳しい叔父が付き切りの勉強に忙しくて、近所の子供たちと遊ぶ暇など一向にないという、まことにいびつな生活環境であり、しかも勉強ばかりしていたため、いつの間にか書物にしか興味を示さない、妙に大人っぽい一風変わった子供になっていたようだ。誰とも遊ばず、時おり庭の片隅で土いじりしていたというのは、いささか気持ちの悪い引きこもり的な光景であるが、いずれにせよ、これが将来山鹿流兵学の家を嗣ぐことを予定された松陰の子供時代である。

天保一〇（一八三九）年、玉木文之進は松陰の養家先の吉田宅に移り住んだ。吉田大助亡き後しばらく居た養母久満が黒川村の実家へ帰ったため、その空き家を借りたものである。団子岩の杉家から西へ二、三百メートル下りた場所であり、杉家の人びとの往来に支障はない。もっとも、この前年、文之進は御蔵元順番検使役に挙げられ、お城勤めが多くなったため、以前のように教えることはできなくなった。本を読んだにしても、公務の余暇、玉木の家で細々と行われていた程度である。本格的な再開は、天保一一年九月、公金横領という部下の不始末の責任をとって免職、自宅謹慎となってからであり、松陰は兄梅太郎と連れ立って団子岩の自宅から通った。家が近いため、昼飯時に一旦帰り、午後また出掛ける日課を繰り返したが、時おり寄宿して学ぶこともあったようだ。天保一三年頃になると、この授業に近所の子弟も加わり、しだいに学塾の体裁を整えてきたため、改めて松下村塾の名札を掲げた。名称の由来は、松本村塾を言い換えたもののようだ。松本村からイメージした松陰の号と同じである。同窓には久保清太郎、安田辰之助、深栖《ふかす》多門、浅野往来《おうらい》、佐々木小次郎、斎藤貞甫《ていほ》、松村文祥《ぶんしょう》、藤村貞美らがいた。松村と藤村の両名を除けば、いずれも兵学門下生であり、年齢も松陰と変わらない、つまり同世代である。

2 山鹿流兵学師範への道

家学教授見習として出仕する

天保九（一八三八）年正月、九歳のとき、松陰は藩校明倫館《めいりんかん》に家学教授見習として出勤したが、これはあくまで吉田家の当主としての初仕事であり、山鹿流兵学の授業とは直接関係がない。つまり教壇に立ったのは、早くから代理教授者になっていた玉木文之進、渡辺六兵衛、林真人、石津平七《いしづへいひち》らの人びとである。翌年一一月、一〇歳のとき、家学、すなわち山鹿流兵学の教授を行ったが、むろんこの時点でも、単に授業の名義人となったにすぎず、実際の授業は、代理教授者を引き継いだ多くの家学後見人によって行われた。家学教授の開始と同時に代理教授者はなくなり、改めて林真人、石津平七、山田宇右衛門《うえもん》らが家学後見人に選ばれた。その後も浅野小源太、香川千蔵、井上七郎二郎ら山鹿流兵学の高足たちが次々に家学後見人に選ばれており、彼らが直接、間接に松陰を教えることになった。代理教授者の叔父文之進が家学後見人となったのは、天保一三年八月と意外に遅いが、御蔵元順番検使役に関する不祥事（部下の汚職の責任をとり免職となった）の余波であろう。翌年九月には、早くも家学後見人を解かれており、在職僅か一年余の短期間でしかないが、これは同年一〇月、役職に復し、八組証人役に挙げられたためと思われる。

松陰が家学教授見習として勤務したのは、萩城に近い堀内にあった旧明倫館である。団子岩の自宅からここまで数キロメートルあり、徒歩一時間は優に要した。交通の便がよいとはいえないが、兵学教場の授業日は月に六回程度であり、皆出席したとしても、大した負担ではない。いずれにせよ、まだ一〇歳前後の少年にまともな兵学の授業などできるはずがなく、代理教授者や家学後見人の授業に立ち合う形式をとりながら、実は授業を聴く門下生たちの一人だったと考える方が、ごく自然であろう。

旧明倫館跡（萩市堀内）

ところで、叔父文之進を除けば、多くの後見人の中でとりわけ松陰の教育に関係があったのは、林真人（百非）と山田宇右衛門の二人である。大組士（一二二石）の林真人は、養父吉田大助や石津新右衛門らに学んだ山鹿流兵学者として知られ、玉木文之進と同じく、三重極秘の伝を得ていた。寛政八（一七九六）年生れだから、松陰と出会ったのは、四〇歳のときである。天保六年より代理教授者となり、松陰が家学教授を始めるようになると、そのまま家学後見人に選ばれており、接触する機会がもっとも多かった一人である。城下川島小橋筋に住んでいたが、松陰は時おり出掛けて学んでおり、一時期林家に寄宿したこともあるらしい。萩城下の大火に林家が巻き込まれたとき、松陰は師家の家財道具を運び出すのに忙しく、私物をすべて焼いてしまったという美談が知られているが、これは弘化三（一八四六）年春、松陰が一七歳のときである。その後も団子岩の自宅から通学したらしく、翌年一〇月、大星目録の免許返伝を受け、さらに四年後の嘉永四（一八五一）年正月、三重極秘の印可返伝を林真人より得ている。家学後見人がすべていなくなったのが、嘉永元年正月、一九歳のときだから、独立の教師となった後も、師弟関係がしばらく続いていたことが分かる。嘉永四年一二月、五六歳で没したため、以後松陰との関係はなくなる。なお、この人物は、山鹿流兵学者であるだけでなく、南画《なんが》の名手としても知られ、また禅学に通じ和歌をよくしたという多芸多才の風流人であったが、そうした方面の松陰に与えた影響については明らかでない。

もう一人の教師、大組士（一〇〇石）の山田宇右衛門は、天保九年より代理教授者となり、翌年には家学後見人に選ばれている。文化一〇（一八一三）年生れだから、松陰と出会ったときは、まだ弱冠二六歳である。四十代以降の年配者が多かった後見人の中では、おそらくもっとも若い一人であり、山鹿流兵学だけでなく、さまざまな面でなお勉学途上にあったことは否めない。にもかかわらず、松陰は、弘化三、四年頃から嘉永元年頃までの文稿や論策の多くに山田宇右衛門の評論を求めている。平生は沈黙しているが、一度発言すると堂々たる議論を展開し、人の意表を衝《つ》くようなこともしばしばあり、心胆を奪われる思いがするといわれたその人と為《な》りが、何よりもまだ十代の若い松陰に魅力的であったのであろう。彼の許《もと》へ親しく出入りするようになった時期は必ずしもはっきりしないが、後に松陰が、年少の時から親しく先生に教えを乞い、何ごとによらず先生の教えを受けないことはない、先生もまた熱心に自分を教えてくれた、これまでよい師友に巡り会えなかった自分であるが、先生について学ぶようになったお陰で何とか学力が身についたなどと述べており、かなり早くから師事していたことは、おそらく間違いない。

弘化三（一八四六）年春、江戸勤務から萩に帰った山田宇右衛門は、当時一五歳の松陰に「坤輿図識《こんよずしき》」と題する世界地理書を贈って、万国の地理形勢を指し示しながら、今は詩文を作り空言を弄《ろう》しているときではない、眼を広く外へ向けて宇内《うだい》の情勢を探り、天下の推移を詳しく知らなければならないと大いに励ました。山田自身は山鹿流兵学に安住することに飽き足らず、西洋兵学に盛んに興味を示し、諸家を訪ねて新しい知識や情報を求めたというが、この姿勢は当然のことながら、そのまま松陰の学習態度に受け継がれた。

嘉永元（一八四八）年二月、毎月一二日に友人数名と「太平記」の会読を始めた松陰は、この会に山田宇右衛門の臨席および指導を乞うており、また八月二三日からは、山田の自宅で始められた「戦国策」の会読に参加している。同じ年、「戦法論疑」のように、山田治心気斎（宇右衛門）の詳しい評語を付した論文を書いているが、そのタイトルから見て、山田の主催する会読での成果を踏まえた主張であろう。

同好の士を語らった会読や詩会の類はこの頃盛んに行われており、弘化四年の春から夏へかけての詩稿に、「杉氏詩会」「斎藤貞甫詩会」「浅野某詩会」などの注記が見られるが、斎藤貞甫や浅野往来はともに玉木塾の同窓であり、親しい友人同士が回り持ちで勉強会を催していた情景が知られる。

嘉永末年から安政初年にかけての一時期、山田宇右衛門との関係が疎遠になるが、これは嘉永五（一八五二）年四月、東北遊歴から松陰が江戸藩邸に帰ってきたためである。せっかく勇猛心を奮い起こして脱藩したのに、おめおめと舞い戻るとは何事かと、その志の脆弱《ぜいじゃく》さを責めた山田が松陰の弁明に一切答えなかったため、両者はそのまま絶縁状態になった。安政二（一八五五）年八月、松陰は野山獄中から海防問題に関する質問書を呈しているが、山田からの返事はない。翌三年正月まで六カ月間も音沙汰がなく、両者の関係は依然として修復されていなかったようだ。この間、松陰自身は兄梅太郎に山田への伝言を頼んだりしており、一貫して師事する姿勢を崩していないが、山田の反応は今一つはっきりしない。もっとも、安政三年の夏頃には、山田の方から松陰の書いた「講孟劄記《こうもうさつき》」を見たい旨を兄梅太郎に伝えており、ようやくかつての親密な間柄に戻っていたことが分かる。

家学である山鹿流兵学を懸命に学ぶだけでなく、早くから松陰は師家の門を積極的に叩いたが、これは一流一派に閉息すべきでないことを説く山田宇右衛門の影響である。事実、彼の勧めで、松陰はまず長沼流の兵学者として知られた大組士（一四二石）の山田亦介《またすけ》について学んだ。弘化二年、一六歳のときであり、翌年三月には、早くも「兵要録」二二巻を修了し、兵学免許を得ている。「兵要録」は、同じ時期、無給通士（一三石）の佐藤寛作《かんさく》（信寛）についても学んでいるが、山田亦介との関係は明らかでない。弘化三年には、のち明倫館学頭になる大組士（三三六石）の飯田猪之助について西洋陣法を学び、また同じ頃、手廻組士（七〇石）の守永弥右衛門に荻野流砲術の伝授を受けている。嘉永二（一八四九）年六月、御手当方御内用掛となり、藩内西海岸の須佐、大津、豊浦《とよら》を経て馬関《ばかん》へ至る沿岸防備の視察に出掛けたときは、飯田猪之助と行を共にしており、学術のみならず実地面でも大いに教えられるところが多かったようだ。

西洋兵学の素地となるオランダ学については、萩藩における蘭学研究の先駆であった藩医田原玄《げん》周《しゅう》に初歩を学んだというが、その時期や内容ははっきりしない。嘉永四年夏、江戸木挽《こびき》町（銀座歌舞伎町）の佐久間象山《しょうざん》塾に入門した松陰は、蘭学学習の成果が上がらないことを国元の叔父文之進に、蟹《かに》行、すなわち横書きのオランダ語の勉強は戯れの域を出ず、少しやってみてまた止めてみたり、取り留めのないことになっていると書いており、どの程度のレベルにあったかが分かる。ペリーの軍艦へ乗り込んださい、「和蘭文典前後編」「訳鍵」二冊を携行していたというから、その後も、蘭学研究は細々と継続していたようであるが、内容的にはあくまで入門書的なものでしかない。天野御民（冷泉雅二郎）が、西洋の事情について松陰先生は、清人魏源《ぎげん》の著した「海国図志」を初め、当時世に出ていたあらゆる訳書を入手して読んでいたと言うように、彼の得た海外知識は、ほとんどすべて翻訳書からのものであった。

「甫田先生に上る書」や「甫田先生に与ふる書」を見ると、大組士（五〇石）の香川甫田《ほでん》（惣右衛門）に兵学の質問や論文の添削を乞うており、また「平田先生に与ふる書」から、大組士（八一石）・明倫館学頭の平田新右衛門に、時おり経書を学んでいたことが分かる。いずれも十代後半の出来事である。

ところで、剣・槍・弓や馬術など、サムライとして当然身につけるべき武術の修練は、どのように行われたのか。初歩的な訓練はむろん、子供時代に父百合之助や叔父文之進から受けたと思われるが、本格的には、剣術を新陰柳生流の平岡弥三兵衛、槍術《そうじゅつ》を夢想流の横地長左衛門、馬術を人見流の波多野源左衛門について学んだ。いずれも明倫館の武術師範である。入門の時期は、天保一一（一八四〇）年、一一歳のとき、波多野源左衛門に師事したこと以外に分からない。剣の教授を乞う松陰に、平岡がそのような弱々しい体格では、わが道場の荒修業に到底耐えられない、むしろ読書の工夫や諸生の教育に専念した方がよいのではないかと答えたというエピソードが知られているが、これが本当ならば、入門はすでに独立の兵学師範になっていた一九歳以降となる。おそらく槍術の師横地の門を叩いたのも、同じ頃であろう。弓については、師家の存在が分からない。

藩主への進講

家学教授見習として明倫館に出勤した松陰の周辺には、いつも大勢の大人たちがいた。つまり初め代理教授者、のち家学後見人に付き添われており、直接教授したことはないが、藩主の前では何度か講義をする機会があった。天保一一（一八四〇）年の親試《しんし》、藩主慶《よし》親《ちか》（敬親）が文武の師範を城中に召して学芸を試みたさい、一一歳の松陰にも御前講義の命があった。このとき、松陰は「武教全書」戦法篇三戦を講義したが、その文章の明晰なること、論述の巧妙さに藩主は大いに驚き、傍らの臣に、師は誰であるかと問うたという。むろん、師は叔父玉木文之進であり、講義の原稿もおそらく彼が作ったと思われるが、十代に入ったばかりの子供が藩主の前で臆《おく》するところなく、堂々と兵書を講じたのだから、大いに目立ったことは想像に難くない。この後、杉家に親戚友人が次々に訪れ、当人の名誉、一家の光栄を賀したというから、よほど御前講義が評判になったのであろう。もっとも、父百合之助は、兵学者の相続人が兵学に優れているのは当然のことであるとこれをむしろ喜ばず、松陰を呼んで、今まで以上に勉学に励むように厳しく諭《さと》したという。二年後の天保一三年の親試で、一三歳の松陰は藩主の前で再び「武教全書」を講じ、題を選んで詩を賦《ふ》した。弘化元（一八四四）年、一五歳の親試でも「武教全書」がテキストであったが、このときは、藩主がとくに命じて「孫子」虚実篇を講義させている。藩主をして、儒師の講義は大抵眠気をもよおすのに、松陰の兵を講ずるのを聴くと、思わず身を乗り出す気分になると言わしめたというから、これ以上の誉め言葉はなかろう。「六韜《りくとう》」など七部の兵法書を解釈した「七書直解」全一四冊を褒美として与えられているが、これで松陰の名声は、一挙に萩城下に知れ渡るところとなった。

弘化三年、一七歳のときにも親試があったが、その出来栄えを伝える記録はない。一八歳になった翌年二月と一一月には、明倫館に臨んだ藩主が松陰や後見人の主宰する家学講義および作図を見ているが、これはよくある視察の類であろう。なお、この年九月、松陰は明倫館の文学秋試に応じ、「平内府論」と題する作文で丙科に入っている。秀才少年の評判とはいささか異なる平凡な成績であるが、この悪文が幸いにして丙科の成績となったが、恥ずかしいかぎりであると松陰自身がいうのは、多分に謙遜の辞だとしても、さほど目立つような内容でなかったことはおそらく間違いない。嘉永元（一八四八）年以降は四年まで毎年の親試で兵書を講義し、元年と二年には、門人を率いた実地訓練を藩主の面前で行っている。すでに後見人は解かれ、独立の師範となっており、いずれも松陰が主宰した授業である。

山鹿流兵学門人とは何か

「兵学入門起請文《きしょうもん》」を見ると、松陰が六歳で吉田家を継いだ天保六（一八三五）年八月から、没後四カ月余を経た安政七（一八六〇）年三月に至る二五年間に総計二三三名の入門者がいるが、これらのすべてが、松陰に学んだわけではない。家学教授見習時代の門人、天保六年八月二日入門の天野熊太郎から弘化四（一八四七）年九月二二日入門の乃美《のみ》三左衛門に至る計五七名は、単なる名目上の門人にすぎず、松陰の周辺にたくさんいた代理教授者や家学後見人について学んだ。この間、松陰が師事した林真人や山田宇右衛門らをすべて、「拙者門人」と称したのもそのことと無関係ではなく、養父大助の旧門人たちが、例外なく新しい当主の松陰に改めて師弟の礼を執《と》ったことが分かる。

それはともかく、正確な門人は、家学後見人がすべて解かれ、独立の師範となった嘉永元（一八四八）年正月以降に来た人びとであり、前後一二年間に計一七六名を数えることができる。ただ、彼らが直接松陰について学ぶことができたかというと、必ずしもそうではない。なぜなら、松陰自身が明倫館の教壇に立っていたのは、極《ご》く限られた歳月であり、その間、多くの門人たちが代講となり山鹿流兵学の教室を維持したからである。事実、松陰は嘉永三年八月下旬から年末までの約四カ月間、九州遊歴で不在であり、したがって明倫館での授業はない。翌年三月初旬には、早くも江戸遊学へ出発した。桜田藩邸の有備館《ゆうびかん》で時おり出府中の藩士に教えることはあったが、房相《ぼうそう》順検や東北遊歴などを挟んで一年余の間は、授業とはまったく関係がない。嘉永五年五月、萩へ帰ったが、脱藩の罪でそのまま自宅謹慎となった。この間、九月頃まで杉家に密かに出入りする門下生に教えることはあったが、むろん

表1　兵学入門起請者の変遷

年号	西暦	入門者	備　考
天保6	1835	1	家督相続，6歳
7	6	4	
8	7	2	
9	8	7	
10	9	0	11月より家学教授，10歳
11	1840	6	
12	1	0	
13	2	4	
14	3	7	
弘化元	4	8	
2	5	4	
3	6	7	
4	7	7	
嘉永元	8	10	正月より独立師範，19歳
2	9	65	
3	1850	14	8・25〜12・29九州遊歴
4	1	6	3・5江戸遊学，12・14脱藩
5	2	0	5・12より自宅謹慎，12・9士籍削除
6	3	12	1・26江戸再遊
安政元	4	5	3・27下田踏海
2	5	1	野山獄中，12・15出獄
3	6	4	杉家幽囚
4	7	15	同上
5	8	35	7・20家学教授許可，12・26再獄
6	9	7	5・25東送，10・27　刑死
万延元	1860	2	
総計		233	

「兵学入門起請文」(「全集」第10巻所収）により作成。

正式の授業ではない。一二月九日、士籍削除、吉田家廃絶の処分があり、浪人の身となったため、明倫館で再び教えることはなくなった。江戸へ発つ前までに限定すれば、独立の師範となってから三年二カ月余、九州遊歴で不在の時期を除けば、二年一〇カ月程度の短い期間教鞭を執っていたにすぎない。

嘉永四年三月以降、明倫館で教えたことがないとすれば、それ以後に入門した計八四名の人びとは、すべて名目的な門人であったのかというと、必ずしもそうではない。なぜなら、この時期の入門簿を注意して見ると、村塾生の名前が沢山あるからである。嘉永六（一八五三）年五月二四日入門の尾寺新之允を筆頭に、安政七（一八五四）年三月七日入門の山田市之允（顕義）まで、計二九名がそうした人びとである。尾寺が村塾に来たのは、安政四年一〇月頃であり、山田は少し遅れた年末に現われているが、いずれも入門起請の時期と合わない。尾寺が入門起請した頃、松陰はすでに浪人の身で諸国遊歴に出ており、兵学の授業などありえない。山田のごときは、先生が死んだ後に入門誓詞を差し出す、いわゆる没後門人であり、何らかの事情で入門誓詞の提出が遅れたものであろう。その他の人びとは、入門起請が村塾に出入りした時期と大差がなく、村塾の授業がすなわち兵学教場のそれを代替していたことが分かる。一方、村塾に来た形跡のまったくない五五名は、文字どおり名目的な門人であり、明倫館兵学教場で代講が行っていた授業の生徒たちと思われる。

兵学教場にもおそらく出入りしていた村塾生が入門誓詞を呈したのは、かくべつ不思議ではないが、村塾と関係のない人びとがなぜ入門起請をしなければならなかったのか、正確なところは分からない。兵学教場の先生たちは、いずれも松陰の門人であり、彼らについて学ぶためには、先生の先生である松陰に師弟の礼を執る必要があったのだろうか。安政五年七月二〇日には、藩当局が家学教授を認めた、つまり村塾における兵学教授が公認されたため、以後は入門誓詞の提出がますます当たり前になったと思われる。

なお、安政五年一二月二六日の野山再獄以後も入門者があった。江戸檻送《かんそう》の前日、安政六年五月二四日までに入門した五名、江戸伝馬町牢にいた一〇月二日までの二名、没後入門の二名を合わせた計九名が、そうした人びとである。山田市之允を除けば、いずれも松陰との接点はなく、限りなく名目的な門人であったことはいうまでもない。

兵学師範として教える

一九歳で独立の師範となり、二二歳の正月には、林真人から山鹿流兵学の最高である極秘三重伝の免許を得た松陰は、名実ともに一人前の教師として活躍することになるが、その実力はどの程度のものであったのだろうか。「明倫館御再興に付き気附書」「等級の次第」「兵学寮掟書条々」「水陸戦略」などは、この時期に書かれた兵学教育や軍事問題に関する論文である。かねて秀才の評判どおり、いずれも格調の高い理路整然とした文章であるが、内容はこれまでの諸家の主張と大差がなく、とりたてて斬新というほどのものはない。たとえば嘉永二年三月の上書「水陸戦略」は、欧米列強の東洋侵略の現状を分析して、三方海に囲まれた萩藩の防衛の必要性を強調しているが、そのさい、彼我《ひが》の長短を比較して、彼に取るべきところは大してなく、むしろ我が方に長所が多いといい、海戦となれば敵の巨艦に我の小舟蚊撃《ぶんげき》策（夜間に乗じ兵五名ずつを乗せた数十隻の小舟で敵艦を襲い、長槍短兵の戦いを挑み、火を付けて焼き払う）で対抗すればよろしい。また陸戦では、地勢を利用した攻防の策を用い、いたずらに砲銃のみに頼るのでなく、むしろ白兵戦で勝敗を決すべきであるなどという。黒船をまだ一度も見たことがなく、耳学問的な情報に基づいた文字通り机上の論であり、いかにも迫力のない幼稚な感じはやはり否み難い。

新明倫館跡（萩市江向）

代理教授者や家学後見人がいた時期の明倫館は、萩城郭三の曲《くる》輪《わ》の内、現在の堀内にあったが、嘉永二（一八四九）年正月には、江向《えむかい》村、今の萩市立明倫小学校がある場所へ移転した。校地を一挙に一五倍、経費を七倍に大拡張した新明倫館の登場であり、独立の師範になった松陰もまた、ここで教えた。この時期、明倫館には、北条流兼山本流の大西喜太郎、北条流の多田藤五郎、山鹿流の吉田大次郎、合武三島流兼水軍火術の森重政之進の計四人の兵学教師がおり、互いが四つの教場に分かれて競い合うようなかたちの授業を行っていた。学生の側から見れば、四流派とも選択科目的な扱いであり、自由に先生を選び教室に出入りすることができたが、まだ年齢が若く、未熟なところの多い松陰先生の授業には、あまり学生が集まらなかったようだ。

兵学教場の出席状況は、嘉永四年一〇月から始まる「諸稽古出人数付立」に見ることができる（表2）。同年一二月中旬まで四流派の教師が総計三〇日、延べ九〇六名、毎回平均三〇・二名の学生を集めているが、山鹿流吉田大次郎の授業は、延べ一四九名、毎回平均一二・三名ほどで、一番出席者が少ない。この年三月に江戸出府した松陰が教壇に立つことはありえず、師匠の名義を借りた代講が行われていたはずである。山鹿流兵学の定日であった三と八以外の不定期な日に二分の一程度の授業

図2　明倫館平面図　『日本教育史資料』10,『山口県教育史』上, により作成。

しかなかったのは、おそらくそのためと思われる。ただ、他の兵学教師もなぜか授業の定日を持たず、回数も少ないところから、何かこの時期の明倫館に規則正しい授業を妨げるような事情があったのかもしれない。

では、松陰自身が主宰する授業の反応はどうであったのか、嘉永元（一八四八）年中の「稽古事控」を見ると、松陰が主宰する兵学教場は三と八の日、つまり毎月六回授業が組まれていたが、学校行事や祭礼による休日のため、通年の授業日は五五日にとどま

表2　明倫館兵学教場の出席者

嘉永4（1851）年10月～12月

月　日	大西喜太郎	多田藤五郎	吉田大次郎	森重政之進
10・8	26			55
11		28		
19	25			
21			20	
24	25			
29		29		51
11・2			26	
3		30		
7		30		
8	25			52
9			24	
16	25			
17			23	46
18		26		
19	23			
12・4	26			47
6			19	
7		26		
8	25			48
9			18	
11		22		
13			19	
14		25		42
計	200	216	149	341
平均	25.0	27.0	21.3	48.7

『明倫館御用掛日記』1，2所収の「諸稽古出人数付立」により作成。
1）大西喜太郎—北条流兼山本流
2）多田藤五郎—北条流
3）吉田大次郎—山鹿流
4）森重政之進—合武三島流兼水軍火術

り、当初予定の七六％程度しか消化されていない（表3）。出席者は全部で二八名ほど確認できるが、門人でない玉木文之進と山田宇右衛門の二人を除くと、二六名（表4）となる。これはすでに入門起請を済ませた六七名中の三九％程度でしかなく、大部分の人びとが授業と無関係であったことが分かる。すべての授業日に姿を見せた、つまり皆出席者は教師の松陰以外には誰一人おらず、久保清太郎の四四日（八〇％）を除けば、軒並み半分以下の出席率であり、一〇日以上の出席者となると僅《わず》かに一〇名、つまり過半数が全休の門人たちと大差がなかったことになる。一番出席者が多かった日でも九名、少ないときはたった一人の学生を相手に授業を始めねばならなかった。毎日平均四・八名という数字は、そうしたお寒い出席状況を反映したものである。

ところで、比較的出席率のよかったのは、どのような人びとだろうか。久保は外叔（松陰と血縁はないが、吉田家の養母久満が久保家養女であった関係でこう呼ぶ）五郎左衛門の子、つまり外弟となる。杉は兄、妻木弥次郎は遠い親戚、また浅野、佐々木小次郎、斎藤、深栖らは、かつて玉木の松下村塾で机を並べた間柄である。久保、杉がやはり玉木塾の同窓であり、要するに、親族や友人たちが寄り集まって新米教師の松陰を支えていた格好である。妻木を除けば、松陰とさして年齢の違わない人びと

表3　山鹿流兵学教場の出席状況

嘉永元（1848）年1月～12月

月日	出席者	月日	出席者
1・13	4	7・3	2
18	7	8	3
23	7	13	1
28	7	18	2
2・3	釈菜休	23	5
8	5	28	5
13	4	8・3	6
18	6	8	8
23	6	13	6
28	詩会	18	8
3・3	桃花節休	23	御能休
8	3	28	5
13	3	9・3	6＋1
18	祭礼休	8	3
23	6・28補講	13	4
28	5・23補講	18	5
4・3	1・9補講	23	5
8	6＋1	28	会議休
13	御作善休	10・3	3
18	4	8	1
23	8	13	4
28	5	18	3
5・3	6	23	5
8	6	28	2
13	8	11・3	2
18	4	8	4
23	5	13	4
28	6＋1	18	4
6・3	御目見休	23	9
8	8	28	3
13	7	12・3	4
18	6	8	3
23	3		
28	3	平均	4.8

「稽古事控」（「全集」旧版第7巻所収）により作成。
1）教師松陰を除く。
2）授業日数55日（補講3日を除く）
3）授業日は毎月6回（3と8の日）
4）＋αは旧家学後見人
5）4月3日の補講は正月9日の講義で代えたらしい。

表4　出席者の内訳　嘉永元（1848）年1月～12月

	氏名	年齢	入門年月日	出席日数	%
1	久保清太郎	17	弘化5・1・9	44	80.0
2	杉梅太郎	21	天保9・10・2	24	43.6
3	小嶋権三郎		弘化4・2・18	24	43.6
4	浅野小次郎	18	天保15・5・3	23	41.8
5	妻木弥次郎	24	天保11・1・13	22	40.0
6	赤穴辰之進	16	弘化3・5・13	22	40.0
7	佐々木小次郎	19	天保14・4・13	21	38.2
8	斎藤彦四郎	19	天保15・5・3	13	23.6
9	西村丈蔵		嘉永1・10・13	11	20.0
10	佐々木亀之助	14	弘化5・1・9	11	20.0
11	小川富之助		天保15・2・23	8	14.5
12	口羽寿次郎	15	弘化5・1・9	7	12.7
13	深栖多門	26	弘化2・3・13	4	7.3
14	工藤音之進		天保8・8・2	3	5.5
15	中尾仙介	16	天保15・5・3	3	5.5
16	木村弥十郎		嘉永1・11・8	3	5.5
17	熊野作槌		天保11・1・23	3	5.5
18	原田万之允		天保11・1・13	3	5.5
19	小野耕之助		弘化4・1・9	3	5.5
20	林寿之進	30	天保7・3・24	2	3.6
21	藤井康之進	21	天保14・4・4	2	3.6
22	梨羽万吉	20	弘化3・閏5・23	2	3.6
23	玉木文之進	39	旧家学後見人	2	3.6
24	佐々木四郎兵衛	39	弘化4・7・23	1	1.8
25	村田小太郎		弘化2・4・23	1	1.8
26	阿座上勝之進	33	天保14・4・23	1	1.8
27	井上衛門	32	天保13・9・6	1	1.8
28	山田宇右衛門	36	旧家学後見人	1	1.8
	平均年齢	23.9	計	265	100

「稽古事控」（「全集」旧版第7巻所収）により作成。
1）年齢は嘉永元年（1848）当時のもの。
2）平均年齢は判明者19名についてみた。
3）出席率は全授業日55日より算出。

が多かったのも、そのことと無関係ではなかろう。一、二日やって来た人びとは、大てい年配者であり、家学後見人のような先代以来の旧い門人が、心配して若先生の様子を見にきたものであろう。当然といえば当然であるが、まだ弱冠一九歳の兵学教師松陰の授業に、大して人気は集まらなかったようだ。

第二章　藩外へ眼を向ける

1　諸国遊歴の旅

九州へ旅立つ

嘉永元（一八四八）年、独立の師範となった松陰の授業に大して人気が集まらなかったことはすでに見たが、すべてに若いまだ未熟な教師の彼が、よりよい師を求めるには、狭い萩藩内に閉じこもっていては、どうにもならない。とくに彼が専門にする兵学は、机上の学習、書物から得られる学理上の知識だけで間に合うものではない。戦場に出て実戦の役に立てようとすれば、豊富な知識に併せて、運用に関するさまざまな情報や技術を修得することを求められる。そうなれば、ますます萩城下から全国各地へ出掛け、自らの目で確かめ、自らの耳ではっきりと聞く手続きを欠くわけにはいかない。この間の明倫館教場における教育体験で、さまざまな面で兵学者として未完成であることを、否応なしに実感した松陰が、遊学というかたちの新しい勉学に取り組もう

龍飛崎
弘前
青森
秋田
相川
湊
仙台
石巻
出雲崎
新潟
会津若松
白河
上田
高崎
諏訪
足利
福島
熊谷
琵琶湖
水戸
名
宮
江戸
藤沢
松岸
浦賀
洲崎
下田

図3　吉田松陰の足跡

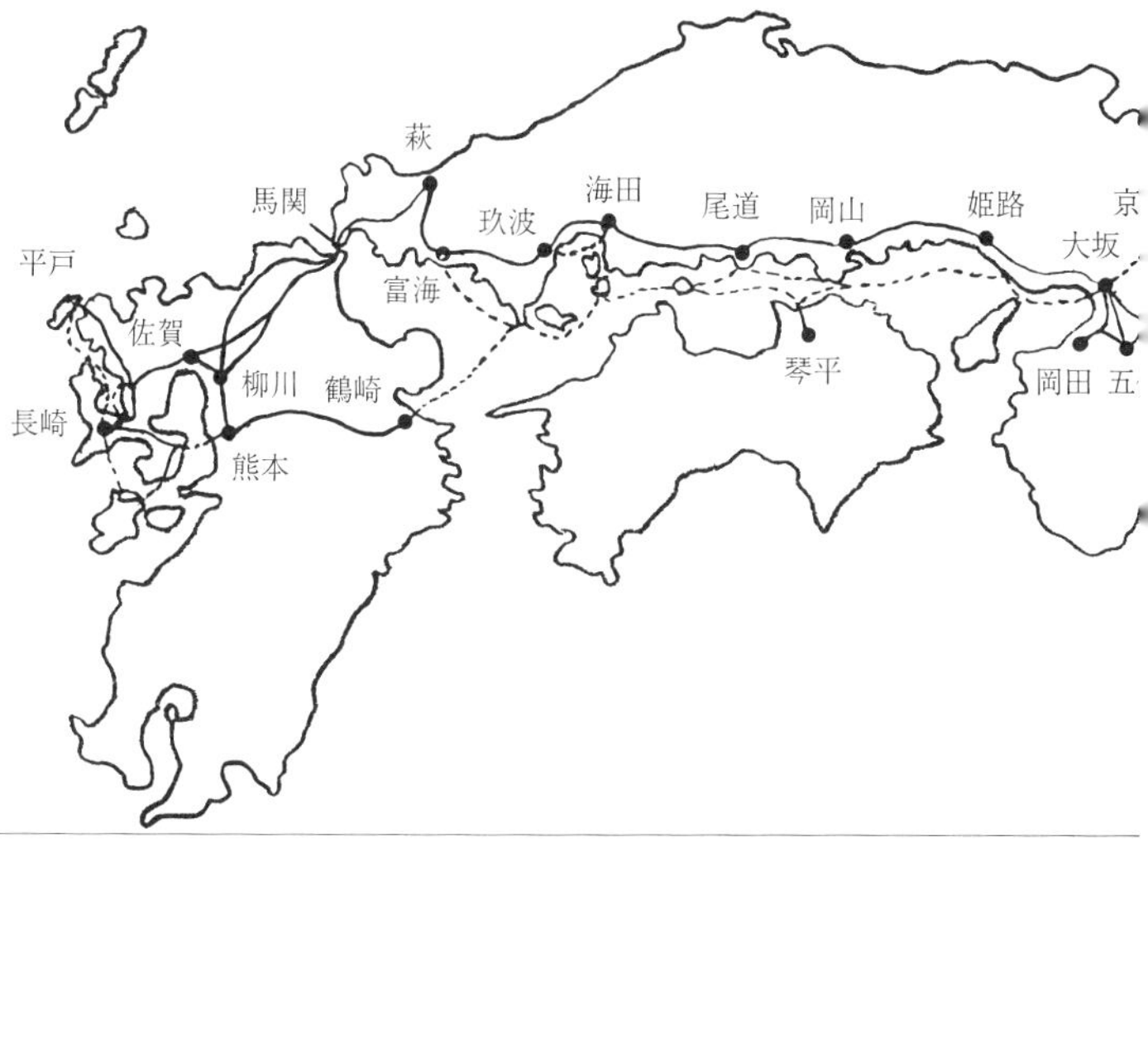

としたのは、極めて分かりやすい反応である。

ではなぜ九州、それも平戸《ひらど》の地を選んだのか。兵学の師林真人の強い勧めで葉山左内《はやまさない》の存在を知り、この人について学びたい、平戸には、山鹿《やまが》流兵学の宗家もあるから、家学の勉学に何かと好都合であると考えたためである。いま一つ、足を延ばして長崎へ行けば、最新の欧米兵学を含めた、もっと広範かつ詳細な海外情報を得られるのではないかという期待もあったはずである。世界へ開かれた唯一の窓である長崎への憧《あこが》れが、若い好奇心旺盛な松陰にとって、あるいは最大の理由であった可能性もあるが、家学修業を本務とするかぎり、特定の学塾や師名を挙げて許可を求めるのがごく一般的なやり方であり、松陰もまたそれに従ったものであろう。

嘉永二年五月一五日、松陰は葉山左内に就学を希望する手紙を書いた。同年九月一二日付の藩政府への願書は、同流の軍学者葉山左内について山鹿流兵学を学びたいと述べているが、平戸藩中老の彼は、佐藤一斎門の陽明学者として知られた人物であり、いささかこじつけの嫌いがないではない。ただ、海防問題を扱った「辺備摘案《へんびてきあん》」の著者であり、とうぜん山鹿流を初めとする兵学にも詳しかったから、まったくの見当違いではない。藩当局の正式許可は、翌年八月一八日であり、出願後一年近くを要しているが、これはたまたま、同じ頃、松陰が沿岸防備を担当する御手当御内用掛に任じられ、前後二回、萩から馬関《ばかん》へ至る実地検分に出掛けるなど、公務に忙しかったためである。

平戸の山鹿流宗家山鹿万介については、なぜか願書のどこにも登場しないが、到着後すぐ接触を試みており、当初からここで学ぶつもりであったことは間違いない。葉山従学を主とする立場から省略されたのかも分からない。長崎遊学は、正式許可が下りた翌日、すなわち八月一九日に松陰の側から、御鉄砲方久松土岐太郎（高島秋帆《しゅうはん》の弟）に従学するため付け加えたいと改めて願い出ている。日々の勉学や実地検分などで西洋兵学の優秀性を確実に認識しつつあった時期だけに、その学習の中心地である長崎を訪ね、最新の情報を入手したいと思ったのは、しごく当然であろう。許可が下りた後の駆け込み的な申し出に、いささか作為めいたものを感じるが、家学修業を建前にする立場から、西洋兵学への接近はあくまで副次的にならざるを得なかったのだろうか。

嘉永三（一八五〇）年八月二五日（陽暦九月三〇日）、松陰は大勢の家族に見送られながら家を出た。唐樋《からひ》の札場（城下東田町《ひがしだちょう》）から最初の一里塚である悴坂《かせがさか》の辺りで夜明けを迎えたというから、早朝四時頃に家を出たことが分かる。一人旅ではなく、長崎まで下僕《げぼく》新介が同行した。まだ二一歳の松陰の初めての旅立ちを心配した親たちが配慮したものである。午後五時頃、四郎カ原《しろうがはら》宿に着いた。萩城下から一一里余の山道であり、一日の行程としてはいささか張り切りすぎの感があるが、旅立ちの興奮がそうさせたのであろう。

八月二六日、四郎カ原を発った松陰は、小月《おづき》、清末《きよすえ》、長府《ちょうふ》を経て馬関へ入り、大年寄伊藤静斎《せいさい》の家に着いた。行程八里であるが、前日来の無理が祟ったものか、発熱して病床に伏し、急遽《きゅうきょ》呼ばれた医師尾崎秀民《しゅうみん》の診察を受けている。二七日と二八日も終日病床にあったが、その間、尾崎先生から借りた帆足万里《ほあしばんり》の「東潜夫論」や「入学新論」を読了するなど、旅を中断したわりには、あまり病人らしくない生活ぶりである。おそらく他国で始まる長旅を前に用心したものであろう。八月二九日には、ようやく元気を回復し、九州へ向けて発った。亀山八幡宮下に渡し場があり、ここから海上約一里の内裡《だいり》をめざした。関門鉄道トンネルの開通に伴い旧大里《だいり》駅を改称した門司駅の辺りである。小倉《こくら》城下を経て黒崎に着く。内裡から四里半を歩いたにすぎず、午後四時頃でまだ陽も高かったが、病み上がりの主人の身体を案じた新介の勧めであろう。

黒崎を出てからの道中は、木屋瀬《こやのせ》を経て長崎街道に入り、直方《のうがた》、小竹、飯塚、内野、山家《やまえ》、原田《はるだ》、田代、轟木、中原《なかばる》と歩いた。佐賀城下で弘道館教授武富文之助を訪ねたが、不在で会えず、そのまま小田に向かった。北方からは長崎街道の北まわり、塚崎から嬉野《うれしの》へ向かうルートを辿った。彼杵《そのぎ》、千幡《わた》、諫早《いさはや》、古賀、矢上を経て長崎に着いた。九月五日のことであり、この間、五泊六日、一日平均九里を歩いたことになる。途中幾つも険しい山坂があり、かなりの強行軍であったことが分かるが、馬関で寝込んだ遅れも取り戻し、一刻も早く目的地に着こうとしたもののようである。

長崎には九月一一日まで、六日間滞在した。新町、現在の興膳町《こうぜんちょう》にあった萩藩の長崎屋敷に旅装を解いているが、その足ですぐ高島塾を訪ねており、西洋兵学への強い関心を窺《うかが》わせる。塾主の秋帆は天保一三（一八四二）年の長崎事件で下獄したままであり、その子浅五郎に会った。市内東小島町にあった塾舎雨声楼《うせいろう》には、弾薬所や演習所を併設していたというが、先の大戦ですべて失われ、今は門前へ至る広い石段に往時の繁栄をしのぶにすぎない。午後、小舟を雇って港内にいたオランダ船や唐船の周辺を見てまわり、その後、崇福寺《そうふくじ》を訪ね、背後に聳《そび》える風頭山《かざかしらやま》の頂上から眼下に広がる長崎市街や湾内の風景を眺めた。寺町の皓台寺《こうたいじ》へ出て荻野流砲術の祖坂本天山の墓に詣でるなど、終

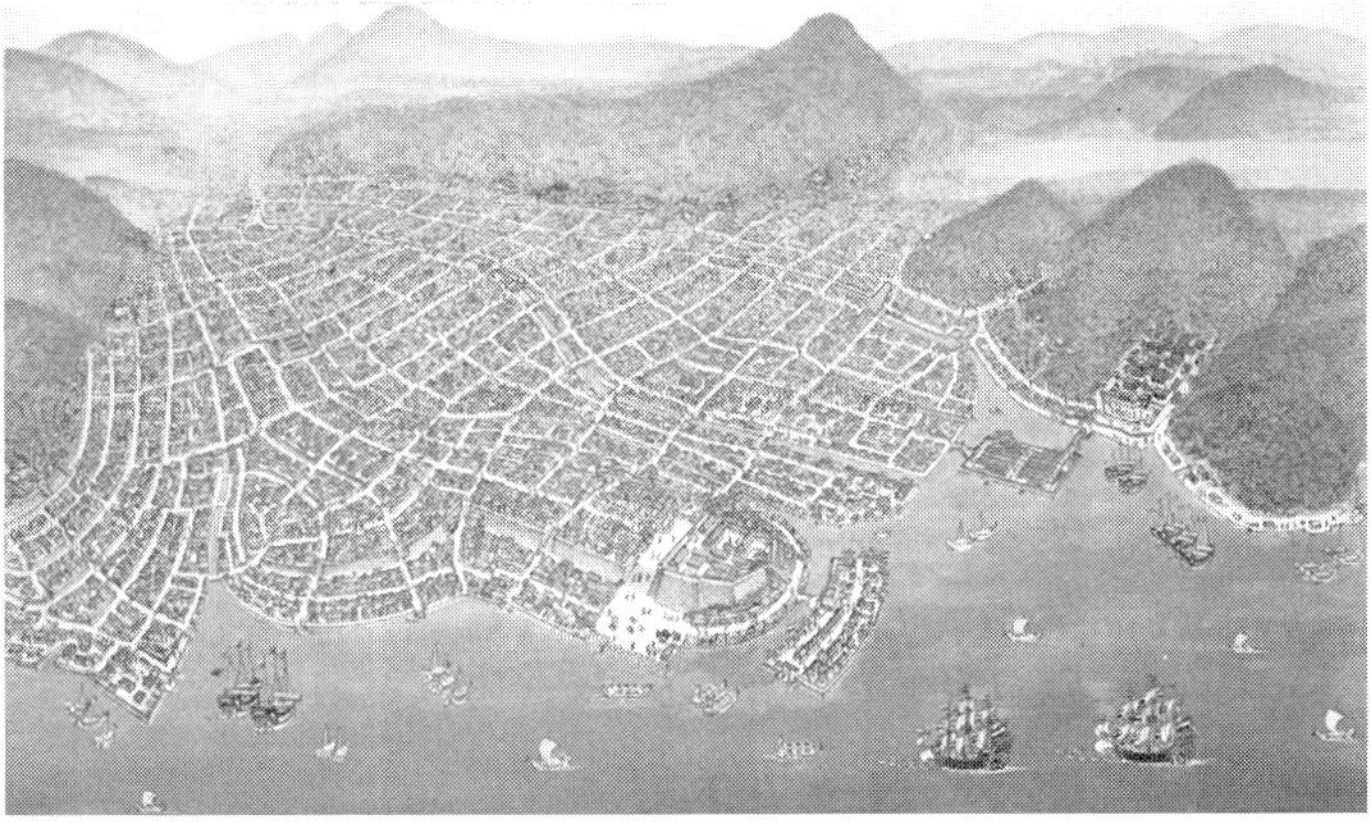

長崎港図

日駈け回っているが、異国情緒豊かな長崎の風物に接し、思わず旅の疲れを忘れたのであろう。

九月九日には伝手を求めて館内町にあった唐館や出島の蘭館を見学した。一一日には、オランダ船に乗り込み、備砲や積み荷などを悉《つぶ》さに見ることができた。船内で葡萄酒や洋菓子を供されたが、この後、見学を斡旋《あっせん》してくれた長崎町人の許《もと》でパンを試食するなど、数々の珍しい体験をしている。

九月一一日午後、長崎を発った。九州遊学の目的である平戸へ向かうためである。下僕の新介は萩へ戻り、以後は松陰の一人旅である。往路の永昌を経て、大村領の松原から彼杵まで舟に乗り、陸路を早岐《はいき》、佐世保、中里、江迎《えむかえ》と平戸街道を歩いたものである。九月一四日、日の浦から舟に乗り、海上一里、平戸城下に着いた。葉山左内の紹介で港に面した浦の町に店を構えた紙屋政之助の家に草鞋《わらじ》を脱いだ。今は田原石碑店となっている場所であり、店前に「吉田松陰宿泊紙屋跡」の小さな石碑を見

葉山邸跡（平戸市鏡川町）

積徳堂跡（平戸市岩の上町）

ることができる。勝尾岳の麓《ふもと》にあった葉山宅まで十数分の距離であり、毎日の往復に支障はない。

初対面の日、王陽明「伝習録」三巻や葉山左内の著「辺備摘案」、およびこれを批評した佐藤一斎の手紙を借りて帰った松陰は、夜半までこれらの書を読んだ。翌日から葉山宅へ出掛けて学んでおり、塾に出入りしていた多くの門生たちとも知合った。

山鹿万介の積徳堂《せきとくどう》へは、四日後の一八日に入門の挨拶に出掛けたが、たまたま塾主の万介が病床にあったため会うことができず、束脩《そくしゅう》の礼を行ったのは、さらに四日後の二二日のことである。入門誓詞を呈し、血判を済ませた後、山鹿素行「武教全書」主本三采幣《さいへい》の講義を聴いた。以後は、葉山塾と積徳堂での勉学が日課となり、病気で数日間休んだ他は、ほとんど連日のように、二つの塾へ出入りしている。

葉山先生は遠来の客松陰を心から歓迎し親切丁寧に教えたらしく、老師は手厚く素直で真面目な性格であり、うわべを偽り飾るようなこともなく、人のために懸命に務めて倦《う》むところがないと評したように、松陰もまた、その人と為りに大いに傾倒している。出入りのたびに茶菓を供され、晩くなったときは夕飯を振る舞われるなど、極めて居心地のよい雰囲気であったようだ。初めは王陽明の「伝習録」や清の魏源の兵書「聖武記附録」を学んだが、後には「阿芙蓉彙聞《あふよういぶん》」「近時海国必読書」「北寇杞憂」「西洋諸夷略表」「海防私策」など、アヘン戦争やツァーリズム・ロシアの南下政策を中心にした海外事情や国防を論ずる書物を読んでいる。会沢正志斎《あいざわせいしさい》の「新論」を読んだのも、葉山塾である。文政八（一八二五）年に書かれたこの本は、幕政改革を議する政治性が危険視され、安政年間まで公刊されなかったから、密《ひそ》かに流布していた筆写本を目にしたものであろう。

当然のことながら、積徳堂では「武教全書」を中心とする山鹿流兵学の勉学にもっぱら取り組んだ。一〇月一三日付の兄梅太郎への手紙に、山鹿塾へもしばしば出入りしているが、平戸の人びとが「武教全書」をすこぶる精密に読むのに驚いているというが、すぐ続けて平戸遊学を早々に切り上げ、長崎、熊本を経て帰国したい、つまり遊学期間の変更について藩庁へ働きかけるように依頼しており、ほとんど毎日出掛けた葉山塾はともかく、積徳堂での勉学には必ずしも満足していなかったふしがある。ここで「武教全書」を精密に読むというのは、誉め言葉というより、それこそテキストを一字一句を疎《おろそ》かにせず読む、つまり山鹿素行の思想や解釈を忠実に再現することにのみ汲々《きゅうきゅう》としている授業への不満らしく、学習内容を眼前のさまざまな問題にいかに結びつけるか、生きた学問を絶えず追い求めた松陰には、こうした訓詁《くんこ》学的な姿勢はどうにも我慢できなかったのであろう。

一一月六日、平戸に別れを告げ長崎へ発った。長崎への定期便飛船を利用したものであり、クストマリ（北松浦郡小佐々《こざさ》町楠泊）、コウゴ（佐世保市俵ケ浦町向後崎）、ヨリフネ（西彼杵郡西海《さいかい》町寄船）を経て、一一月八日、時津（西彼杵《そのぎ》郡時津町）に着いた。ここからは陸路三里を歩き、浦上を経て長崎へ入る。諏訪神社の前、馬町の辺りに住んでいた周防出身の医師中村仲亮《ちゅうりょう》の家に泊まっている。

高島塾へしばしば出入りし、市中に門戸を構えていた蘭学者を次々に訪ねたのは、往路と変わらないが、一日中村仲亮らと舟を雇い、長崎湾の内外にあった台場を検分した。江戸時代唯一の開港場である長崎には、早くから大多尾（大田尾）、女神、神崎、白崎、高鉾、長刀岩、蔭ノ尾に台場があり、石火矢や大筒を備えていたが、松陰が来た頃は、これをさらに拡充する台場造りが盛んであったから、その様子を見たかったのであろう。平戸で学んだ海防の知識を実地検分で確かめたかったことは想像に難くない。長崎湾口の四郎ケ島を望む辺りまで行けば、そのすべてを見ることができたが、おそらく松陰一行も、湾内を一周したのであろう。

この間、唐通事《とうつうじ》鄭勘介《ていかんすけ》について学んだというが、前後八回会っただけであり、かねて疑問の漢語訳について訊ね、若干の中国語を習った程度であろう。

一二月一日、帰国の途についた。茂木港から舟で島原へ渡り、天草の乱の舞台となった原城跡を見た後、島原城下に入る。砲術家として知られた宮川源之助（度右衛門《たくうえもん》）に会いたかったらしい。舟で熊本に渡り、高島塾に学んだ池部啓太らを訪ねた。終生の友となる宮部鼎蔵《みやべていぞう》とは、このとき出会った。文政八（一八二〇）年生まれの彼は、松陰より一〇歳年長の三一歳、山鹿流兵学を学び、藩師範役に任じられたばかりであり、おそらく平戸の山鹿宗家の紹介であろう。肝胆相照《かんたんあいて》らした二人は、しばしば出会って議論を交わしたというが、宮部家は熊本城に近い内坪井町にあった。今は旧宅跡に、「贈正四位宮部鼎蔵先生邸址」と刻んだ大きな石碑を見ることができる。

前後二回、花園町本妙寺内にある加藤清正の墓所浄池廟へ詣でているが、これは聾唖《ろうあ》の弟敏三郎《びんざぶろう》が言葉を発するように祈ったものである。清正公は、かねて難病や障害の治療に効験あらたかと信じられていた武将であり、その墓所には多くの参詣者が絶えなかった。松陰もまた、そうした信仰にあやかったものであろう。

一二月一三日、熊本を発った松陰は、豊前街道を山鹿、肥猪《こえい》、柳川、佐賀、久留米、山家と来た。ここから先は、往路に歩いたルートであり、内野、飯塚、木屋瀬、黒崎、小倉を経て舟で赤間関に渡った。伊藤家に挨拶した後、長府、小月を経て吉田に泊まった。

一二月二九日、午前四時、吉田を発つ。ここから萩まで一四里の山道であるが、足を痛め、絵堂まで馬に乗った。明木村《あきらぎ》（阿武郡旭村）の辺りで日が暮れたというから、真っ暗な夜道を痛む足をひきずりながら先を急いだものである。嘉永三年は小月の歳末のため、この日が大晦日であり、新年の朝賀に間に合うように、ひたすら歩いたものであろう。

東遊の記念碑（岩国市関戸）

江戸の学塾を遍歴する

嘉永四（一八五一）年正月二八日には、軍学稽古のため江戸出府を命ずる辞令が出ており、江戸遊学は九州旅行から帰ってすぐ、正月早々に計画されたことが分かる。初め一〇カ月を予定した九州遊学の半ばで帰国した理由は、必ずしもはっきりしないが、健康上の理由や学費が乏しくなっただけでなく、九州の地では満足な勉強ができないことを知り、より優れた学塾や教師を探すために江戸へ出るのが一番ではないかと考えたようである。松陰にとって好都合だったのは、この年三月に藩主の参観《さんきん》交代が予定されていたことであり、この行列に加わり江戸へ行こうとした。私費留学でなく、この頃創《はじ》められた遊学制度を適用され、旅費その他を支給された公費留学生である。文武両道の修業者一七名が選ばれたが、なぜか文学二名と兵学の一名、つまり松陰を含めた三名は、正式随員でなく、そうした人びとの冷飯、食客の体裁で同道を許されている。松陰は、江戸方手元役として出発する中谷忠兵衛の冷飯《ひやめし》扱いとなった。このため、早立ちして藩主の行列の少し前を進み、稀《まれ》に後を追うかたちで歩いた。

三月五日（陽暦四月六日）の午前五時、松陰は行列に先立ち、萩を発った。萩往還を山口、三田尻《みたじり》へ出るルートでなく、小郡《おごおり》へ回り道しながら山陽道へ出た。小瀬《おぜ》川を渡ると芸州領であり、後はひたすら藩主の行列の前後を歩いた。伏見を経由して東海道へ入り、四月九日、外桜田、今の霞ガ関合同庁舎から日比谷公園へ至る辺りにあった萩藩上屋敷の桜田藩邸に着く。萩を出てから三四日、途中川留めもなく順調な旅であった。当初は中谷忠兵衛の部屋に居候したようだが、間もなく四畳半一室へ移り、数人と同居している。

小瀬川の渡し跡（岩国市小瀬）

江戸に着いてすぐ出会った教師は幕府の儒官安積艮斎《あさかごんさい》である。桜田藩邸内の有備館《ゆうびかん》で毎月二の日、講筵《こうえん》を設けていたからである。定例講義だけでなく、神田駿河台《するがだい》にあった塾舎へも出掛けており、しばらく熱心に学んだ。

同じ頃、幕府の儒官古賀茶渓《ちゃけい》（謹一郎）へも入門しているが、海外事情に明るく、洋学の知識も豊富な人物として知られていたからであろう。ただ、継続して学んだかどうかは明らかでない。日記の記述から見て、時おり出入りして質問した程度であるらしい。

江戸遊学の第一目的であったはずの山鹿流兵学との接触は意外に遅く、五月二四日、山鹿素水に束脩《そくしゅう》の礼を行っており、出府後二カ月近くも経っていた。紹介の労を取った萩藩士林寿之進の

佐久間象山肖像
（真田宝物館提供）

都合がつかなかったというが、平戸遊学のさいにも経験した万事に格式張った山鹿塾の仕来りかも分からない。ここで熊本藩士の宮部鼎蔵と再会し、また大垣藩士の長原武や館林藩士の三科《みしな》文次郎らと知り合った。塾主の素水先生については、授業中塾生の質問に窮して沈黙するなど、学力面でとかく問題のあったようだが、松陰自身も、素水翁は生れつき鈍才でしかも文盲人などと酷評しており、早晩出入りしなくなる。宮部らとは、別途それぞれの宿舎で本を読むなど、自前の勉強会を始めた。

江戸遊学でもっとも大きな影響を受けたのは、佐久間象山《しょうざん》であるが、二人の出会いはなぜか一番最後になった。山鹿素水に入門した二四日、松陰はその足で木挽《こびき》町（銀座歌舞伎町）に門戸を構えていた佐久間象山を訪ねたが、このときは挨拶のみで辞した。平服で現われた松陰に対して象山は、貴公は学問をするつもりか、それとも言葉を習うつもりか、もし学問するつもりならば、弟子の礼をとってくれと、大いに気色《けしき》ばんだという話が伝えられているが、真偽のほどはともかく、もともと松陰の側は都下に評判の先生を一目見たいという程度であったらしい。正式入門は二カ月後の七月二〇日であり、金一分の束脩を呈している。なお、佐久間塾での本格的な勉学は九月に入ってからであり、三日と四日の連日木挽町へ出掛けたように、熱心に学んでいる。

この頃、鍛冶橋外桶町《おけちょう》の鳥山新三郎（確斎）の塾、蒼龍軒《そうりゅうけん》へ出入りするようになった。桶町は東京駅前、八重洲二丁目の辺りだから、桜田藩邸からさほど遠くない場所である。来原《くりはら》良蔵ら萩藩士の多くが学んでいたから、一緒に行くようになったのであろう。東北に同行する南部藩士の江帾《えばた》五郎は寄宿生、また宮部鼎蔵も出入りしており、三人はここで知合った。旅行計画の具体化した秋から冬へかけては、毎日のように塾へ出掛けている。

江戸へ出てきた松陰が勉強ばかりしていたのかというと、そうではなく、藩邸にいた先輩や友人たちと名所旧跡など、あちこちへ出掛けている。両国見物、向島百花園、隅田川畔の木母寺《もくぼじ》、上野不忍《しのばずの》池《いけ》、神田明神の祭礼、永代橋下の舟遊び、泉岳寺、海晏寺《かいあんじ》、目黒不動尊、池上本門寺、矢口の渡しなどへ出掛け、それなりに楽しんでいる。

房相沿岸の踏査

宮部と再会してすぐ計画されたと思われるが、六月一日には一五日間の旅行願いを藩邸へ出している。安房、相模の海岸線を順検するためであり、六月一三日の朝六時、桜田藩邸を出た。宮部と二人旅である。東海道を戸塚まで来て鎌倉街道に入った。母方の伯父竹院が住職をしていた瑞泉寺《ずいせんじ》で一泊した後、野島の海岸へ出て、ここから舟に乗った。海路大津へ向かったものであるが、猿島を左に見ながら横須賀、田戸《たと》の海沿いに進んだ。大津には川越《かわごえ》藩の陣屋があり、兵員の規模や船舶の数、建造中の砲台などを検分した。この後、砲術家喜多武平《きたぶへい》を訪ねて教えを乞うている。

六月一五日、猿島へ上陸した二人は、幕府が建造したばかりの台場を検分、舟で海上から旗山崎、十石崎の台場を見た。三軒家に上陸、鳶巣《とんびす》で建造中の台場を検分した。観音崎の台場を間近に望む位置である。ここから東浦賀、西浦賀へ出て、平根山の台場や鶴ケ崎の台場跡を見た。舟で久里浜《くりがはま》へ至り、千田崎の台場を見ようとしたが、番兵に遮られて検分どころではなかった。

翌日は、海浜の道を歩いて大浦や剣崎の台場を見た。三崎へ出て舟で城ケ島へ渡り、安房崎の台場を見た。この日は東岡町に泊まっている。

六月一八日、東浦賀へ帰った二人は、房総半島へ向かった。海上三里で竹ケ岡へ上陸、ここから海岸線を市部、館山を経て洲ノ崎まで来た。砲五門を備えた台場があったが、番兵がいたために詳しく見ることができなかった。帰路は船形港から三浦半島をめざしたが、途中風雨が激しくなり、あやうく大船と衝突しかけるなど散々な目に会っている。浦賀で一泊した後、大津、田戸、横須賀へ出て、ここから船で神奈川に着いた。翌日早々、神奈川を発ち、江戸へ帰った。六月二二日のことであり、この間九泊一〇日の旅である。

房相順検《ぼうそう》の旅で得たものは何か。黒船来航の風説はしきりにあったが、まだ現実化しておらず、台場の建設は遅々として進んでいなかった。このため行く先々で失望落胆することが多かったが、江戸湾防衛の実態をこの目でしっかり確認したことの意味は大きい。江戸で入手した「伊豆七島図」は、浦賀港口より伊豆・武蔵・房総の沿岸形勢・暗礁《あんしょう》・浅瀬・遠近の里程等を詳しく記したものだけに、必携の書として珍重していたが、現地へ行ってみると間違いだらけで、まったく役に立たなかった。文献資料に限らず、見ると聞くとでは大違い、このことを旅に出るたびに至る処で経験しつつあっただけに、実際に自らの足で歩き、この目と耳でしっかりと見極めなくてはならない、そうした思いがいよいよ強くなったことは想像に難くない。おそらく東北旅行は、房相順検の道すがら考え出されたものであろう。このことを裏書きするように、浦賀から帰って間もなく、七月一六日付で江戸藩邸へ東北旅行の許可を求める願書を出している。

なぜ脱藩行なのか

江戸に出て四方の学塾を掛け持ちしながら学んだ松陰は、しだいに自らの勉学に疑問を持つようになった。七月頃萩の友人中村道太郎へ、江戸に来てからすでに三カ月を経たが、まだ先生とする人に出会っていない。この江戸には先生とする人はいないように思う。というのは、都下の文人儒者はすべて生計の手段として教えており、道のために学問に志すような者は一人もいないと書いたのは、まだ佐久間塾で学んでいなかったためかもしれないが、心底に打ち込むような素晴らしい先生になかなか巡り会えない苛立《いらだ》ちが、こう言わせたのであろう。江戸に良師がいなければ、これを求めて全国へ旅立つことは益々必要になるが、のみならず、ツァーリズム・ロシアの南下政策の脅威をひしひしと感じつつあったこの時期、北辺の守りがどうなっているのか、自らの足で歩き、この目でしっかり確かめたいというのは、極めて分かりやすい兵学者的発想である。房相順検の旅での実体験がこれに拍車をかけたことは、想像に難くない。

七月一六日付の願書は、水戸、仙台、米沢、会津など文武盛んな地名を挙げながら流儀修練の一助としたい、つまり家学修業を目的としているが、期間は当秋来春というのみではっきりしなかった。二三日付の許可指令に、「当秋来春の間出足月より往十ケ月の御暇差免され下され候様御断りの趣、願ひの如く御許容を遂げられ候事」（「関係公文書類」『全集』一〇、四四頁）とあるから、再度願い出たもののようである。一〇カ月もの長期休暇を求めたのは、単なる旅行でなく、もし優れた先生に出会えば、そこでしばらく逗留《とうりゅう》し学ぶことを考えていたからである。

当初、国元の親たちへの手紙は、年明けに出発し三月末、遅くとも四月初旬までに帰る、あるいは年末から翌年二月頃までの約三カ月間旅行するなどと曖昧《あいまい》であったが、九月二七日付の兄梅太郎宛手紙になると、年内一二月中旬に出発し、正月、二月、閏《うるう》二月、三月の四カ月余、計一三五日と具体的な日数を挙げている。一日当たりの必要経費を細かく計算しながら、旅費総額に見積もった金一五、六両を送金してもらうため、旅行期間をはっきりさせる必要があったのである。いずれにせよ、杉家の貧乏所帯にはどうしようもない大金であるが、これへのかくべつ苦情らしきものはない。おそらく九州遊学と同じく杉家の別会計、永年積み立ててきた吉田家の家禄から捻出《ねんしゅつ》されたものであろう。

宮部鼎蔵はともかく、江幡五郎の同行は何時《いつ》頃決まったのだろうか。江幡との出会いは、鳥山新三郎の蒼龍軒塾であるが、松陰が出入りし始めた時期から見て、九月以降であることは間違いない。一〇月二三日の叔父玉木文之進宛手紙に、一二月一五日頃奥羽行を告げながら、三人の名前を挙げており、すでに盟約の成っていたことが知られる。出発日の一二月一五日は赤穂義士の討ち入りの日であり、亡兄の仇討ちを計画していた江幡が発案し、これに松陰らが賛成したもののようである。大石内蔵之助率いる赤穂義士は山鹿流兵学を学び、城の明け渡しから吉良邸へ討ち入りなど、万事その作法に従って出処進退したのであるが、同流の兵学師範である松陰や宮部が、かねてこのことを誇らしく思っていたことは間違いない。

出発日はともかく、なぜ松陰らは、東北への旅立ちにもっともふさわしくない冬季を選んだのだろうか。国元の親たちはせめて出発を暖かくなるまで延ばすようしきりに勧めた形跡があるが、松陰の方は意外に呑気に考えていたようだ。南部藩士の江幡が一緒であったことがおそらく最大の理由であるが、奥羽出身の山鹿素水や安積艮斎らから得た情報も、安心材料の一つであっただろう。眼前に迫る外夷の脅威を考えれば、暖かくなる季節を待つなどといった悠長なことはしておれないという危機感が強く、一刻も早く旅立ちたいと決意させたこともあったに違いない。

ところで、出発を数日後に控えた時期に、過書の発行が遅れるという予想外の事態が起きた。正確には過所、他国を旅行するときに必要な手形、身分証明書であるが、この発行が間に合わないというのである。藩吏の説明では過書はすべて国元の藩主の決裁を経なければならならず、現在手続き中だからしばらく出発を待てというのだが、旅行そのものはすでに七月二三日付の指令で許可されており、この間、五カ月近くも経っていることを思うと、松陰ならずとも不可解という他はない。同行者の一人、江幡が仇討ちをめざしており、刃傷沙汰を起こしたさい、そのトラブルに松陰が巻き込まれることを重役連が恐れたというが、ありえない話ではない。出発直前に突然この事実が告げられたことにも、何らかの作為を感じる。

出発延期を求められた松陰は、珍しく激しい口調で事の不条理を藩吏に訴えているが、規則をタテに否をいう藩吏を説得することはできず、止むを得ず過書を持たないまま出発することにした。

過書を持たない旅行は不可という藩命に抗して出発する、つまり脱藩しようとするのだから、これは立派に犯罪行為であり、厳しい処罰を免れることはできなかったが、なぜ松陰はそうまでして東北へ旅立とうとしたのだろうか。若干出発が遅れても、かくべつ不都合はないように思うが、松陰はそうは考えなかった。国元の親たちへの弁明の手紙で、藩命よりも、男児が一旦約束したことを守る方が大事である、とくに他藩人との約束を違えることは、萩藩の恥辱になるというのだが、いささかこじつけ的な論理であることは、やはり否定できない。彼をそこまで踏み切らせた、もっと別な理由はなかったのだろうか。

周囲の先輩や友人がすべて反対し、軽挙妄動を思いとどまるよう説得したように、事の重大さを松陰が知らなかったわけではない。にもかかわらず、彼はあえて脱藩という行為を選んだのであり、しかも、このことにあまり罪を意識したような形跡はない。彼が自分は正しいことをしており、何らやましいところはないというとき、藩法という名のルールへあえて挑戦する、若者らしい気負《きお》いがなかったわけではあるまい。自分は藩のためでなく国のために脱藩するのである、藩法は小さな公であり、自分はもっと大きな公のために行動しようとしているのだという思いが、しだいに大きくなれば、もはや後戻りすることはできない。家学修業に縛り付けられ、何一つ自由に振る舞えない自らの境遇への疑問がなかったわけではなく、何も見えてこない将来への漠たる不安に悩んでいた可能性もある。この閉塞状況から逃れ、新天地へ羽ばたこうとすれば現状を突破する、つまり何らかの非常手段へ訴える以外に道はない。脱藩行がまさしくそれであったのではなかろうか。

嘉永四（一八五一）年一二月一四日（陽暦一月五日）の午前一〇時、松陰は密かに桜田藩邸を出た。

約束の前日、それも日中に発つほうが人目を誤魔化せると考えたようだ。所用で外出するふりをしたのだから、必要最小限の旅支度であろう。宮部らとの泉岳寺前での待ち合わせはすでに解消しており、一人でひたすら先を急いだ。水戸街道を松戸まで来て本福寺に泊まった。追捕《ついぶ》の手を恐れ、長州浪人松野他三郎と称している。松野は、吉田家の遠祖の姓、また他三郎は大伯父吉田矩達の名を借りたものである。一時の変名であり、その後の道中、おそらく笠間藩校の時習館《じしゅうかん》で講義したときは、すでに本名であろう。

水戸弘道館跡（水戸市三の丸）

一二月一九日、水戸城下に着いた松陰は、江戸練兵館の斎藤新太郎に紹介された永井政助の家を拠点にしながら、会沢正志斎や豊田天功《とよたてんこう》らに代表される多くの水戸学者について学んだ。翌年正月二〇日まで、約一カ月間水戸にいたが、この間、常陸大田の瑞龍山《ずいりゅうさん》や西山荘《せいざんそう》、また鹿島神宮や銚子方面への小旅行を二回試みている。別行動をとった宮部、江幡の両名は、五日後の一二月二四日に水戸入りしており、以後は一行三人の旅である。

正月二〇日、水戸を出た一行三人は、陸前浜街道を手綱《たづな》、磯原、大津と歩き、植田から御斎所《ごさいしょ》街道へ入り、竹貫《たけぬき》を経て白河に至る。奥州街道を北上する江幡とはここで別れた。松陰は、

吉田松陰宿泊の地
（新潟県東蒲原郡津川町）

宮部と共に会津街道を進んだものである。勢《せい》至堂《しどう》峠を越え、正月二九日、会津若松の城下に着く。二月六日まで八日間滞在したが、この間、藩校日新館《にっしんかん》教授の高津平蔵ら多くの藩士と会った。出発の日には、日新館を訪ね、広大な敷地や建物を見るだけでなく、その独特の学制、兵備などについても詳しく聞いた。

　会津城下に別れを告げた二人は、雪のちらつく越後（若松）街道を新潟へ向かった。塔寺で心清水八幡宮に詣でた後、八ツ田、福取、八木山、津川、綱木、赤谷、新発田《しばた》と歩いたものである。鳥井峠や諏訪嶺などの急峻が続く難路であるが、降り止まぬ雪に悩まされたようだ。木崎から舟で新潟へ入った。二月一〇日のことであり、剣客日野三九郎の家に草鞋《わらじ》を脱いだ。ここも斎藤新太郎の紹介である。

　新潟から船で松前へ行こうとしたが、冬季のため船便がなく、しばらく滞在している。佐渡への旅は、その間の出来事である。出雲崎で船待ちに一〇日間を費やした後、二月二七日から閏二月一〇日まで佐渡にいたが、順徳上皇の配所や火葬塚、金山坑内や精練所、春日崎の砲台を見学するなど、精力的に動いている。新潟へは、閏二月一一日に戻った。

閏二月一八日、期待した船便は結局得られず、陸行することにした。海岸線に沿って北上したものであり、閏二月二四日、久保田（秋田）城下に入った。八郎潟を右手に見ながら桧山《ひやま》を経て大舘《おおだて》に入り、相馬《そうま》大作事件で知られる矢立峠を越え、弘前城下に着いた。閏二月晦日のことである。津軽藩儒伊東広之進と会い、大いに意気投合したらしく、連日自宅を訪ねて意見を交わした。元長町の養生幼稚園内に残る松陰室は、もと伊東家の客間であり、往時の姿をそのまま伝えている。

出雲崎港（新潟県三島郡出雲崎町）

弘前を出た松陰は、十三湖沿いを小泊《こどまり》へ向かい、海浜の道を傾《かたが》り石まで来た。算用師《さんようし》峠を越え三厩《みんまや》へ抜けようとしたものであり、膝まで没する雪の山道に悩まされている。龍飛崎《たっぴざき》周辺の村々にはアイヌがたくさん住んでいたが、奸商が彼らを人間扱いしていないことに憤慨している。陸奥湾を制する平館の台場を見た後、二ツ谷から舟で青森に出た。奥州街道を野辺地《のへじ》、五戸《ごのへ》、一戸《いちのへ》、川口を経て盛岡城下に着く。江幡五郎の家を訪ね、老母に会い、亡兄春菴《しゅんあん》の墓に詣でるなどした。二所ケ関を経て仙台領へ入り、中尊寺に詣でた後、一関、登米《とよね》、石巻、塩竈《しおがま》、仙台と来た。仙台城下には三月一八日から二一日まで滞在、藩校養賢堂《ようけんどう》を詳しく見るなど、諸方へ出掛けて情報を集めている。

三月二二日、白石《しろいし》川沿いの刈田宮《かったのみや》を過ぎた路上で江幡に偶然

みちのく松陰道（青森県北津軽郡小泊村）

再会する。白石、戸沢で泊りを重ねたのは、南部方面へ向かう江幡との別離を惜しんだためである。松陰らは七ケ宿街道を米沢へ向かい、会津西街道を日光へ出た。東照宮を見た後、例幣使街道を歩き足利学校を見学、利根川へ出て舟行、関宿で江戸行の夜舟に乗り換え、四月五日の朝、江戸橋下へ着いた。前年末、一二月一四日に出てから実に一四〇日間に及ぶ大旅行であった。

旅装を解いたのは桶町の蒼龍軒塾であるが、友人たちの説得もあり、四月一〇日藩邸へ戻った。松陰自身は今回の行動について軽くて戒告、重くとも短期の謹慎程度で済むと考えていたらしいが、案に相違して帰国命令が出た。四名の護送役人が付き添ったが、普通の旅姿で道中和《なご》やかに会話を交わしながら歩いたというから、罪人扱いというほどのものではなかったようだ。五月一二日に萩着、処分の決まる年末まで謹慎の身となる。

藩法を犯して脱藩、遊学途中で帰国した松陰に対する城下の評判は決して芳《かんば》しいものではなく、萩中の人びとは、僕が国に背き家に背いたとし、あたかも禽獣のように見ていると述懐するように、散々であったが、なかんずく決定的であったのは、旧師山田宇右衛門の不興を買ったことである。亡命行を止めるどころか、むしろ壮とした山田は、今回の帰国を志半ばで挫折したととらえ、その軟弱ぶりを激しく責め、絶交を宣言した。

松陰は帰国後すぐ手紙を書くなど、弁明にこれ努めているが、先生からの返事はなく、そのまま音信不通となった。

待罪生活七カ月を経た一二月九日、御家人召放《めしはな》し、すなわち吉田家の断絶、士籍削除の裁定が下った。同日付で実父杉百合之助育《はぐく》みとなっているから、正式には杉家の人であるが、そのまま吉田姓を名乗り、通称を大次郎改め松次郎としている。なお、人口に膾炙《かいしゃ》した松陰の号は、謹慎中の一一月頃から使い始めたものである。

近畿周遊

嘉永六（一八五三）年正月一六日、一〇カ年間の他国修行が許可された。この件については、前年一二月九日、御家人召放しが申し渡された同日、父杉百合之助が内意伺書を提出しており、藩政府が予《あらかじ》め内諭を下すか、暗黙の了解を与えていたことが分かる。おそらく近い将来に士籍の回復、つまり再取り立てを予定した行動であろう。正式の願書は翌年正月一三日付であり、早くも三日後には許可された。すぐ旅装の準備を始め、一〇日後の二六日（陽暦三月五日）には、萩城下を発《た》った。通称を松次郎から寅次郎へ改めたのは、心機一転を期すためである。

萩往還を三田尻へ出た松陰は、富海《とのみ》から舟で上方をめざした。東海舟と呼ばれる定期便を利用したものであり、途中、四国の多度津《たどつ》港へ寄り道しながら進んだのはそのためである。二月一〇日の一二時頃、大阪湾の安治川口、今の弁天埠頭《ふとう》に着いた。船出したのが正月三〇日だから、一〇泊一一日の

森田節斎塾跡（五條市五條一丁目）

船旅である。

大坂では荻野流砲術家として知られる坂本鉉《げん》之助《のすけ》や頼山陽門の儒者後藤松陰らを訪ねている。大塩の乱平定の功績のあった坂本に、実戦的な砲術に関する質疑を求めたもののようである。

二月一二日、大坂を発ち大和五條へ向かった。藤井寺を経て竹内《たけのうち》街道へ入り、下街道を南下した。代官所近くに門戸を構えていた森田節斎《せっさい》に教えを乞うためである。あいにく森田は、富田林《とんだばやし》へ行く用事を抱えており、翌日一緒に発った。豪商仲村徳兵衛の家に旅装を解いたが、一四日から二三日まで一〇日間、また三月一八日から二九日まで一二日間、計二二日間富田林に滞在した。この間、岸和田城下に一〇日、熊取に二日、岡田に一二日、堺に一日というように、泉南地方を周遊しているが、いずれも森田節斎に伴われたものであり、その講筵に連なったのはいうまでもない。

三月三〇日、仲村家を辞した松陰は、大坂へ向かった。節斎門の南波邦五郎の家に泊りながら、後藤松陰、藤沢泊園、坂本鉉之助、奥野弥太郎らを訪ねて教えを乞うた。四月五日には、大和八木の谷三山《さんざん》を訪ねた。節斎より託された津藩の儒者斎藤拙堂《せつどう》への書状について三山の意見を聞くことが目的であったらしく、一泊しただけで去った。

翌日五條へ戻った松陰は、しばらく節斎塾で学ぶことになる。国元の親たちへ、作文を学ぼうとすれば節斎先生に勝る人物はいない。「節斎文律を論ずる精厳、毫厘《ごうりん》を析《ひら》き、而も大眼、全局を一視す、最も其の長ずる所なり」（嘉永六年四月二九日付父叔兄宛書簡、『全集』七、一五二頁）などと書いたように、節斎の許で松陰は、テキストを厳密な文法に従って読み、とくに修辞的な文章論を学んでいる。悲憤慷慨の経世論にもむろん関心があったが、それ以上に松陰には、一字一句を疎かにせず文を練り論を案ずる節斎の学問が魅力的に映ったようだ。節斎が熱心に勧めたこともあるが、一時は兵学者になることを止め儒者の道を選び、学問の世界で一家を成すべきかどうか、真剣に悩んでいる。東北脱藩の罪で士籍を奪われ、浪人となっている松陰にとって、兵学を捨てることに何の未練もないはずであるが、そうはならなかった。幼時から山鹿流兵学者たることを運命づけられ、それを最大かつ最終の目的として生きてきた彼の人間形成が、そうした新しい選択肢を許さなかったのであろう。

谷三山木像
（橿原市八木町 谷家蔵）

数日間、高取町の田井庄に滞在したのは、節斎門の藤井隆庵や三山門の森哲之助らがいたためであるが、五月一日には節斎に別れを告げ、五條を発った。谷三山の興譲館を経て奈良、伊賀上野と歩き、津城下へ入った。斎藤拙堂の著書「海外異伝」への節斎の弁駁書「国字 匡謬《きょうびゅう》 書」を呈して意見を徴するためであるが、返答を得るには、若干の日時を要した。伊勢神宮参拝は、この期間を利用して企てられたものであり、外宮に詣でた後、神官足代弘訓《あじろひろくに》や松田縫殿《ぬい》らを訪ねている。拙堂との会見は、五月一〇日に実現した。

五月一一日、津藩校の有造館を見た松陰は、津城下を発ち、伊勢街道、東海道を歩き、揖斐川《いびがわ》を舟で今尾まで来て、大垣から中山道へ入った。以後は美江寺《みえじ》、太田、大湫《おおくわ》、三留野《みるの》、福島、洗馬《せんば》、和田、沓掛《くつかけ》、高崎、熊谷、蕨《わらび》と泊りを重ねながら、江戸に着いた。五月二四日のことである。この日は、桶町の蒼龍軒塾で泊まった。

五月二五日、松陰は鎌倉へ向かい、伯父竹院の瑞泉寺を訪ねた。房相順検の旅で宮部と来たことがあり、二年ぶりの訪問である。家郷の音信を齎《もた》らす予定の行動らしいが、数カ月に及ぶ長旅の疲れをこの伯父の許でゆっくり癒したい気持ちもあったようだ。読書三昧の静かな時を過ごしたり、伯父竹院らと高徳院の大仏観音や江の島見物に出掛けるなど、珍しくのんびりした数日間を楽しんでいる。

2　海外雄飛の企て

黒船浦賀に現われる

嘉永六（一八五三）年六月四日、江戸へ戻った翌日、松陰は桜田藩邸で黒船来航の報を聞いた。すぐさま佐久間塾へ行ったが、塾中の人びとはすでに朝早く浦賀へ発っておらず、松陰も急いで後を追った。佃《つくだ》大橋の辺りへ出て船便を待ったが、順風がなく、ようやく翌朝四時に出発した。隅田川を下り、江戸湾へ出て一気に浦賀へ行こうとしたものであるが、風潮流ともに逆という悪条件は一向に変わらず、六時間も揺られてまだ品川沖にいるという有様であった。しびれを切らした松陰は、品川へ上陸し、川崎、神奈川、保土ケ谷を経て野島まで来た。ここから舟で大津へ至り、以後は陸路をひたすら歩き、午後一〇時に浦賀へ着いた。前日夕方から、夜を徹して急行したものであり、いかに黒船来航に衝撃を受けていたかが分かる。この夜は、先着した諸藩の人びとと議論を闘わしながら、まんじりともせず朝を迎えた。日記の後に黒船の艦数、装備、位置などを細かく記したのは、この夜の会話から知り得た情報であろう。

翌日早朝、鴨居海岸へ出て黒船四隻を詳しく見た松陰は、黒船の動きを追いながら、あちこち台場を見て回ったが、二年前の順検時と大して変らない貧弱な戦力にすっかり失望してしまった。彼我《ひが》の戦力が極端に異なる海戦はまったく勝算がなく、陸戦に何とか活路を見出すほかはないと結論したが、どこまで本気であったのか疑わしい。

六月九日、久里浜に両奉行が出張してペリーの国書を受け取ったが、松陰はこれを大勢の見物人に混じって見た。宮部への手紙で、新興国のアメリカに歴史のあるわが国が膝を屈するなど、涙が出るほど堪え難い恥辱であり、来春再来するときは日本刀の切れ味を是非とも見せてやらねばならないと述べた。極めて分かりやすい攘夷論であるが、この辺りは、砲艦外交に悲憤慷慨していた世間一般の若者たちと大差がない。いずれにせよ、この時点ではまだ海外密航の計画は具体化していない。

黒船退去後は、佐久間塾に戻ったが、西洋兵学への関心は極めて大きく、一時はオランダ語を初歩から始めようとしたが、これは長続きしていない。眼前の海防問題をどうするのか、松陰の勉学はすべてこの一点に集中したが、すぐ役に立つ語学学習などありえなかったからである。語学力が不足ならば翻訳書に頼らざるをえず、萩藩を代表する蘭学者の田上宇兵太や東条英庵《えいあん》らの登用を強調したが、彼自身も佐久間塾に熱心に出入りし、海外事情の収集や西洋兵学の修業に打ち込んだ。

佐久間塾で勉強すればするほど、西洋兵学は圧倒的優勢であり、一日開戦すれば海陸いずれにおいても、敗北必至であるということがいよいよ明確になった。戦勝の可能性が皆無なら、アメリカ側の要求を容れて、開国も止むなしと考えたのかというと、そうではない。彼の立場は、九月五日付の坂本鉉之助宛手紙で、和平交渉に熱心な幕閣を腰抜武士と罵りながら、来春は及ばずながら私らの身命を抛《なげう》って国恩に報じなければならないと勇気を奮い起こしていますというように、これまでの攘夷論とまったく変らない。

ではなぜ、そのように考える松陰が、あえて国禁を犯して海外密航を企てようとしたのか。直接のきっかけは、師佐久間象山の幕閣への建議が握り潰されたことにある。若い優秀な人材を多数外国へ送り込んで学問させるべきであるというのは、象山かねての持論であり、たまたま幕府がオランダから軍艦を購入する情報を得た彼は、勘定奉行川路《かわじ》聖謨《としあきら》へ向学心に富む秀才数十名を選んで派遣するように迫り、松陰を初めとする門人数名を推薦したという。この計画が実現されないことが分かると、象山やその門下生たちは、海外密航をあえて試みようとした。たまたまアメリカから帰国した土佐の漁師、ジョン万次郎が禁固を許され、幕府通辞として世に出たのを見た象山が、漂流民を偽装した密出国を思いついたというが、この候補者に選ばれたのが、松陰である。

ところで、象山はなぜ数ある門生たちの中から松陰を選んだのであろうか。送別の詩で「之の子霊骨あり。久しく蹩躄《へっさつ》の群を厭ふ」（源了園『佐久間象山』、一四七頁）などというように、松陰の並み外れた胆力や勇気、艱難《かんなん》に耐える性質を高く評価していたことは間違いないが、松陰がたまたま自由に行動できる浪人の身であり、またこの企てが成功すれば、士籍へ復することも可能と考えたらしい。一切係累のない独身者であったことも、好都合であっただろう。

ロシア軍艦を求めて

ペリー来航の一カ月余を経た嘉永六年七月一八日、ロシア軍艦四隻を率いた提督プチャーチンは、長崎に現われ、国書を呈して開国を求めた。松陰は八月初めの国元への手紙にこのことを記しており、間もなくこの情報を知ったらしい。一カ月後の出発の時期から見て、密航計画はすでに具体化しつつあったはずである。

ペリーの軍艦でアメリカへ行くのではなく、なぜロシア行きを選んだのか、松陰自身は何も説明していないが、太平洋の彼方にあるアメリカより、早くから北辺を脅かしている隣接の強大国ロシアへの関心が高かったとしても、かくべつ不思議ではない。東北旅行でいつもロシアの存在を強く意識していたことも、無関係ではなかろう。江戸に近く、それだけ警戒の厳しい浦賀より、開港場の長崎ならば人目につきにくい、また船頭や舟を調達するにしても何かと便宜を得やすいと考えられたのかもしれない。

嘉永六年九月一八日（陽暦一〇月二〇日）、蒼龍軒塾を出た松陰は、木挽町の佐久間塾を訪ね、師象山に別れを告げた。餞別の金四両と丙辰の年、三年後に帰るようにいう詩を贈られたのは、今回の企ての首謀者が誰であったのかを雄弁に物語っている。

東海道を真っすぐ上方へ向かった松陰は、一〇月一日、京都に着いた。この間、一二泊一三日、極めて順調な旅であった。翌日、皇居を拝した後、伏見港へ出て淀川を大坂へ下った。天保山下から出る九州行きの便船を求めたが、天候が悪く、ようやく一〇月一〇日船出することができた。瀬戸内海を島伝いに海路、大分をめざしたものであり、一〇月一六日、鶴崎に着く。肥後（豊後）街道を小無《こむ》田《だ》、坂梨を経て熊本城下に入る。

帰藩していた宮部鼎蔵と共に横井平四郎を訪ねる。私塾小楠堂を営み、熊本実学党の盟主として多くの門弟を集めていた彼に会い、その意見を聞くためである。佐久間象山と並ぶ開国論者として知られていた小楠だけに、その席で密航計画、ロシア軍艦への乗り込みが議されたことは、おそらく間違いない。

舟で島原へ渡った松陰は、吾妻岳を望む守山を経て長崎をめざした。有明海に沿う島原街道でなく、山間の道を真っすぐ来たものである。一〇月二七日長崎に着いたが、松陰を待っていたのは、三日前にプチャーチンの軍艦が出港したという事実である。はるばる江戸から四〇日近くを費やして駆け付けた労苦は、すべて水の泡となってしまった。

当時上海にいたプチャーチンの艦隊は、四一日後の一二月五日に再来するが、そのことを松陰が知るわけもなく、今後の身の振り方について、さまざまな人を訪ねて意見を聞いている。一時は清国の交易船に乗り込み、香港経由で初志貫徹することも考えたらしいが、結局江戸へ戻り、翌年春来るはずのペリーの軍艦で再挙を図ることにした。

熊本へ戻り、宮部らに事の経過を報告した後、豊前（小倉）街道を山鹿、柳川、松崎、青柳と歩き、馬関海峡を赤間関へ渡り、一一月一三日、萩に着く。この頃、杉家は小新道に転居しており、松陰が帰ったのも、この新しい家である。

嘉永六年一一月二五日（陽暦一二月二五日）、萩を発った松陰には、熊本藩士の宮部鼎蔵と野口直之允の二人の同行者がいた。熊本藩正義派の首領米田是容《こめたこれかた》（長岡堅物《けんもつ》）の親書を携え萩城下に現われたものであり、萩・熊本両藩盟約の可能性を探る任務を帯びていた。松陰の紹介で、長井雅楽《うた》ら有力者に会ったのはそのためである。

一行三人は、富海から船に乗り上方をめざした。六日後の一二月三日には、早くも天保山沖に着いており、悪天候のため一〇日間を要した前年春に比べれば、順調な船旅であったことが分かる。八軒家浜から川船に乗り、淀川を遡上《そじょう》して伏見へ着き、京都に入った。すぐ河原町にあった萩藩邸に入ったが、休む間もなく諸方へ出掛けている。

尾張藩や水戸藩の京都屋敷へ出入りして情報収集に努めるだけでなく、梅田雲浜《うんぴん》の望楠軒《ぼうなんけん》や梁川星巌《やながわせいがん》の鴨芹小隠《おうきしょういん》を訪ね、議論を闘わしている。たまたま上洛していた森田節斎にも会ったが、海外密航を暴挙として、今は洛中の有志に働き掛けるべきだとする旧師と意見が合わず、再会の約束を無視してそのまま江戸へ向かった。七日付の森田宛手紙で、先生に二度と会うことはないと告げながら、僕は死をまったく恐れていない、どうして先生の怒罵を気に掛けようかなどというから、ほとんど喧嘩別れである。

一二月八日、京都を発った松陰は伊勢の津をめざした。有造館教授の土居幾之助に会った後、伊勢街道を南下して伊勢神宮の神官足代弘訓《あじろひろくに》や松田縫殿《ぬい》を訪ねた。この年五月に教えを乞うたことがあり、二度目の訪問となる。伊勢街道を北上、四日市、桑名、尾張と歩いた。尾張城下には数日間いたらしいが、以後の行程ははっきりしない。一二月二七日、江戸に着き、桶町の蒼龍軒塾に旅装を解いた。

ペリーの軍艦に再挙を図る

嘉永七(一八五四)年正月一八日、武州羽根田沖にペリーの艦隊七隻が現われた。松陰が江戸へ戻ってから僅《わず》か二〇日後のことであり、前年秋の長崎での失敗を取り返す絶好の機会であったが、なぜか松陰は直ちに密航計画に取り組んではいない。日米和親条約の締結という懸案の課題を有したペリーが、数カ月間は滞在するであろうことは十分予想できたが、それにしても意外にゆっくり構えていた。おそらく前回の失敗を踏まえ、より慎重かつ綿密な計画を立てたいと考えていたはずであるが、長崎から帰ったばかりで、アメリカ行きの旅費を工面する手立てが今一つ思い付かなかったことも、無関係ではなかろう。

下田踏海《とうかい》には、金子重之助という同行者がいたが、松陰は彼といつどこで出会ったのだろうか。天保二(一八三一)年正月四日、萩城下の染物屋の子として生まれた重之助は、幼くして足軽金子家の養子となり、軽輩ながら一応武士身分として大きくなった。萩城下で教えていた白井小助や土屋蕭《しょう》海《かい》らについて学んだが、嘉永六年、二三歳のとき、江戸出役を命じられ、桜田藩邸内の雑役に任じていた。間もなく蒼龍軒塾に出入りするようになるが、江戸出府中の旧師白井、もしくは土屋に伴われたものらしく、松陰とはここで会った。江戸に帰ってすぐというから、ペリーの軍艦が再来した頃であろう。

前年九月、松陰のロシア軍艦乗り込みの企てを聞いたとき、後を追おうとしたというから、アメリカ行きは、金子の側が強く求めたもののようである。この後すぐ、彼は藩邸を脱走して渋木松太郎と名前を変えた。藩臣の身で国禁を犯せば、禍《わざわい》が藩政府や藩主に及ぶことを恐れたためであり、すでに浪人であった松陰のアドバイスであろう。渋木の姓は、先祖が阿武郡渋木村（現福栄村）の出であることから思い付いたものらしく、また松太郎の名は、「論語」子罕《しかん》篇にある厳寒にひたすら耐える松の操に因んだものという。出会いの時期からみて、遅くとも二月中に二人は密出国、アメリカ行きを盟約したと思われる。

三月四日、松陰は桜田藩邸に秋良《あきら》敦之助を訪ねて密航計画を打ち明け、旅費の借用を申し入れた。萩藩重臣浦家の家老として早くから海防問題に関心のあった秋良は、この企てに双手を挙げて賛成し、金策を承諾した。その後、兄梅太郎に会い、しばらく鎌倉の伯父竹院の許で読

師弟の像（萩市椎原団子岩）

書をしたいと述べ、今後九年間は政治的発言や行動は一切しないという趣旨の誓書を記し、血判を押している。梅太郎はこの年正月出府し、公務に就いていたものであるが、周囲の人びとが噂する弟の行状から推して、近々何らかの行動に出ることを察知し、事を未然に防ごうとしたものである。もっとも、疑心暗鬼の兄は、この後も蒼龍軒塾を訪ねてあれこれと詮索している。密航計画はともかく、それらしい話は、すでに藩邸内のあちこちで囁かれていたのであろう。

ところで、この夜、藩邸に秋良を訪ねた松陰は、当てにした借金ができず、手ぶらで帰ることになった。秋良の言い分は、密航の費用を出すことは、かねて親交のある松陰の父、杉百合之助を裏切ることになるからできない、他の目的ならば喜んで用立てたいというのである。朝方の協力的な態度とはまるで正反対であるが、おそらく一日考える暇のあった秋良が誰かに制止されたのか、事の重大さに気がついて心変わりしたのであろう。

三月五日、松陰は蒼龍軒塾に会した人びとと京橋傍の伊勢本という酒楼へ出掛けた。この席上で、松陰は初めて友人たちに密航計画を打ち明けた。当初、これに賛成したのは永鳥三平一人であり、前年の長崎行きを支持した宮部ですら、実現不可の冒険であるといささか消極的な発言をしている。密航、すなわち国法を犯す行為が万一失敗すれば、死罪は免れ難いが、果たして成功の見込みがあるのか、海外への唯一の窓口であった長崎と異なり、江戸近辺は警戒厳重で、蟻の這い出る隙間もないという辺りが危惧されたようだ。

事の成否はともかく、松陰の側に首を差し出す覚悟は十分できており、最後は全員がこの壮挙に賛成し、支援することに決めた。宮部はその場で自らの刀を松陰の差料《さしりょう》と交換し、藤崎八幡宮の神鏡一面を贈ったが、居合わせた人びとも羽織を脱いだり、金若干を差し出すなどして、松陰を励ましたという。なお、金子はこの席にはいなかった。

夕方、蒼龍軒塾へ帰った松陰は直ちに旅支度を整え、佐久間塾へ向かった。最後の挨拶をするためであるが、象山先生は横浜へ出張中で会えず、一書を残して去った。同行を約した金子とは、赤羽根橋で待ち合わせた。見送りに来た鳥山、永鳥らと別れ、保土ケ谷へ向かい、ここで泊まる。夜遅く出発して八里半の道を歩いたものであり、宿に着いたときは、すでに白々と夜明けを迎えていた。

この日、ペリーの軍艦へ呈する「投夷書」を作成した。国禁を犯して五大洲を周遊、勉学に励みたい旨を綿々と書き綴ったものである。横浜沖に浮かぶ夷船を見たが、これに近付く適当な方法を思い付かず、夜晩く象山のいた松代藩の陣屋を訪ねている。共に漁夫に扮し、夜陰に乗じて夷船を見ようということになり、象山が手配した舟に向かったが、後難を恐れた船頭が最初の約束を違え、どうしても舟を出すことを承知しなかった。止むを得ずこの夜は、象山の営中に泊まる。

翌日、象山に紹介された浦賀の組同心吉村一郎を訪ねた。水薪積込みの官舟に乗って様子を探ろうとしたものであるが、肝心の吉村に会えず、空しく帰った。夜、助言する人があり、酒楼に船頭を招き、酒を飲ませて大金を与え、舟を出すことを約束させた。夜半になり、何とか舟に乗ることはできたが、夷船へ接近することは気後れした船頭がどうしても承知せず、夷人に会い、せめて「投夷書」を渡したいという目論みは失敗した。

三月八日夜、「投夷書」の欄外に、横浜村の南、海岸が消え人家のない辺りに暗夜火を点じて合図をするから、明かりを頼りに迎えに来て欲しいと付け加えた。保土ケ谷から本牧《ほんもく》辺りを歩いたとき見た場所を指定したものであるが、相手側のボートの出迎えを期待するなど、密航を企てる大胆不敵な人物とも思えない、いかにものんびりした、しかも手前勝手な言い分である。誠心誠意、真心をもって接すれば、いかなる人でも動かすことができると信じた松陰らしい発想であるが、あまりに稚拙なやり方であると言わざるをえない。

夜の荒海へ漕ぎ出す

迎えの舟が来るはずもなく、この間、松陰らは保土ケ谷から神奈川の浜辺を徘徊する他はなかったが、三月一三日、夷船の多くが下田沖へ向かったとの情報を得たため、保土ケ谷を発った。途中、鎌倉の瑞泉寺に伯父竹院を訪ねて一泊し、熱海、大川を経て下田へ入った。草鞋を脱いだのは、旧岡方村の旅人宿岡村屋である。現在の市内二丁目、下田屋の辺りらしい。主従二人連れで下田見物に来たという触れ込みで宿泊したが、一向に見物に出掛ける様子もなく、終日二階でごろごろしており、宿の主人に怪しまれている。松陰については、岡村屋の子、惣吉が、「右の痩形の小男と申すは、満面うすき痘痕《とうこん》ばらばらと点じ、目は細く光りて、眦《まなじ》りはきりりと上につり、鼻梁隆起して何となく凸様の顔面をなし候、両頬は下殺し、顋《あご》はチリチリしたる薄き蒼髭《あおひげ》乱れ生じ、髪は大束の野郎に結び申し候、序《ついで》ながらその来泊したる当時の風俗を申せば、木綿藍縞の袷衣《あわせ》に小倉の帯を締め、無地木綿のぶつ割《さき》羽織を着し、鼠小紋の半股引に脚絆《きゃはん》をあて、前後に小さき小包物を負ひ居候」（福本椿水『踏海志士金子重之助』、三七頁）などと回想しており、子供心

表5　嘉永7（1854）年3月　下田踏海

月日	泊地名	備　　考
3・5	江戸　発	夜，赤羽根橋で合流した金子重之助と発つ
6	保土ヶ谷	（横浜市保土ヶ谷区）8里半の夜道を歩き，明け方宿に着く
6	横浜村	投夷書を作成，佐久間象山を訪ね松代藩営中に泊まる，1里余
7	横浜村	大槻盤渓に会う，酒楼に船頭を招き出船を画策するが失敗
8	保土ヶ谷	本牧の地形調査，永鳥三平に会う，投夷書を増補する，1里余
9	保土ヶ谷	浦賀同心吉村に会う，横浜村で舟を探すが得られず
10	金川	（横浜市神奈川区）来原良蔵・赤川淡水ら来る，浜屋泊，1里半
11	金川	薪水積込みの舟に便乗を画策するも果たさず
12	金川	乗り込み遅延のため，永鳥江戸へ帰る
13	保土ヶ谷	夷船を追い羽田へ行く，下田行きを象山に告げる，往復11里半
14	鎌倉	伯父竹院の瑞泉寺を訪ね一泊する，4里半
15	小田原	藤沢，平塚，大磯と進み，増水した酒匂川で体を濡らす，10里余
16	熱海	根府川関所で，熱海へ湯治に行くと答える，入湯数次，7里
17	大河	東伊豆町大川，伊東で昼食，下田をめざす夷船2隻を見る，10里
18	下田	旧岡方村（市内二丁目）岡村屋に泊まる，夷船2隻を見る，8里
19	下田	木村軍太郎らと情報交換，投夷書の手交を画策する
20	蓮台寺	皮膚病治療のため蓮台寺温泉へ，医師村山家に泊まる，1里
21	下田	海岸へ出て夷船の動向を偵察，岡村屋泊
22	蓮台寺	ペリー旗艦以下6隻を見る，金子は下田に残り偵察，村山家泊
23	下田	木村らと柿崎海岸から夷船を偵察，岡村屋泊
24	蓮台寺	ペリー一行の了仙寺訪問を見る，岡村屋宿泊を断る，村山家泊
25	柿崎村	下田に戻り偵察，舟で夷船をめざすが失敗，柿崎弁天社で寝る
26	柿崎村	柿崎を離れ外浦海岸へ，坂上の茶屋で泊まる
27	柿崎海岸	投夷書を手渡す，弁天祠に隠れ潮の満ちる夜を待つ
28	下田番所	午前2時，舟で夷船へ，ボートで送り帰される，名主宅に自首

(1)「全集」第9巻所収の「回顧録」により作成。
(2) 行程に関する記録はほとんどなく，他資料による。
(3) 市制施行の地名は，注記を省略した。

によほど強烈な印象を受けたのであろう。

三月二〇日、下田から一里離れた蓮台寺村へ行き温泉に浴した。松陰の身体に皮膚病の一種、疥癬《かいせん》の症状が出たためであり、たまたま浴場で知り合った医師村山行馬郎の家に泊りながら治療に努めている。蓮台寺口からすぐ山裾の地に、「吉田松陰寄寓の跡」と記した茅葺きの家が残されているが、松陰が潜んでいたという二階建ての大家はすでにない。

松陰が蓮台寺村にいた間、金子は岡村屋に留まり、夷船の情況を逐一報せているが、松陰も時おり下田へ帰って機会を窺っている。しばらく蓮台寺村と下田を往復する日々が続いたが、三月二四日には、岡村屋から宿泊を断わられ、止むなく蓮台寺村へ移った。ペリー一行を迎えた了仙寺での供応を契機に市中の取り締りが厳しくなり、すべての宿泊人の身元調査を行い、番所へ届け出るように命じられたからである。身元の不確かな浪人者を排除するための措置であるが、松陰らがもっとも怪しい人物であったことは間違いない。

三月二五日、武山の下、外ケ岡の海岸で夜の更けるのを待った松陰らは、稲生沢《いのうさわ》川に停めてあった舟を盗んで沖へ漕ぎ出したが、この日は波が荒く、櫓《ろ》を上手く操ることができなかった。漕げども漕げども、沖合のポウパタン艦に近付くことができず、遂に諦めて引き返した。柿崎弁天島に上陸し、弁天祠の中に潜り込み一夜を過ごした。

翌日朝、お参りにきた村人たちに驚いて目を覚ました松陰らは、山越えで外浦海岸へ出た。番所への通報を恐れたものであり、柿崎へは夜遅く戻った。

三月二七日、ようやく「投夷書」を手渡すことができた。横浜で書いた文面は一部書き変えられ、明日の夜人が寝静まる頃、ボートを出して柿崎村海浜の人家のない辺りに自分たちを迎えに来て欲しい。自分たちは予めその場所で待っている。決して約束を違えることなく、希望を叶えて頂きたいなどというが、迎えの舟を待つ楽天的な姿勢はまったく変っていない。おそらく迎えの舟が来るなどと本気で思っていたわけではなく、現に自力で夷船へ近付く手立てをあれこれと画策しており、この日も日没を待って柿崎海岸一帯で舟を物色している。漁船を見付けて乗り込んだのは、潮がようやく満ちてきた八ツ時、午前二時頃であるが、盗難除けのためか櫓を固定する杭がなく、褌《ふんどし》で櫓を縛り付けて漕ぎ出すほかはなかった。もっとも、すぐ弛んで来たため、今度は帯を解いて縛りつけ懸命に漕いだが、一向に前へ進まなかったため、ついには舟底に敷いてあった板を剥がして櫂《かい》の代わりにしたという。褌や帯で縛り付けた櫓ではうまく舟を操ることができなかったからであろう。

柿崎弁天祠（下田市柿崎海岸）

　最初に漕ぎ付けたミシシッピイ艦は、岸から一町許りのところにいたというが、百メートル余はあまりに近すぎる感があり、おそらく松陰の記憶違いであろう。夜間はいつも港内の中央、

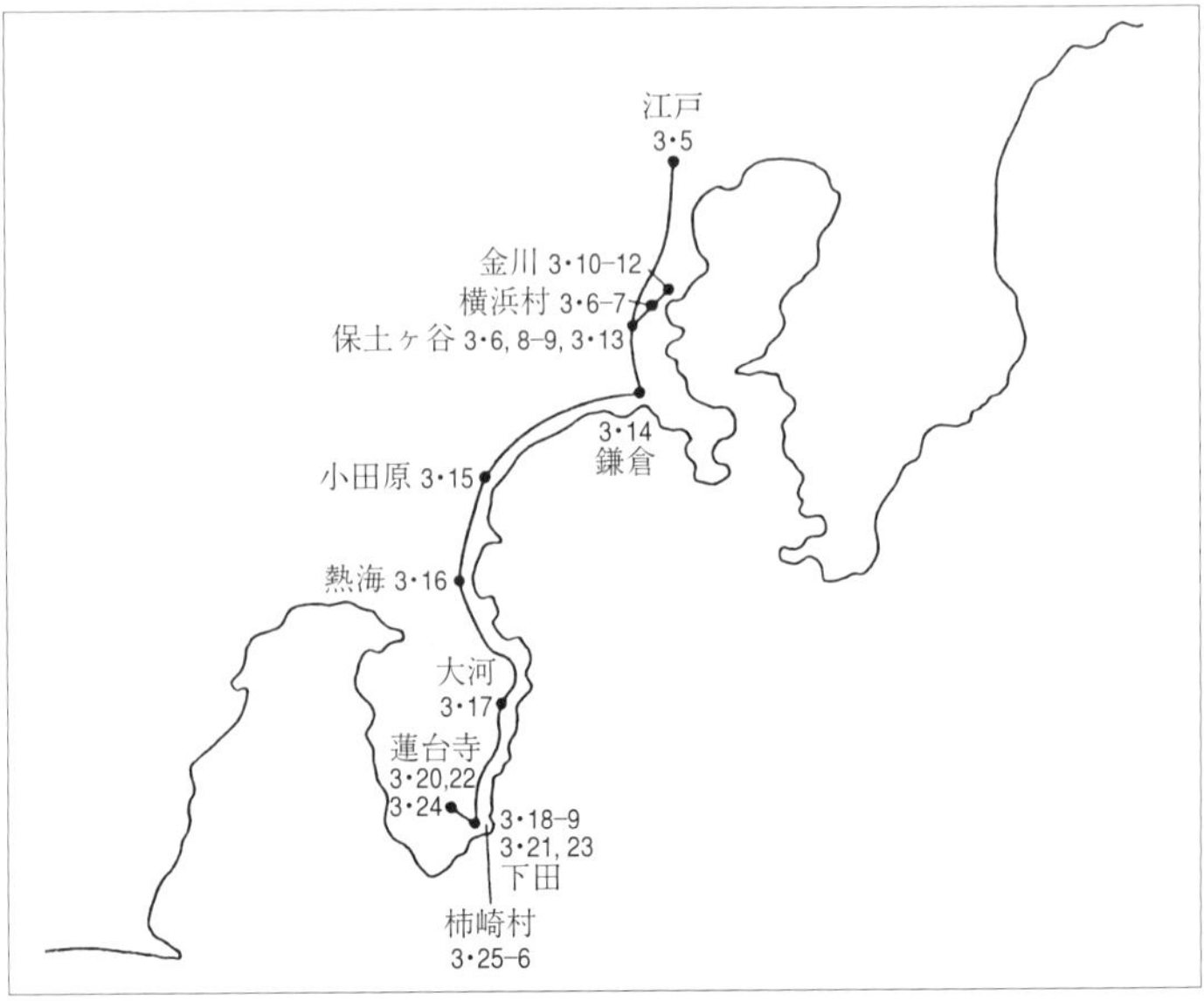

図4　嘉永7（1854）年3月　下田踏海

岸から五、六百メートルの辺りに停泊しており、この夜も例外とは思えない。もっとも、ミシシッピイ艦には日本語はおろか、漢文の読めるものもおらず、旗艦のポウパタンへ行くようにいわれ、止むなく苦労して百メートルほど離れた場所にいたポウパタン艦をめざした。寄せ来る荒波に翻弄されながら何とか辿り着くことができたが、そのさい接舷を拒否する水兵と争いながら身一つで飛び移ったため、乗ってきた舟を失ってしまった。刀や荷物などすべての所持品を残したままであり、これが後に番所に差し押えられ、動かぬ証拠品となる。

船中での会話は、日本語を解するウィリアムスがいたおかげで、筆談を交えながら何とか通じたようだ。前日、柿崎海岸で手渡した「投夷書」をウイリアムスは手にしており、松陰らの考え方に一応の理解は示したが、アメリカ行きははっきりと拒絶した。日米和親条約が成立したいま、日本の鎖国はなくなった、遠からず両国の往来は自由になるからそれまで待つべきである、国交を結んだ相手国の法律を破って君たちをアメリカへ連れていくわけにはいかない、しかも自分たちはなお三カ月間は、この地に滞在する予定であるなど、幾つかの理由を挙げている。

アメリカ行きを懇願する松陰らは、就寝中の提督ペリーへ直訴したかったようであるが、ウイリアムスが承知せず、結局ボートで送り返されることになった。漢語に通じ、日本語も漂流民から学んでいたというウイリアムスの会話能力は、相当のものであったらしい。ずる賢いウイリアムスが肝心の点になると言を左右にし、分からないふりをしたというが、ウイリアムスがそのように振る舞わなければならない理由などなく、おそらく興奮して言い募る松陰らの長州なまりのサムライ言葉が、今一つ理解できなかったのであろう。

ところで、「投夷書」で松陰は瓜中万二（かのうち・まんじ）、金子は市木公太（いちき・こうた）の偽名を使っており、ウイリアムスにもそのように名乗っているが、これらの名前は一体どこから来たのだろうか。松陰の場合、養家である吉田家の家紋が瓜の中に吉祥の印である卍（まんじ）を配しているところから思い付き、これをそのまま文字化したものである。金子の市木は、この頃使っていた変名の渋木松太郎から来たものであり、渋木は柿の実の渋を連想させるが、柿の字を崩すと市木となる、また公太は松太郎を簡略化したものである。両名とも、いかにも苦しまぎれな名前というほかはないが、おそらく「投夷書」を前に大急ぎで考え出されたものであろう。

ボートで送り返された場所は、必ずしもはっきりしない。下田番所での取り調べで柿崎村浜辺へ上陸したと述べているが、暗闇の中に放り出された二人は、道も分からず苦労して柿崎海岸へ舞い戻っており、出発地点とは異なる。「三月廿七日夜の記」に、巌石と樹木ばかりとあるから、弁天島から少し離れた地、おそらく腰越《こしごえ》の辺りと思われる。

柿崎海岸に戻った二人は、所持品一切を残したまま波にさらわれた舟を必死に探したが、夜明けになっても見付けることができず、ついに自首を決意したものである。もっとも、柿崎村名主平右衛門の届けを受けた下田番所から役人三名が出張してきたのは、丸一日を経た夜になってからであり、この間、平右衛門は松陰らに対し、しきりにこの場からの立ち退き、つまり逃走を示唆したという。番所サイドが事の重大さに動転し、逃走というかたちで事件のもみ消しを図った可能性もあるが、長州浪人という身分を明かした二人は、そうした働き掛けをむしろ迷惑視し、神妙に縛につく覚悟を変えていない。押収された荷物の中から「投夷書」の草稿や象山の送別の詩などが発見されれば、罪名は明白であり、今更逃げ隠れして恥の上塗りをしたくないと考えたのであろう。

下田番所へ連行された二人は、唐人《とうじん》お吉《きち》の墓で有名な宝福寺で取り調べをうけ、一旦長命寺の観音堂に預けられたが、翌日から組頭黒川嘉兵衛による本格的な取り調べが始まると、平滑《ひらなめ》の獄舎へ移された。最初に入った観音堂は、現在、市立中央公民館が建っている場所であり、また番所支配の獄舎はここから西へ二百メートル余の辺りにあったらしい。僅《わず》か畳一枚のところへ二人が押し込められたため、膝を折って辛うじて居るという有様であったが、番卒から「三河風土記」や「真田三代記」を借りて読み、また皇国の皇国たる所以、人倫の人倫たる所以《ゆえん》、夷狄の憎むべき所以を日夜声高に説いたところ、無知蒙昧の彼らも人の子とみえ、自分の話に心を動かされ涙を流してくれたというように、周囲の人びとへ働き掛ける努力を惜しんでいない。囚われの身で意気阻喪するどころか、むしろこれを奇禍《きか》とし、ますます意気軒昂であったことが分かる。

江戸伝馬町牢に繋がれる

四月八日、江戸から身柄引取りのため八丁堀同心二名と岡引五名が来た。一一日朝出発、下田街道を天城《あまぎ》越えをしながら江戸へ向かった。四泊五日の旅である。道中、足にはほた（足かせ）を打ち、身には綱をかけ、手に手錠を卸《おろ》し、藤丸駕籠に乗せられたというから、最大級の厳重な警護であったことが分かる。もっとも、役人たちの態度は極めて慇懃《いんぎん》で、休憩ごとに茶菓の要求を聞くなどしているが、松陰らは、厚味美食を一切辞した赤穂義士の先例に倣《なら》い、三度の食事以外は一滴の水も口にしていない。夜、寝ずの番をしている番人たちに語り掛けたのは平滑の獄舎と変らず、生まれてこの方、これぐらい愉快な時はなかったというから、松陰の話は大いに周囲の人びとの心を動かしたと見える。

四月一五日、江戸に着き、北町奉行所の仮牢に収容された。即日、奉行直々の取り調べが始められ、サムライ身分の松陰は板縁を与えられたが、もと中間身分の金子は縁下の白洲に坐らされた。吟味中、松陰は伝馬町牢の揚屋入りになったのに対し、金子は初め無宿牢、次いで百姓牢に繋がれた。しかも伝馬町牢へ松陰は駕籠、金子は徒歩で牽《ひ》かれていったというから、同じ国事犯であるにも関わらず、その待遇の差は歴然たるものがある。

入牢時のしきたりは、強盗殺人など一般の罪人と異ならない。獄内へ入ったとたん、床に頭を押さえ付けまくり上げた衣服で覆われ、きめ板で背中を一撃され、牢名主から罪状や命の蔓の金をいくら持って来たかを問われた。官にすべてを没収され、無一物で入牢した松陰に差し出す金品など何一つなく、そのように答えると、さらに背中を二打され、手紙を出して外から金を取り寄せるように命じられている。

娑婆《しゃば》の情報に飢えていた獄内の人びとにとって、松陰の罪状、下田沖での夷船乗り込みの経緯ほど、刺激的かつ興味津々たる話はなかっただろう。一同皆感激して聞くと記したように、松陰自身は、自らの話が囚人たちに大いに迎えられたというが、必ずしもそうではなく、牢内二番目の地位となる名主添役の僧某は、夷船に乗り込み、敵将の首を取って来たのならともかく、お前は相手に憐れみを乞うておめおめ送り返されてしまった、何たる情けないことかと罵ったというが、これに対し、松陰は一言も応えていない。おそらくこの時、彼自身がそのことを一番深刻に受けとめていたのではなかろうか。

ところで、幕府法廷での取り調べはどのようなものであったのか。松陰ら二人が罪状を素直に認めたのはもちろんであり、中国の故事、「事成れば王に帰し、事敗れば独り身坐するのみ」(「回顧録」『全集』九、三八〇頁)に倣《なら》い、成功すれば上は皇朝、下は藩主のためになるが、失敗すればすべて私どもの罪であり、首を刎《は》ねられる覚悟はできていると神妙に申し立てている。これに反し、松陰らの扇動者、実は計画の張本人と疑われた佐久間象山は、お白洲でかねての持論を一歩も譲らず、国禁を犯した覚えはまったくないと強弁したため、取り調べに当たった奉行らの心証を著しく害した。漂流民ジョン万次郎を召し出したことが、旧例を改めた何よりの証拠であり、昨年来の黒船来航は、神州三千年来の大事件であるから、上下とも破格の対応をして然るべきである。つまり吉田寅次郎らの行為は何ら非難されるものでなく、もともとわれわれは国禁に背くつもりなど毛頭ないというのが、象山の主張である。いかに非常時であろうとも、法令は法令であるという奉行との間で激しい論争となったが、そのさい、象山が奉行の字句の読み間違いを露骨に指摘したりしたから、火に油を注ぐような結果になってしまった。なお、吟味中は、象山もまた松陰と同じく伝馬町牢の揚屋入りを命じられた。象山は東奥揚屋、松陰は東口揚屋にいたというから、壁一つ隔てた隣接の獄舎であったが、むろん相互の会話など交流は一切なかった。

入獄後五カ月を経た九月一八日、判決が出た。松陰については、重い国禁を犯したことは不届につき、父百合之助へ引渡し在所において蟄居《ちっきょ》とあり、金子もまた、大膳太夫（萩藩主）の家来へ引渡し在所蟄居となっており、密出国という罪状のわりには、極めて緩やかな処分となっている。本来、両名とも死刑も止むを得ない大罪であるが、おそらく神奈川条約締結後の国際関係に配慮したものであろう。なお、佐久間象山は、信州松代《まつしろ》藩へ引渡し在所蟄居となっている。

判決後すぐ二人は、萩藩の下屋敷麻布藩邸へ引き取られた。牢内で病に倒れた金子は、劣悪な生活環境の中で大いに衰弱し、立ち上がることすらできず、戸板に乗せられて出牢する有様であった。藩邸へ戻り、そのまま病床に伏したが、もと足軽身分のためか、看護らしい看護も加えられず、放ったらかしにされた。金子の病状を漏れ聞いた松陰は、絶食して抗議しながら医薬の手当てを求めているが、お座成りの診察が一度あっただけのようである。着替えなど一切なく、伝馬町牢を出たときの垢に塗れた弊衣のままというから、惨憺《さんたん》たる状況は一向に変っていない。

檻輿帰国の旅

九月二三日（陽暦一一月一四日）、松陰らは多くの役人に護られながら帰国の途についた。朝早く下屋敷の死骸を担ぎ出す黒門から密かに出ており、国禁を犯した重罪人にふさわしい旅立ちである。腰縄をつけ必要に応じて手鎖までされ藤丸駕籠に押し込められたというから、道中、極めて不自由な姿勢を余儀なくされたことが分かる。

武弘《たけひろ》太兵衛以下護送役人たちの扱いは、護送中の待遇は非情この上なく犬馬にも劣るものであったと松陰がいうように、極めて苛酷なものであったが、とくに食事のたびに、地面に膳を据えて食わされたことに、松陰はいいようのない屈辱感を味わっている。道中、たとえば天下の嶮《けん》とうたわれた箱根の急坂を駕籠に揺られながら行くのだから、金子の容体はますます悪化し、しばしば下痢を発して着衣を汚したが、警護の役人たちが着替えを認めず、行く先々で汚れた箇所を切り取り、ついには小蒲団一枚を纏《まと》わせるだけになった。待遇改善の要求が一向に聞き入れられず、万策つきた松陰は、晩秋の寒空の下で自らの着ていた綿入れを脱ぎ捨て金子に与えるように迫り、ようやく着替えを認めさせている。もっとも、この着替えも出発後六日を経た二九日、丸子《まりこ》宿で一度認められただけで、以後これに関する記録はまったくない。おそらく汚物にまみれたまま放置されたのであろう。金子の処遇は残忍極まりなく、憤懣骨髄《ふんまんこつずい》に徹する思いがしたと松陰がいうのは、この間の役人たちの冷酷無情な取り扱いに怒り心頭に発したものである。

東海道の蒲原《かんばら》宿の辺りから金子の病気はいよいよ重く、しだいに食事も受け付けなくなり、衰弱の一途を辿った。何度も医者を呼んで薬を処方させたのは、途中の事故、すなわち病没を恐れたためである。一〇月五日は四日市、一〇月八日は伏見、一〇月一六日は尾道で宿付きの医者に診せているが、一〇月二〇日、萩領内高森の宿に呼ばれた医師三戸文庵は、「瘡毒全身に蔓《ひろが》り殊に肺中に侵刺之症に相見へ乾咳荏苒《じんぜん》疲労手強脈微細数最早壊症にて臭気も有レ之傍甚手重キ容体に御座候」（「護送日記」「全集」別、一二四頁）と診断しており、すでに手遅れ状態になりつつあったことが分かる。

一〇月二四日、朝六時、明木村を発った松陰らは、九ツ時過ぎ、すなわち昼一二時過ぎに萩城下に着いた。金子の病没を嘆く詩に、「駅舎君と訣《わか》る、匆々詞を尽さず」（「松陰詩稿」「全集」六、七一～二頁）とあるように、明木村を出たところで二人の駕籠は離され、別々に城下へ向かった。松陰はそのまま今古萩《いまふるはぎ》にあった士分を収容する野山獄に入ったが、もと足軽身分の金子は、百姓牢の岩倉獄に繋がれた。道を隔てた向かい側である。

出発時に定められた護送の日程は二五泊であり、予定どおりならば一〇月一九日に到着のはずであるが、実際には五日遅れた二四日に萩入りした。途中、雨や雪の降る日は時おりあったが、川止めの類は一切ない比較的順調な旅にしては、意外な遅れである。護送役人を束ねる武弘は、道中の宿舎が満員でしばしば泊地の変更を余儀なくされた、また晩秋の陽が短い季節のため、予定の行程を消化で

野山獄跡（萩市今古萩）

岩倉獄跡（萩市今古萩）

きない日があったなどというが、もともと罪人を乗せた網掛かり駕籠の宿場での受け入れが容易でなく、しかも何かと制約の多い重病人を抱えていたことも、余分な時間を要した理由であろう。なお、日程の変更は、出発後三日目の二六日に沼津泊が三島泊になるなど、都合一一回行われ、予定にない四箇所の泊りをプラスして、これが結果的に五日の遅れとなった。

3　野山在獄の生活

なぜ獄に繋がれたのか

前節で見たように、幕府法廷の判決は、両人とも国元在所で蟄居、とくに松陰は実父杉百合之助にお預けのはずであるが、なぜ彼らは、萩へ戻るとすぐ獄に繋がれたのか。松陰帰国の前、父百合之助は借牢の内達をした藩庁へ対して、わが子松陰はもともと体が弱く病気がちであり、獄内で病気になって寝込むようではかえってお上のご迷惑となるから、このまま自宅に引き取り、親の責任で厳重に監視したいと申し出たが、むろんこれは許可されていない。幕府への遠慮から、藩政府では初めから彼ら二人を獄に繋ぐ方針であった。改めて百合之助から出された願書に、借宅が手狭で住みにくいから野山屋敷をお貸し頂きたいとあるが、これは藩庁側の指示にしぶしぶ従ったもので、本心ではない。「借牢及び牢扶持取替の指令」によれば、獄舎内の給食はすべて杉家の負担であり、年末に百合之助の知行米の中から上納することになっていた。在宅謹慎のところを願い出て借牢するのだから、食い扶持は身内が負担するという理屈であり、一カ月当たり銀一五匁の支出となるが、杉家がこれを負担したような形跡はない。藩庁より半ば強制的に借牢となった経緯から、あるいは免除されたのかもしれない。そのことを裏書きするように、下獄後間もない一一月二三日付の手紙で、不足分は杉家が補うから心配するなという兄梅太郎に対して、松陰が月俸十五匁の内、七匁壱分は薪炭油等の代、残る七匁九分を菜代として肝煎《きもいり》より与えられるが、節約すればこれで十分足

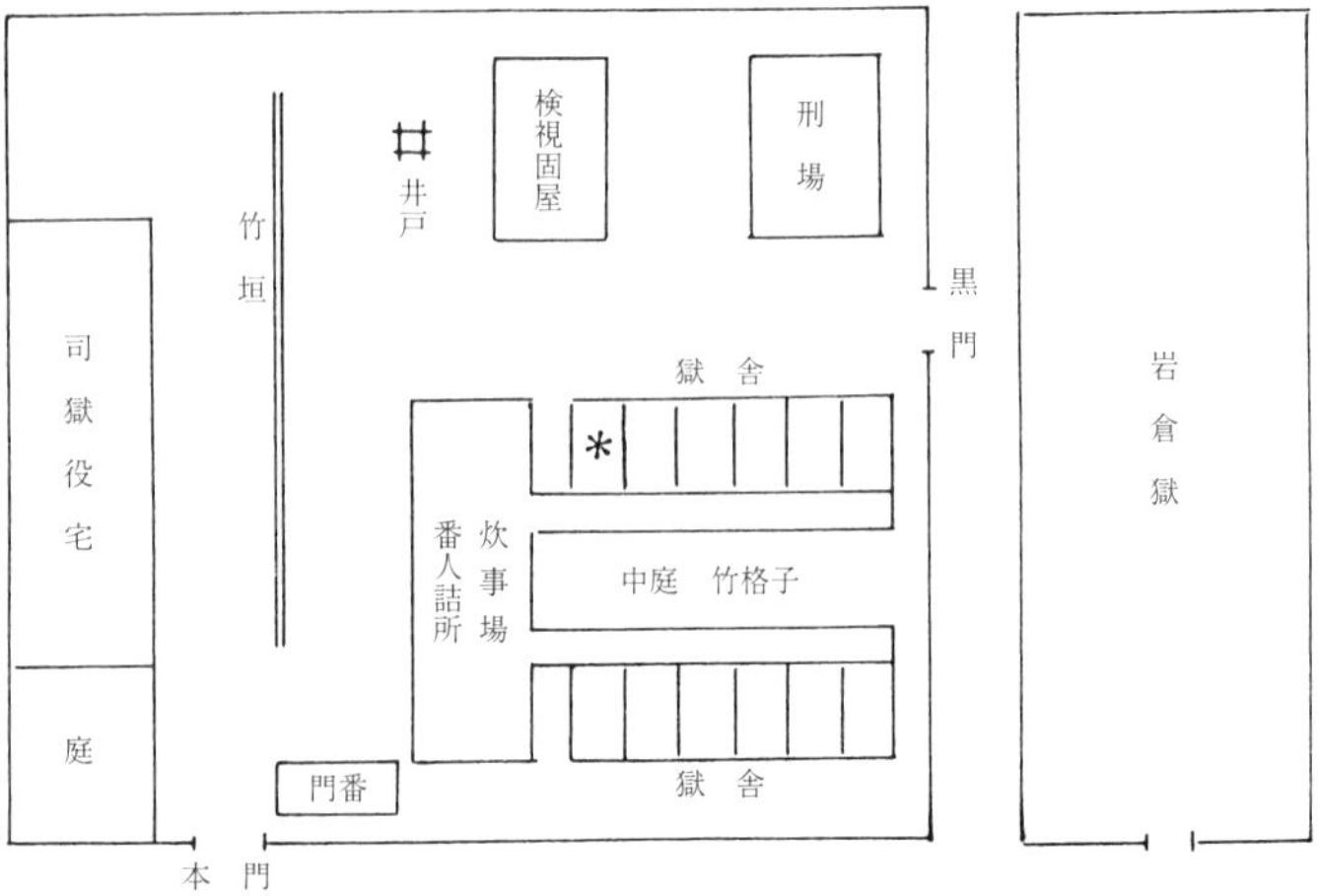

図5　野山獄平面図

「全集」別巻所収の略図により作成。*松陰幽囚室（畳2枚+荷物置場，流場）

りると述べており、毎月支給される手当のうち銀七匁九分が食費に当てられていたようである。

ところで、松陰が一年余を過ごした野山獄とは、どのような構造、あるいは仕組みの獄舎であったのか。城下今古萩の獄舎の敷地内に、司獄役宅や検視固屋、刑場などもあったが、ここに南北二棟六室ずつが竹格子で囲まれた小さな中庭を挟みながら向かい合って並んでいた。松陰が入獄したとき、すでに女性一人を含む一一名の囚人がおり、空室は一室しかなく、当然彼はここに入った。「獄舎問答」に、安政二年四月六日野山獄北第一舎において録したとあるように、北側獄舎の一番奥にいた。ただ、時おり部屋替えが行われており、在獄中ずっと同じ部屋にいたわけでもないようだ。

各室の大きさは、畳二枚と板敷半坪分というから、三畳一間のスペースと考えると分かりやすい。下田奉行所の極端に狭い獄舎や江戸伝馬町牢の雑

表6　嘉永7（1854）年10月24日　入獄時の在囚者

	氏　名	年齢	在獄年	備　考
1	大深虎之允	76	49	安政3·10放免
2	弘中勝之進	48	19	
3	岡田一迪	43	16	
4	井上喜左衛門	38	9	
5	河野数馬	44	9	安政3·10放免，のち島流し
6	粟屋与七		8	
7	吉村善作	49	7	安政3·10放免，のち島流し
8	志道又三郎	52	6	瀬能家の親族
9	高須久子	39	4	
10	富永弥兵衛	36	4	安政4・7・3放免
11	平川海太郎	44	3	入獄3回の通計

「野山獄囚名録敍論」（「全集」第2巻所収）により作成。
1）年齢は安政3（1856）年当時のもの。
2）吉村らの他に4名放免されたが，氏名不詳。

居房などから見れば、むしろ恵まれた居住環境といってよいが、松陰の場合、寝具や身の周りの生活用品の他に、読み書きに必要な小机を持ち込み、筆記用具はもちろん、差し入れの書物をたくさん並べたりしたから、ほとんど身動きができない状態であったはずである。

当然のことながら、すでにいた一一名の同囚はすべて士分である。松陰のいうところでは、九名が親族から借牢願いで獄に繋がれていたが、うち四名が、藩庁より迫られて借牢願いを出していた。ただ、明らかに官譴《かんけん》を蒙ったもの、つまり藩法を犯したものは二名にすぎず、結局、計七名が親戚の意向で獄中生活を強いられていたことになる。親族から疎《うと》まれ、世間から隔離するため借牢したのだから、藩政府の赦免とは無関係であり、いつまで経っても出獄の見込みはない。つまり半永久的に獄中生活を送らざるを得ない。在獄四九年の大深《おおぶか》虎之允（七六歳）は例外としても、在獄一九年の弘中勝之進（四八歳）や在獄一六年の岡田一迪《いってき》（四三歳）らがいたのは、そうした事情からであり、いずれも二十代から獄中生活を始めている。

一人だけいた高洲《たかす》氏寡婦と呼ばれる女性、実は大組士（三一三石）高洲家の未亡人久子は、被差別部落の男性との交際を咎《とが》められて下獄していたものであるが、松陰が彼女に好意以上のもの、ほのかな恋心を寄せたのではないかという説がある。獄中で交わした歌や餞別の手拭などから推測したものだが、本当のところは分からない。在獄四年、このときまだ三九歳の久子は、早くから三味線や唄などの芸事を好む派手なタイプの女性であり、しかも家人の目を盗み男を引き入れて密通したと疑われていただけに、殺風景な獄舎では一際目立つ、それなりの容色の持ち主であったはずである。女性問題にはとくに疎い純情一途の松陰が、彼女に何がしかの興味を示したこともありえない話ではないが、巷間言うところの恋愛感情云々に確かな証拠はなく、単なる憶測の域を大して出るものではない。

猛勉を始める

野山獄中の人となった松陰は、しばらくの間、目立った言動を慎み、読書や思索三昧の生活を送った。約一年余に及ぶ在獄中の勉学状況は、安政元（一八五四）年一〇月二四日に稿を起こした「野山獄読書記」に詳しい。これを見ると、年末までの二カ月間に早くも一〇六冊の書物を読了しており、入獄直後から猛勉を始めたことが分かる。最初は、「延喜式」五〇冊、「史徴」八冊、「令義解《りょうのぎげ》」一〇冊、「草偃《そうえん》和言《わげん》」一冊、「迪彝《てきい》編」一冊など、日本史や水戸学関係の書物が多かったが、しだいにその範囲を広げ、また種類を増やしていった。この頃、彼がもっとも影響を受けたのは、浅見絅斎《けいさい》の著書、すなわち漢土の忠臣烈士八人の遺文と略伝を記した「靖献遺言」

二冊および講義共四冊であり、昨日人からこの書を借りて読んだところ、あまりに興味津々で止めることができず、周囲の迷惑も顧みず、思わず大声を出して繰り返し読んでしまったというから、その感激ぶりは尋常一様ではない。この書は、「読書記」の翌年正月の項に「靖献遺言」一の四・五・六、講義一冊とあり、また二月の項に「靖献遺言」一冊、七・八とあるように、その後も熱心に読み続けられた。なお、出獄する翌年一二月一五日までに読んだ書物は、総計六一八冊となる。毎月平均四四冊のペースで倫理哲学、歴史伝記、地理紀行、兵学、詩文、時務、医学など、実に様々な分野の本を熱心に読んでいる。

松陰の旺盛な読書欲に応えるため奔走したのは兄梅太郎であり、毎日のように獄舎を訪れ、食物や衣類の他に書物の差し入れをした。むろん、松陰が求める膨大な書物がすべて杉家にあったわけではなく、兄は友人知己だけでなく、城下の蔵書家をあちこち訪ねて借覧を頼んでいるが、時には江戸へ伝手を求めて写本を入手したりしている。一方、松陰は、これらの本に精力的に取り組み、次々に読み進む過程で熱心に抜き書きや感想を記したりしているが、読了した書物はすべて抄録した。それと並行して詩作や句作を試み、書道の練習も始めた。入獄数カ月間は、こうした日課の繰り返しであった。

ところで、松陰を迎えた獄中の人びとは、どのような状態にあったのだろうか。親族から見捨てられた借牢形式から分かるが、何時《いつ》になったら出獄できるか分からない、ほとんど無期刑的な境遇にある彼らが、将来に絶望して自堕落《じだらく》な雰囲気を醸《かも》し出していたことは想像に難くない。誰一人、新入りのそれも一番年の若い松陰がまともに話し合えるような相手ではなかったはずであるが、彼の場合、罪状が国禁を犯して海外密航を企てたという破天荒なものであっただけに、入獄時から同囚たちの注目の的であった。世俗的なニュース、それも政治的な話題から一切遮断されていた彼らにとって、松陰はまたとない貴重な、しかもホットな情報源であったからである。なぜ下田踏海なのか、アメリカで一体何をしようとしたのか、また夷船へ乗り込む前後の経緯などに当然話題が集中したが、それだけでなく、やがて議論は、「今列藩に在りて急に手を下すべきこと云々」「民心は本なり、器械は末なり云々」「武備の冗費を省くもの云々」など、海防問題を中心にしながら国内政治の様々な改革にまで及んだ。

獄中教育の試み

獄中教育がいつ誰の発起で始められたのか、必ずしも明らかでないが、ほとんど別世界からやって来た異邦人の観がある松陰に対し、国内外のさまざまな問題について白熱の議論を重ねるたびに、同囚の人びとの驚きがしだいに畏敬の念に変っていったことは十分考えられる。入獄直後から翌年四月頃までの質疑応答をまとめた「獄舎問答」そのものが、すでにある種の授業の形を呈しているが、こうした環境の中から松陰を教師として推す勉強会が、自然発生的に登場したものであろう。

ところで、松陰その人が教師となる授業は、かなり晩《おそ》くなって始められた。「野山獄読書記」によれば、松陰の講義は、入獄後半年近くを経た四月一二日からスタートした。テキストは「孟子」四冊であり、六月一〇日に終了した。同月一三日から、今度は数人が順番に教師となって講義する輪講の形式で「孟子」を取り上げ、九月頃まで継続した。六月中には、「孝経、刊誤本正文及び講」という記事が示すように、「孝経」を講義したことが知られる。七月二一日から「論語」の講義も加わったが、講釈毎夜というから、すでにあった輪講の合間を縫って連日行われたのであろう。七月中には吉村善作や河野数馬《かわのかずま》らと「日本外史」六の対読を始め、一七日に終えているが、同じ頃、司獄の福川犀之助《さいのすけ》やその弟高橋藤之進らとも似たような授業を行っている。前出の「読書記」に「八家文」一を福川犀之助と一緒に読み始め、六日に読了、また「禹貢蔡伝《うこうさいでん》」を二二日より高橋藤之進のために読み、二七日に終えたなどとあるのがそれである。その立場上、室内に入ることはできなかった二人は、廊下に坐り獄窓を隔てて松陰の講義を聴いたようである。

松陰が獄に来る前、一一名の人びとがまったく没交渉であったのかというと、そうではない。もと寺子屋師匠の吉村は、俳諧でも一家をなしていた教養人であり、彼を中心に時おり句会のようなものが行われていた。河野も俳諧に優れており、この二人に松陰は早くから句作の指導を受けている。「孟子」の講義に始まる一連の授業は、それへのお返しの意味もあったようである。入獄後間もなく、「靖献遺言」の読後感を書いて意見を求め、詩の交換をしたりした富永有隣は、尊円流の書道に巧みであったから、その教えを乞うている。すでに松陰の授業は始まっていたが、七月一五日からは富永が教師になって、「唐詩選絶句」を講じ、これを周囲の人びとが聴いた。この間の事情は、安政二年八月二六日付の兄梅太郎宛手紙に吉村、河野、松陰の三人が力を合わせて獄中の風教を興すことを申し合わせ、吉村は俳諧の師となり、自分はもっぱら文学を教えているが、その他、富永が書道の先生となり互いに頑張っているとある。各人が教師になって教え合う、文字通り相互学習が行われていたことが分かる。

ところで、文学の師となった松陰の授業は、どのようなスタイルで行われたのか。牢獄であるから、日中授業があったとは考えにくい。おそらく日没後、人気が絶えてから始められたのであろう。南北二棟に六室ずつを配した獄舎は、少し大きな声を出せば隅々まで届いたと思われるから、松陰が自室で講義すること自体に問題はなかったが、困ったのはテキストであり、たとえば「孟子」の講義を聴く人びとすべてにテキストが行き渡っていたわけではあるまい。ただ、輪講で取り上げた「梁恵王上下」以下の章は、すでに六月一〇日に卒業した「孟子」四冊の中にすべて含まれており、講義を担当する者が順次引き継げば、問題はなかった。六月一三日から九月七日までの八四日間に二一回、つまり四日に一度の会であったから、その都度、講義する箇所を全員が筆写する余裕は十分にあり、必要に応じて回覧が行われたのであろう。「講孟箚記序《こうもうさっきじょ》」に吉村五明、河野子忠、富永有隣の三子を得て一緒に書を読み道を講じているが、ここに司獄の福川犀之助も来て加わり、大いに喜んでいるなどとあり、参加者の顔触れが分かる。

部屋替えの行われた八月頃まで、松陰は北側最奥、つまり入獄当初からの部屋にいた。年二回の部屋替えが慣例だったというから、在獄中に一度ぐらいは動いたはずであるが、いつどこへ部屋替えになったのか、詳細は分からない。このとき、部屋替えに異議を申し立てる富永への手紙で、こちらの棟の部屋ばかりに勉強する人がいるのでは、やがて向かい側から苦情が出るのではないか心配であるというように、四月以来の授業に関係した人びとは、いずれも北側の獄舎にいたらしい。司獄の福川へ依頼して、南側の向かいの部屋へ吉村を移し、今いる井上と粟屋の間に配するように画策しているが、これは、もともと勉学にあまり関心を示さない両名への働き掛けを吉村に期待したものである。毎日声を張り上げ夜晩くまで議論する松陰らを迷惑視していた人びともいたということであるが、にもかかわらず、獄中の人びととの関係は決して悪くない。現に金子重之助の死を悼む「冤魂慰草《えんこんいそう》」には、最年長の大深虎之允を除く一〇人の同囚が名前を連ねており、下田踏海というかたちの松陰主従の壮挙が圧倒的に支持されていたことが分かる。なお、獄中で催された句会などの作品を収録した「賞月雅草」や「獄中俳諧」などに、前出の人びとが多くの作品を寄せているが、大深の名前はどこにも見当らない。在獄四九年、七六歳という高齢から見て、健康を害していたことはおそらく間違いなく、あるいはすでに病の床にあったのかも分からない。句会のメンバーに獄卒源七、半蔵、民七らの名前があるのは、司獄福川やその弟高橋の場合と同じく、獄中教育の成果であろう。

江戸獄でもそうであったが、独房の囚人が周囲と自由気侭《きまま》に会話すること自体が禁じられていたと思われるが、そうした環境下の授業は、当然のことながら夜間になって始められた。夜間の授業で困るのは、灯火の問題である。七時頃まで明るい夏期ならばともかく、陽が短くなる秋口には、どうしても灯火が必要になる。八月二六日付の兄宛手紙で、夜間の燈火は勉学にどうしても必要であり、大目に見てくれるように司獄福川への働き掛けを頼んだのは、そのためである。獄室前の廊下にあった点灯の時間延長をいうのか、室内への灯火持ち込みの許可を求めたのかはっきりしないが、同じ手紙に、厄害が起こるのではと心配する向きもあるが、獄中の者どもが堅く申し合わせ、決してそのようなことのないようにするとわざわざ断っており、あるいは室内での点灯のことかもしれない。同じ頃、富永へ灯火の件は長時間認められるようになったから、互いに勉学に励みたいと書き送ったように、従前から一定の時間まで夜間の灯火が認められていたことが分かる。四月に始まった「孟子」の講義は、この明かりを利用したものであろう。

司獄の福川自身が弟子入りし、夜晩くまで学んでいたから、この件は一旦解決した。つまり何らかのかたちで点灯の時間延長が認められたが、九月七日付の「憤を書す」に、獄卒たちが司獄の意を受け夜間の点灯を認めてきたが、最近、方針が変ったと称してこれを禁止するようになったため、仕方なく早寝しているとあり、間もなく再び禁止された。その理由ははっきりしないが、獄中の勉強会が活発化し、しだいに外聞を憚《はばか》るようになっていたのだろうか。ただ、一〇月一八日付の久保清太郎宛手紙に、これを書き終らぬ内に一番鶏の啼くのを聞いたとあるから、比較的早い時期に夜間点灯が再開され、それも一晩中認められていたことが分かる。

獄中教育でもう一つ注目されるのは、囚人たちが一堂に会して勉強することがあったらしいことである。八月の記事に孟子会・論語講は外に在りとあるのがそれであり、六月一三日に始まった「孟子」の輪講は、時おり講義を担当する者の部屋に集まって行われたようだ。「論語」の講義を外で行う理由ははっきりしないが、聴講を希望する者の部屋が離れていたため、松陰がわざわざ出掛けたのかもしれない。いずれにせよ、囚人同士の往来であるから、司獄福川の特別の配慮で密かに行われたのであろう。

夜間点灯でもめていた九月頃から、勉強会がしだいに下火になる。九月の記事に「日本政記」八冊、二日始、対読、内四冊了とあるのは、前月まで「日本外史」を対読してきた吉村を指すものであろう。六月一三日に第一場と記された「講孟劄記」は、九月七日第二一場で終了した。二カ月後の一一月一一日に再開されるが、二四日まで連日のように評釈が付されたのは、かつての四日に一回のペースとは異なる。おそらく何らかの理由で輪講が中止され、松陰自身が毎夜少しずつ講義ノートを書き溜めていったものであろう。なお、一〇月の記事に荘子正文、六日より十五日了、荘子正文は外に在りなどとあり、授業がすべて廃されたわけではないが、最盛期の七、八月頃に比べれば、雲泥《うんでい》の相違である。おそらく出獄間近の情報が寄せられ、あまり目立つような行動は慎んだのであろう。

入獄後約半年間と出獄前二カ月を除くと、実際に授業が行われたのは、僅《わず》か六カ月間でしかないが、その成果はどのようなものであったのだろうか。授業が始まって間もない六月二六日付の僧月性《げっしょう》宛手紙で、最近、獄中の多くが勉学に励むようになり、本を手に取らない者は十のうち二、三人しかいなくなった。司獄までもやって来て授業を聞いている有様であり、もし自分が一生獄中にいるようなことがあれば、何十年かの後、きっと素晴らしい人間が生まれるであろうというように、早くも自信満々であるが、八月二六日付の兄宛手紙にも、今はこの三種、すなわち発句、文学、書法のうち何かを学ばないものはなく、皆一生懸命に勉学に励んでおり、この勢いで数年も頑張っていけば、大きな成果を期待できるのではないかと一同喜び合っているなどとあり、この間の勉強会がかなりの実績を収めつつあったことは間違いない。この前後に書かれた「福堂策」上・下は、そうした取り組みの中から当然のように出てきたものである。

獄制改革――福堂策の提唱

中国の古い教えに、「智者は囹圄《れいご》を以て福堂とす」（「福堂策」上、『全集』二、一六六頁）とあり、罪人を長く獄舎に繋いで困苦を経験させれば、自然に正しい考えを持つようになると考えたが、松陰は自らの数次の在獄体験から、これをはっきり間違いだと断ずる。獄舎に長くいて苦難に耐えれば、かえってどんどん気分が荒《すさ》み、心が暗くなり、悪知恵を働かせるのが大方の場合であり、何の効果もない。もし長く獄に繋ぐのであれば、その間、囚徒に対して正しい教育をきちんと与えなければ意味がないと考える。これまでのように、悪人を処罰し、あるいは一般社会から隔離する懲治刑的なあり方でなく、むしろ近代以後に一般的となった教育刑を積極的に導入して悪人を矯正し、善人たらしめようというのである。

およそ政治の目的は、すべての人々の心を奮い起たせ、やる気を起こさせることであり、法律を無視した自暴自棄の状態に追い込むのは政治の失敗である、そのことは刑罰を与える場合にも例外ではないと考える松陰は、そうであるがゆえに、島に流され、また獄に繋がれた幾百の人びとを教導して社会的有用の材たらしめようとする。

極悪の犯罪者が果たして教育可能なのかという素朴な問いに、松陰は、善書によって教導すれば、どのような人間であっても、善人になることができると極めて楽観的であったが、この考え方は、彼独自の人間観、あるいは犯罪者観から来たものである。「罪は事にあり人にあらず、一事の罪何ぞ遽《にわ》かに全人の用を廃することを得んや」「罪はなほ疾の如きか。目に盲する者、固より耳鼻に害なし。頭に瘡ある者、固より手足に害なし。一処の疾、何ぞ全身の用を廃するに足らんや」（「福堂策下」「全集」二、一七〇頁）などというように、松陰は、社会的に糾弾されるのは人の犯した罪であり、その人自身ではない、人の犯した過ちは一時の病にも似たものであり、その病さえ癒《い》えれば、もとの健康体へ戻ると考える。今獄に繋がれている人びとを含め、すべての人間に長所や利点がある、否定されるべき人間などどこにもいないというのは、あらゆる人間に潜在する可能性へのあくなき期待であり、それはまた、教育に対するほとんど全幅の信頼に他ならなかった。

ところで、すべての囚徒の社会復帰を可能にするには、獄制をどのように変えればよいのだろうか。「福堂策」を提唱するさい、アメリカの獄制を見ると、かつては一度入獄すると、多くの場合、ますます悪人になったが、最近はきちんと矯正教育が行われるため、獄中にしばらくいるとしだいに善人になるというように、海外の情報に何がしかのヒントを得たことは間違いないが、その中身はきわめて独創的なものであり、随所に松陰らしい発想や工夫を見ることができる。しばらく彼のいうところを聞いてみよう。

まず一大牢獄を作って、どのような犯罪を犯した者も一旦すべてここに収容する。官より任ぜられた番人、すなわち獄吏は何人かいるが、獄内の毎日の生活は、囚徒の中から選ばれた獄長が数人の下役を従えて自治的に運営する。一見、江戸獄の牢名主以下の序列を想い起こさせるが、はっきり異なるのは、松陰がこれを日陰の世界から外へ出し、公然化させようとしたことである。当然のことながら、獄内のすべてを任される獄長は、志あり学問のある者でなければならず、もし不正があったり、獄内がうまく治まらないような場合は、厳しくその責任を問われる。

刑期は三年を一単位とし、すべての人に可能なかぎり出獄のチャンスを与える。三年経っても罪悪を改めない者は、さらに三年の刑期を課し、どうしても改心しない場合には、士籍を剥奪して遠島に処す。凶悪頑固で教育の成果がまったく挙がらない者は、三年の期間をまたずに遠島処分にする。いずれの場合も、囚徒の中から選ばれた獄長の意見を踏まえながら、これに詳細な調査を加えて慎重に処置を決める。

もっとも大切な獄中教育は、読書、写字、諸種の学芸などとする。誰が教師になるのか明言はないが、今日の教誨師《きょうかいし》のような官から任命された職制については一切考えていない。野山獄内で松陰自らが同囚たちと実践したように、囚徒の中から各々得意の者が選ばれてその都度教師となる、いわば相互学習的な方式が望ましいと考えていたようである。

飲食のことは、郡夫、すなわち牢役人の下役に任せるが、囚徒の中から監司を出して間違いのないようにする。また囚徒が財布を所有して自由に買物をすることを厳禁し、すべての金銭を番人中の一人（たとえば肝煎のような存在）に預け、管理させる。とくに飲酒は百害あって一利がなく、これを禁止する。地獄の沙汰も金しだいの言葉どおり、囚徒間の貧富の差が、非人間的な支配関係を齎《もた》らすことを恐れたようである。飲酒はしばしば無秩序を齎らすことを嫌ったものであろう。

江戸獄にもあった役人による見回り制度を採用し、隔日、もしくは両三日ごとに御徒《おかち》士目附、また月に両三度は御目附の見回りを実施するが、これは獄内の取り締まりというより、囚徒の意見に耳を傾けるためのものとされた。

居住環境の劣悪な牢内で発病すれば一体どうなるのか、金子重之助の死で痛感していただけに、毎月医師の見回りを三、四度求めており、しかも急病人の場合は、その都度来診することとした。野山獄にはこれまで一度も医者が呼ばれたことはなく、絶食三日の重病となってようやく官府へ届け出る有様であったというから、従前とは雲泥の差である。

湯水その他諸々の事は、おおむね江戸獄の制度に倣《なら》うこととした。獄中の規則が厳整かつ詳密で取るべきものが多い、すなわちそれなりのルールが存したからであるが、野山獄には明文化された制度は何一つなく、ほとんど牢役人の胸三寸できまっていた。

獄中の約束事は、すべて板に書いて掲示して、囚徒に一人残らず周知徹底させるとしたが、牢内の一切を獄長を中心に自治運営しようとすれば、各人の意識改革を何よりも必要としたからであろう。これもまた、江戸獄の法度書《はっとがき》を参照したものである。

ところで、松陰は新獄の長に自ら名乗り出て、野山獄を福堂たらしめる実験をしてみたいという。自分が野山獄に来てから、同囚の人びとと毎日書を読み文を作り、忠孝節義について語り合うことで、獄中がしだいに正しい道へ化するようになったという。つまり獄中教育が一定の成果を上げたと見るのである。そこからいきなり、牢獄を福堂たらしめるのも難しくないというのは、あまりに唐突かつ楽天的にすぎる見方のように思われるが、これはまた、人間に賢愚の差があることは否定できないが、誰にでも何か一つや二つの才能はあり、それをうまく引き出し根気よく教えていけば、必ず立派な人間になることができる、これは自分がかねてたくさんの人を教えてきた経験から知ったことであるというように、彼自身の実体験から導き出されたものであり、それなりに説得力があった。

以上は、いずれも士人を収容する野山獄に関する議論であり、百姓牢の岩倉獄については別の腹案を持っていたらしいが、ここでは触れていない。なお、福堂策の上は六月一日、また下は九月二一日に脱稿しており、獄中教育と並行しながら書かれたことが分かる。

獄中教育の成果がそれなりに上がり、悪人が悔い改め善人に生まれ変れば、当然社会復帰を考えなくてはならないが、松陰はすでに在獄中から同囚たちの釈放運動に積極的に取り組んでいる。七月一四日付の小田村伊之助宛手紙で、在獄八年の河野数馬について、十分使える才能を持ち、また道理を弁《わきま》え正道へ移りやすい性質であり、大切にすべき人材であると評しながら、一刻も早く出獄できるように依頼したが、親族側の反応が芳しくなかったらしく難航した。一〇月二二日付の小田村宛手紙で、誰か身元引受人を探して帰宅させ郊外で寺子屋師匠をして生計を立てさせれば万事好都合であり、これが世の中のため人材を活用することにもなるというのは、相変わらず受け入れの環境が整わなかったためである。なお、河野の釈放は、一年後の安政三（一八五六）年一〇月にようやく実現した。

同じ時期の小田村宛手紙に、在獄一二人中七人が出獄したというから、松陰を除く一一人中の六人が前後して出獄したことになる。大深虎之允や吉村善作が河野と一緒に出たらしいが、その他の人名については不明である。富永有隣が、さらに一年遅れた翌年七月三日に出獄したが、いずれも前年暮に家へ帰った松陰の釈放運動が効を奏したものである。

唯一人の女性、高洲久子は、安政五年末の野山再獄時にまだ獄におり、自由の身になったのは、ずっと後になってからである。御咎一件書類に「辰年赦免詮議」の貼紙があるところから、明治元（一八六八）年出獄説が有力であるが、河野らが出獄した安政三年もまた辰年であり、あるいはこの時一緒に詮議され、出獄不可となったのかも分からない。

第三章　救国済民の政治思想

1　水戸学への憧れ

日本史に取り組む

敬神家の父百合之助から玉田永教《たまだながのり》の「神国由来」を暗唱させられて育った松陰は、幼いときから天皇や国体に関する何がしかの教養を持っていたが、だからといって、彼がそのまままいわゆる皇国の道にのめり込むようになったのかというと、そうではない。なぜなら、山鹿流兵学師範として一刻も早く自立することを求められていた松陰にとって、勉学のほとんどすべてが兵学に関するものであったからである。四書五経を中心とする漢学的素養と並行して「武教全書」や「武経七書」などの兵書が早くから読まれたのは、そのためである。「太平記」などの諸書は、訓戒調の物語であるが、すこぶる要点を衝き実利に叶い、兵学に関係するものが多いと言われたように、この時期、盛んに読まれた和漢の書も、もっぱら兵学的見地からのものであり、その延長線上で「坤輿図識《こんよずしき》」や「英吉利紀略《いぎりすきりやく》」などのヨーロッパ諸国の地理・歴史書も取り上げられた。

九州遊歴中の松陰は平戸で会沢正志斎《あいざわせいしさい》の「新論」を見る機会があったが、このときはまだ、水戸学そのものに興味を抱くまでには至っていない。江戸へ出てからも、この姿勢は大して変わらず、嘉永四（一八五一）年八月一七日付の兄梅太郎宛手紙で、輿地学、砲術学、西洋書類、本朝武器制、文章、諸大名譜牒、算術、七書（孫子・呉子・司馬法・尉繚子《いりょうし》・六韜《りくとう》・三略・李衛公問対《りえいこうもんたい》）、武道書など学ぶべきものは多々あるが、何一つ容易に修得できるものはなく、進むべき道が分からず悩んでいると書いたが、彼にこう言わしめたのは、代々相伝の業を受け継ぐ養子の境遇で、家学、すなわち山鹿流兵学という学問に励む以外に選択の余地がなかったからである。

初めて会沢・豊田の諸先生に会い、その語るところを聴き、思わず嘆声を発したのは、皇国に生れた自分が、皇国の皇国たる所以《ゆえん》をまったく知らず、今後どう生きるべきか見当もつかないことであると記したように、東北遊歴の初め、多くの水戸学者たちと接触して歴史、とくに日本史の知識にあまりに暗いことを痛感した松陰は、帰国後すぐそうした方面の書物に取り組み始めた。事実、脱藩の罪で本国へ送還され、処分を待つ身となった嘉永五年五月中旬から一一月末までの約半年間に、早くも「日本書紀」三〇冊、「続日本紀」四〇冊、「日本逸史」四〇冊、「続日本後紀」二〇冊、「職官志」六冊、「令義解《りょうのぎげ》」一〇冊、「三代実録」五〇冊などを次々に読んだ。「皇国雄略」と題するノートは、この間の猛烈な読書を一々抄録したものである。

水戸学関係の本を盛んに読むようになったのは意外に遅く、下田踏海の失敗で野山獄に繋がれてからである。獄中で会沢正志斎の「草偃和言《そうえんわげん》」一冊や「廸彝編《てきいへん》」一冊、藤田東湖《とうこ》の「常陸帯《ひたちおび》」四冊や「弘道館述義」一冊を読んだが、出獄後も早い時期に会沢正志斎の「下学迩言《かがくじげん》」七冊や「豈好弁《がいこうべん》」一冊、藤田幽谷《ゆうこく》の「幽谷上書」一冊を読んだ。九州遊歴中に出会った「新論」は、幽室に始まる村塾の授業でテキストとして何度も使用されている。

「新論」との出会い

ところで、水戸学は松陰にどのように理解され、その政治思想に組み込まれていったのだろうか。一時期、幕末の志士たちにもてはやされた会沢正志斎の「新論」を中心に見てみよう。文政八（一八二五）年に著わされたこの書は、その内容があまりに過激かつ直截《ちょくせつ》的で、幕閣を憚《はばか》るところが多いという理由から、実に三二年後の安政四（一八五七）年まで刊行を認められなかったが、著者不明のアングラ本はかなり早くから出回り、これを筆写、回覧するかたちで諸方に流布した。萩藩内には、天保年間、僧月性《げっしょう》の手でもたらされ、彼が関係していた嚶鳴社《おうめいしゃ》（周布《すふ》政之助ら萩城下の若手サムライを中心とする結社）の同人たちを通じてしだいに広まったようであるが、当時、松陰がこれを読んだ形跡はない。既述のように、彼は「新論」を平戸の葉山邸で初めて読んだ。このときは目次を写したのみで、内容等について何も語っていないが、その独自の国体観、すなわち神国思想を下敷きにした時務論が、若い知識欲盛んな松陰を大いに刺激したことは想像に難くない。

幕末の若者たちを魅了した尊王攘夷なる言葉は、後期水戸学派のリーダー藤田幽谷のオリジナルといわれるが、その尊王論は、門人会沢正志斎が師幽谷の教育思想や人と為《な》りについて述べた「及門遺範」で、天祖天孫はもとより天と一体であり、世々位につく天皇を天津《あまつ》日高《ひだか》と称し、その即位を日《あまつ》嗣《ひつぎ》というように、天皇を天と同一視し、神と血統的に結びつけるまさしく神人合一思想から導き出されたものであり、またその攘夷論は、このような現人神《あらひとがみ》天皇が支配する四海万国に冠たるわが神州を護持するために、どうしても避けて通れない道筋であった。

この考え方は、当然のことながら「新論」にそのまま見ることができる。なぜ尊王なのか、尊王の尊王たる所以は、天地が創造され初めて人がこの世に生まれた時から、天子は四海に君臨し、皇統連綿として続き、いまだかつて誰一人皇位を窺《うかが》うような者はいなかったといわれるように、もっぱらわが国体の尊厳性に求められる。以下、形勢、虜情《りょじょう》、守禦《しゅぎょ》、長計の各篇において、この万世不易《ふえき》の国体をどのようにして護持するか、つまり攘夷の具体的方法が述べられる。形勢篇で世界情勢を分析し、虜情篇で欧米列強の侵略の歴史を説き、守禦篇で外敵を防ぐ軍事策を案じ、長計篇で国家を永久に保つための政治のあり方を論ずるのがそれであるが、ここで注目されるのは、まだ未分化であるが、日本の国家的独立を全うするために国民的統一を実現しなければならないという、すぐれてナショナルな発想が随所に見られたことである。関ケ原以来の幕府政治が掲げる本強末弱策を批判して、諸大名がそれぞれの国で強兵を養い、士大夫がそれぞれの領地で兵力を強くし、国の隅々にまで兵力が行き渡れば、末が強くなるのは当然である。本末共に強く、兵・武器が十分に備われば、天下の民は、勇気を奮い起こして国を護る気概を持つであろうといいながら、幕府、諸藩の別なく国家全体を富強にすることを最大の急務としたのがそれであり、軍事力の強化のために、たとえば武士の土着、すなわち城下町から領内全域へ移り住むこと、そしてまた、一般庶民の中から募に応じてくる者を糾合して新しい軍事組織とする、すなわち農兵制の創設などがいわれた。

よく知られているように、水戸学が考える国家はあくまで幕藩体制的な枠組の中にあり、決してこれを超え出た天皇政権をめざすものではなかった。尊王、すなわち天皇を尊崇し、忠誠を尽くすというのは、万民が一君に直接かつ平等に献身することを意味せず、士大夫、諸侯、将軍などといった現存の秩序関係を通して下から上へ段階的に行われる。その意味では、尊王は敬幕と密接不可分なものとしてある。幕藩体制の側からいえば、その補強を直接の目的とする観点から言われたのであり、敬幕のための尊王といってもよい。つまり、尊王が方便的性格を強くしたと言うこともできよう。藤田幽谷が「正名論《せいめいろん》」で、幕府が皇室を尊べば、すなわち諸侯が幕府を尊び、諸侯が幕府を崇《あが》めれば、すなわち卿・大夫が諸侯を敬する。そのようにして初めて、上下相保ち万邦協和すると述べたのはその典型であるが、「新論」の長計篇がいう、今、士大夫が大名の命令に従い、また大名が幕府の法を護るのは、結局のところ天朝を尊戴して天祖に仕えることに他ならないというのもまた、これと同じ考え方であろう。

兵学者的な時務論から発想する

水戸城下に遊学し、親しく会沢正志斎に教えを乞うた松陰であるだけに、「新論」の影響をさまざまな面で強く受けたことは想像に難くない。事実、彼はこの書を人のために校讐《こうしゅう》（読み合せ）したり、村塾で門生のテキストとして使用するなど、何度も繰り返し読んでいる。彼の政治的開眼は、「新論」に代表される水戸学が根底になっており、水戸学的な尊王攘夷論を身につけることから始まったといってもよいだろう。ただ、ここで見落されてならないのは、彼が一人の兵学者として、たえず救国済民を念頭に置きながら、眼前の危機的状況にどのように対処し、また打開すべきかを考えていた、つまり時務論から出発したということである。救国、すなわち欧米列強の侵略という国難にどのように取り組み、また済民、すなわち貧困にあえぐ民衆の経済生活をいかに建て直し、この国をうまく治めていけばよいのかという、すぐれて現実的な政治問題と向き合うことになった。

もともと兵学者は、常に生死をかけた戦場に身を置くことを余儀なくされており、勝利さもなくば敗北という結果責任を問われている。彼の判断の如何や一瞬の遅れが命取りになることもあると考えれば、眼前の問題にすぐさま反応し、全力を挙げて取り組む姿勢が何よりも大切であろう。たしかに兵学者といえども、国家とはそもそも何か、正義のよって来る所以《ゆえん》を問う原理的探求に興味がないわけではないが、眼前に迫り来る敵軍にいかに立ち向かうか、今攻防のために一体何がどれだけできるかという差し迫った課題に熱中すればするほど、そうした本質的論議にじっくりと取り組む余裕などない。忠実な兵学者たろうとすれば、何よりもまず、眼前の危機的状況を突破することを最大の関心事にせざるを得なかったわけであるが、このことは、松陰においても例外ではなかった。

わが国体の独自性という本質論から説き起こす「新論」の立論や構成からいけば、まず尊王が取り上げられ、ついで攘夷が語られるはずであるが、松陰の場合は後に、そもそも夷狄《いてき》の暴虐を憤り、そこからしだいに天朝を憂えるようになったと自己批判したように、欧米列強の侵略が、目前の急、すなわち万世の患と捉えられ、それゆえに尊王論でなく攘夷論が先行した。事実、ペリー来航時に相次いで書かれた「将及私言」「海戦策」「急務条議」「急務策一則」「急務則一則」などは、いずれも主戦論を振りかざした異賊打ち払いの方策であり、わざわざ尊王に言及したものは何もない。

開国を拒否し、これを要求する外国勢力を打ち払うというのは、鎖国が三百年来幕府の祖法であるからだけでなく、もともと日本が神国であり、高い文化を持ち道義も完成されているが、一方、諸外国は、すべて野蛮な夷狄にすぎず、何ら学ぶところがないという独善尊大な考え方によっている。華夷の弁を踏まえた中華思想のいわば日本版であり、この神国日本を護持するために野蛮な諸外国との交際など夢にも考えられないというわけである。当然のことながら、この立場は、ひたすら鎖国に固執する偏狭極まりない排外主義へ陥りがちであり、現に水戸学者の多くにそうした傾向が見られたが、松陰の場合、そうはならなかった。兵学者として絶えず柔軟に発想し、さまざまな可能性を探る姿勢を失わなかった彼は、攘夷論者でありながら、なおかつ下田踏海のような大胆な企てをした。国禁をものともせず、五大洲を周遊しようとした松陰に、粗暴な排外主義につながる狭量さなどはもともとない。時期的にはやや遅れるが、鎖国の主張は眼の前のことしか考えない事なかれ主義の人びとには支持されるが、わが国の将来を見据えた遠大の計画ではない。一国に閉じこもるのと諸国を遍歴するのとでは学問の成果に雲泥《うんでい》の差がある、日本国内でさえそうなのだから、世界へ出て各国と盛んに交際するようになれば、その成果がいかに大きいかはいうまでもなかろう。今わが国のなすべきは、たくさんの大艦をつくり、公卿より列侯以下さまざまの人びとが、この船で万国を航海して智見を開き、富国強兵の大策を打ち建てることであるというのは、ほとんど開国論者の発言と見間違うばかりである。

ではなぜ、鎖国の愚をいい開国を当然視する松陰が攘夷論を唱えるのか、いささか理解に苦しむところであるが、よく見てみると、彼の主張に必ずしも矛盾はない。日米和親条約を、外夷の居丈高《いたけだか》な態度にわが国は為す術《すべ》もなく恐れ戦《おのの》き、言われるままに開国してしまったと酷評したように、松陰は今度の開国を外からの脅威、すなわちペリーの圧倒的な軍事力を背景にした城下の盟《ちかい》であると見る。こうしたいわゆる砲艦外交は、わが国にとって恥辱以外の何ものでもなく、絶対に認められないと考える松陰は、この恥辱を雪《そそ》ぐための武力行使を容認する。大いに討ち懲らしめなければ、国威を示すことができないという観点から、民族的な独立のために、たとえ勝利が覚束なく国中が焦土と化すことがあっても、このさい夷狄と戦火を交えることを止むを得ないのではないかと考えたのである。いわば条件づきの攘夷論であり、未来永久に国を閉ざして一切外国と交際を絶つなどと主張しているのではない。それどころか、近い将来に開国を予定した一時的な攘夷の主張であり、その意味では攘夷的開国論ということもできるだろう。いずれにせよ、このように主張するとき、彼はすでに水戸学的な攘夷思想と確実に一線を画する立場へ足を踏み入れていたのである。

民族的な誇りを失った開国は、攘夷戦で武運つたなく敗れ、亡国の憂き目に会う以上に決定的な敗北であると考える松陰は、一時期ペリーの艦隊に対し極めて分かりやすい主戦論者であったが、加うるにまた、彼には全身全霊をあげて護るべき国、すなわち神国日本があった。現人神天皇が君臨するわが国体は、万世を通じ内外に冠絶する絶対の真理であるという思想は、水戸学的教養に神道や国学の知識をプラスしつつあったこの時期の松陰に、ほとんど信仰的な想いにまで高まっていた。林門の朱子学者であり、おそらく藩内保守派を代表する山県太華《たいか》に出会ったのは、このような時期である。

2 「講孟余話」をめぐる山県太華との論争

開国か攘夷か

安政三（一八五六）年六月一八日に脱稿した「講孟余話」（「講孟劄記」の改題）を松陰は、もと明倫館学頭の老儒山県太華（七〇歳）へ呈して批評を乞うた。これに対する太華の評語四種類と松陰の反評が「講孟余話附録」として残されているが、主要な論争点は一体何か、しばらく両者の主張に耳を傾けてみよう。

ペリーの来航によって一挙に顕在化した外圧にどう対処するのか、開国か攘夷かといういま国論を沸騰させている大問題に関して、両者は真っ向からぶつかり合う。

嘉永六・七年の黒船来航のさい、わが国は野蛮な異国の言いなりになってしまったが、一体この醜態をどうするのかという観点から、アメリカ、ロシアいずれであれ、開国を迫る外夷は断固として排除すべしと主張する松陰に、太華は異を唱える。アメリカやロシアは海外の別国であり、その使臣が主命を奉じてわが国に来た。両国とも、日本の属国ではないのだから、われわれの言い分に従うわけがない。彼らは利害を説いて、堂々と国交を要求しているのであり、これを怒る方がどうかしている。

大国の彼らが対等の礼でやって来ているのであり、いささか不遜《ふそん》の態度があったとしても寛恕《かんじょ》してやればよいではないか。これをすぐ兵を出し撃つなどというのは、まったく道理に合わない。

性急な攘夷論を厳しく戒める太華は、もともと陋夷《ろうい》などといって、外国をひたすら蔑視し、「華夷の弁」を立てることに批判的である。漢土の例を曲解して、わが国では日本を中国とみなし、諸外国を夷狄と考えているが、どうしてそのようなことがあろうか。海外の諸国も、皆人間の国であり、禽獣虫魚とは異なる。わが国と同じように倫理・道徳があるのに、なぜわが国のみが尊く、他国は卑しいといえるのか。

この一見、極めて冷静かつ合理的な説明が松陰を納得させたわけではない。なぜなら、そのようにいう太華には、アヘン戦争などで実証された欧米列強の植民地政策の恐ろしさが、ほとんど理解されていなかったからである。アメリカやロシアを断然拒否するのは、これらの国が領土的野心を抱き、わが国を侵略しようとしているからだというように、早くから海外情報に接していた松陰にそのことは自明の理であり、すべてはそこから発想されたのである。

天下は誰のものか

ところで、開国、攘夷いずれの道を歩むにせよ、そうした政治体制の頂点に位置するのは誰か、そもそも日本国の王は何者であるのか、天下は一体誰のものであるかという問題について、両者はまた正反対の立場をとる。

「普天の下王土に非ざるはなく、率海の浜王臣に非ざるはなし」という「詩経」の一節を、天下の大地はすべて天皇のものであり、そこに住むあらゆる民は天皇の臣であると解釈するのは、水戸学の洗礼を受けた幕末の尊王論者にかくべつ珍しいことではなかった。松陰もまた、「将及私言」以下で何度もこの一節を引用している。漢土でいう王をわが国の天皇と見るわけであるが、太華はこれに異議を唱える。

「天下は一人の天下なり」という松陰に対し、太華は「天下は一人の天下に非ず、天下の天下なり」と主張する。古代中国で、尭舜《ぎょうしゅん》が天下第一等の人であったから衆人が皆服してこれを推して天下の君としたが、わが国で神武天皇が出て天下を統一し、世々聖賢の君が出て天下を治めたのも、これとまったく同じである。保元・平治の変以後、天皇が衰えて土地人民を治めることができなくなったから、鎌倉幕府が出てこれに代わったのであり、以後、天皇はただ至尊の位のみを守ることになった。天皇が土地人民を持たず、幕府の供給を受けていることは、国内外で広く知られている。国勢自然と定まり、人力ではいかんともなしがたい、これはまさに天命といってもよい。そう考えるならば、天下は一人の天下でなく、天下の天下であるとするのが、しごく当然の理である。

王覇の弁

漢土の例を引き合いに出しながら、今の幕府を称して覇といい、諸侯を王臣とする考え方にも、太華は賛成しない。幕府は諸侯のうちの強大なるもの、すなわち覇でないことは、天下の土地人民を治めている事実から明らかである。諸侯は皆例外なく、将軍家から領地を頒《わか》つ御朱印を賜わり、臣下の礼を執って幕府に仕え、また幕命を奉じてさまざまな公務、たとえば江戸への参覲《さんきん》交代や各地の軍役などに従事している。要するに、諸侯は天皇の臣でなく幕府の臣である。

これに対し松陰は、諸侯に領地を分け与える征夷大将軍の位がそうであるように、さまざまな爵位は、すべて天皇から出ており、名分はこの上なく明らかである。つまり、この一事でもって、幕府・諸侯とも王臣であることに、疑問の余地はないという。

では外国人から日本国の主は誰かと問われたらどうするかという問いに、太華は、京都にいる天皇が大君主であると答えればよい。日本の国体は、天皇と将軍の二者を有する、天皇は京都にいて国政に関係せず、将軍は江戸で諸侯の主として、天下に号令して国政を司《つかさど》っており、外国からの国書が将軍へ呈されるのは、そのためであるなどという。

大君主という名称で、将軍の上に位する天皇の存在や役割に松陰が異を唱えたわけではない。その限りで王臣といい幕臣といっても、実質的な差異はほとんどないように思われるが、どうしても松陰が承服できなかったのは、そうした議論を展開するさい、太華が孟子の放伐論を踏まえながら、幕府政権の正当性を主張した点である。

天下第一等の人が推されて王となり、君徳を失えば新しい王がこれに代わるというのは、あくまで漢土のことであり、万古不易、君臣一如のわが国には到底当てはまらないというのが、松陰の主張である。なぜそう言えるのか、はっきり理由が示されたわけではなく、これを論ずるのは不可であり、疑うのは最もあってはならないことである。皇国の道はすべて神代巻に詳しく書かれており、その説明はわれわれ臣民が信奉すべきものであり、疑わしい箇所があっても論じないことが大切であるというように、これを神代の昔から続いた厳然たる事実としてそのまま受け入れ、ひたすら信奉するほかはないとされた。

ところで、松陰は、幕府政権の正当化に熱心な太華の狙いが、しだいに朝廷の力を弱め、ついには朝廷を滅ぼして将軍家を天皇の位につけようとしているのではないかと疑ったが、一方、太華は、幕府を覇と呼び諸侯と同列視する松陰が、君臣の分を曖昧《あいまい》にしながら、皇国皇国と繰り返すことで王政復古を当然視するような状況を造り出そうとしているのではないかと、これまた疑心暗鬼であった。今は王政復古をはっきりと唱えることができないから、一身一家より一村一郷と同志の者たちが密《ひそ》かに語り伝え、しだいに一人より十人、十人より百千万人に及ぼして、考えを同じくする人びとが圧倒的多数になり、将軍家が孤立無援となったとき、兵乱に乗じ天下を回復しようとする策に違いないともいうから、松陰の主張をつきつめていけば将来必ず体制転覆、つまり革命は必至であると見た。

村塾から野山再獄へ至る最晩年の松陰の主張や行動を思い起こせば、大いに先見の明があったというべきであるが、この時期の松陰にまだ討幕論らしきものはない。現に、このとき松陰は、天朝を尊重するのは、幕府を軽んずることになると考えるのは、浅はかな見方である。天朝があるからこそ幕府も存在する。天朝を尊重するのは皇国を安泰にする大計であり、当然のように幕府もまた安泰になる。天朝を大切にするといえば、幕府を無視すると思うのは、ひねくれた見方である。自分は、幕府も天朝も共に尊重しようとしているのだと反論しており、そこから、天朝から位を授けられた大将軍が忠臣であることに間違いはなく、万一不忠があったとしても、諸侯以下が熱心に規諫《きかん》すればよろしいというだけで、それ以上の手段や方法については、何も語っていない。

3　違勅事件——討幕論への傾斜

安政五（一八五八）年六月一九日の日米修好通商条約の締結、いわゆる違勅《いちょく》事件に怒った松陰は、天地も許さず、神人皆憤ると激しく幕府の罪を鳴らしながら、これを大義に照らして討滅誅戮《ちゅうりく》し、いささかも容赦する必要はないと初めて幕府討つべしの議論を展開したが、彼と討幕論との出会いはかなり早く、まだ野山獄中にいた安政二年春から翌三年夏にかけて行われた僧月性《げっしょう》や僧黙霖《もくりん》らとの論争に遡ることができる。

僧月性の即今討幕論

安政元（一八五四）年一二月の僧月性の藩主への建白、「封事草稿」は、外夷に対する幕府の無能力ぶりを現状分析しながら、今後外夷が来れば、幕命を待たず長州藩が率先してこれを撃ち払えばよろしい。もし幕府が攘夷に協力しないようならば、「閣下亦マサニ天子ノ勅ヲ奉ジ、敵愾ノ侯伯ニ合従シ、勤王ノ義兵ヲ大挙シテ失職ノ罪ヲ問ヒ、夷狄ヲ攘ヒ、神州ヲシテ再ヒ政コト天子ヨリ出ノ古ニ復セシムヘシ」（釈月性「封事草稿」）と述べた。おそらく討幕から王政復古へ至る政治路線を長州藩で初めて公にした議論であり、そのあまりに過激な主張は藩当局の保守派を刺激し、危うく投獄されかかったが、萩城下に沢山いた月性の友人たちの中にも、これに違和感を覚えるものが少なくなかった。

周防遠崎村（現玖珂郡大畠町遠崎）出身の真宗僧月性は、十数年の諸国遊学を終えて帰った弘化年間頃からしばしば萩城下に往来し、周布《すう》政之助や口羽《くちば》徳輔《とくすけ》ら藩若手官僚を中心とする嚶鳴社の人びとと親交があった。もと明倫館教授の松陰も当然、早くからその名前を耳にしていたようであるが、まだ直接の関係はなく、安政二（一八五五）年三月九日、野山獄中から出した手紙が二人の接触した最初である。公武合体論的立場から討幕の不可なる所以を縷々《るる》説いたこの手紙は、全編、前出の建白書への反論であり、かなり早い時期にこれを読む機会があったことは間違いない。兄梅太郎と月性が親しく、出萩のさいは時おり杉家に泊ることもあったというから、そのルートで齎《もた》らされたものであろう。

ペリー来航以後の幕府政権の無為無策ぶりはよく知られているが、それが直ちに幕府の否定につながることに、松陰は賛成しない。幕府の政治が間違っているとすれば、これを諸侯以下が規諌すればよいのであり、正しい政治にならないのは、そうした規諌の努力がなお足りないからである。たしかに失政は少なくないが、しかし幕府の人材や治績は諸藩よりずっと優れており、仮にわが藩が天子の命を奉じて兵を挙げ、幕府に取って代わったとしても、幕府以上の政治は期待できず、これまで以上に天下を混乱に陥れ、外敵の侵略を利す

僧月性剣舞の図（僧月性顕彰会蔵）

るだけである。非常時の今は国内で相争っているときなどでなく、したがってわが藩のなすべきことは、諸侯と心を協せて幕府を規諫し、外の大敵に当たるため共に富国強兵をめざすことである。そのように考えるならば、天子に奏請して幕府を討つなどということは、ほとんど不可というほかはない。これが松陰の結論である。

四月二四日付の兄宛手紙でも、今幕府政権を変えることを繰り返し考えてみたが、いくら考えても幕府に取って代わる政権などあり得ない、むしろ、そのように考えることは、徒《いらずら》に天下の擾乱《じょうらん》を招くだけである、挙国一致体制を確立して外圧に当たるため、もっともやってはならないことは、日本国内で互いに争い戦うことであり、幕府への忠節はすなわち天朝への忠節で別々ではないという観点から、われわれが幕府に臣従している以上、この幕府をしっかり支えるようにしなければ、外夷に付け込まれ、神州の不幸となると従前の主張を繰り返した。同じ頃、萩城下で行われた月性の講筵《こうえん》に出席した獄吏から、その得意の討幕論を側聞した松陰が、すぐさま反応したものである。

芸州僧黙霖と出会う

討幕の不可を主張しながら、一方でまた、幕府政権に代わるものをあれこれ思案するというのは、松陰の脳裏に、太華が早くも予見したような危険思想が確実に芽生えつつあったからであるが、これを一挙に促進したのは、安政三（一八五六）年八月に始まった安芸の真宗僧黙霖《もくりん》との論争である。

芸州賀茂郡広村（現広島県呉市広町）出身の僧黙霖は、広島城下の坂井虎山塾で僧月性や土屋蕭海らと同門の関係で、早くから防長の人びとと親交があった。萩城下に来るようになった時期ははっきりしないが、松陰との交際は、安政二年九月来萩、たまたま土屋蕭海《しょうかい》の許に滞在中の黙霖が「幽囚録」を読んで感激し、野山獄の松陰へ手紙を出したことに始まる。松陰はすぐ返事を書き、文稿一冊を送って批評を求めたが、間もなく黙霖は萩城下を去ったため、それ以上の関係はない。一一月に入り、松陰は獄中からおそらく三度、立て続けに手紙を遠崎妙円寺へ出しているが、これは黙霖がしばらく月性の許に滞在していることを知ったためである。この間、松陰の思想に大きな変化はなく、たとえば一一月一日付の手紙で、幕府が諸外国に対して、日本帝国政府はともかく、日本国大君主と称するのは絶対に不可、そうなると、外国人は必ず皇国の至尊は幕府であると思うようになり、ついには幕命が王命を廃する事態もないとは言えない。大将軍がすべて朝廷の勅旨に従って進退するようになるには、幕府を感悟させる他はないと、相変らず諸侯以下の規諫を最善の方法と考えていた。月性に優るとも劣らない討幕論者であった黙霖が、そうした中途半端な主張を素直に受け入れたわけではないが、この時点ではまだ、曲学阿世の学者たちが真理をねじまげ、現体制をひたすら賛美し、君臣の分を大いに乱したため、天子や公卿がいよいよ苦しみ、武臣がいよいよ驕る今日のようなけしからぬ世の中になったという程度で、本格的な反論はしていない。この後、正月頃まで周防吉敷《よしき》郡にいたが、間もなく九州方面へ旅立ち、しばらく帰らなかったから、松陰との関係はそのまま絶えた。

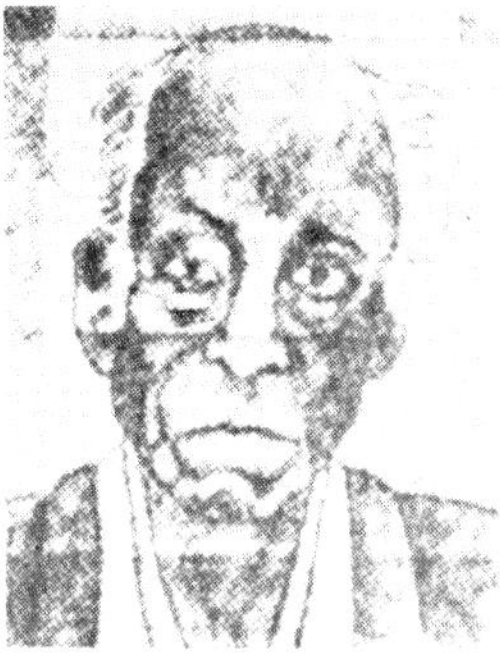

僧黙霖画像
（知切光歳『宇都宮黙霖』所収）

四畳半の幽室

黙霖が萩に再来したのは、翌三年八月である。松陰はすでに杉家に帰っており、幽室に蟄居《ちっきょ》していた。前年の文通で松陰の人と為《な》りに大いに興味を持った黙霖は、夜間密《ひそ》かに会いたい旨を伝えて来たが、松陰の方は藩当局に知られた場合、親兄弟はもちろん友人知己にまで累が及ぶという理由で謝絶している。幽室にはすでに何人かの門生が出入りして学塾のかたちを呈しつつあり、また月性のように出獄後すぐ会った人物もいるから、藩命で一切外部との接触を禁じられており、また父兄朋友の監視の目も厳しく、お会いできないという断り文句は必ずしも当たらない。おそらく黙霖が他藩人であり、しかも討幕、王政復古を唱える過激な思想家であった辺りを憚《はばか》ったものであろう。安政五（一八五八）年頃になると、芸州加計《かけ》村（現山県郡加計町）出身の富樫文周《ぶんしゅう》のように、他国からの来塾者もいたから、面会そのものは以前ほど難しくなかったはずであるが、この時期は、黙霖の方が諸国放浪中のため実現していない。後に黙霖が、書簡の往復で親しい交際をしたが、顔を見たことはないというように、ついに二人は一度も会う機会がなかった。

黙霖は早くから山県大弐《だいに》、藤井右門《うもん》、蒲生君平《がもうくんぺい》、高山彦九郎らの尊王論者に心酔し、その人物や著作から学んだものも少なくないが、とりわけ山県大弐の「柳子新論」の名分論に惹かれ、これを推奨して止まなかった。弱肉強食の自然状態の中から安民のために登場した類い稀な英雄、それが天皇だと考える大弐にとって、古代王朝こそは、民を安んずる道を実現した絶対理想の社会であり、したがって鎌倉以来のあらゆる武家政治は悪である。名分を正すということは、幕藩体制を廃して天皇政治の昔へ戻す、つまり王政復古ということ以外にあり得ない。孟子の放伐論をも超えるラジカルな主張、「放伐もまた且《なお》以て仁と為すべし。他なし、民と志を同じうすればなり」（「柳子新論」『近世政道論』日本思想史大系三八、四一六頁）から導き出された結論であるが、黙霖のいわゆる「王覇の弁」は、ほとんどそのままこれを祖述したものである。

「勤皇問答」に降参する

「野山獄読書記」によれば、松陰は安政三（一八五六）年九月四日に、「柳子新論」上下一冊を読了しているが、おそらくこれに先立つ黙霖との論争に強く啓発されたものであろう。月性もそうであるが、とりわけ黙霖の場合、国学その他の学問から得た知識以上に十数年間の諸国放浪の旅で実体験したもの、現実との生きた接触から自得した問題意識に負うところが大きかった。その意味では、水戸学的尊王論が「神州の道」を言いながら、現実との関わりを深くすればするほど、封建反動的な性格を強くする、つまり幕藩体制の枠内での現状打開を大して出ることができず、問題の根本的解決にほど遠いことを、誰よりもよく知っていたのが、黙霖その人であったといえよう。

頼朝以来の武士はすべて国賊といってよく、武家政治が盛んになるにしたがい、天皇がいよいよ苦しむ、武運長久すれば朝廷衰微となるのは理の当然であるというのは、あらゆる武家政治の否定であり、したがってまた幕藩体制の廃棄につながる。また現在、儒教や仏教が大いに盛んであるが、正しい道は一向に明らかにされず、まったく役立たない有様となっている。学問や宗教もすべて現体制を合理化する道具と化しているというのは、儒官や僧徒の存在をまったく認めず、これをすべて排除しようとするものであり、いずれもそのあまりの激しさに松陰を驚かせた。

今の世のすべての武士、僧徒を誅の対象と見る、これを一人残らず排除して王政復古を実現する、あるいは文筆の力を駆使して姦権の人びとを次々に槍玉に挙げ、忠孝の正しい道を歩むといった黙霖流の直接行動を不可とし、武士、僧徒ともに王臣であるから誅する必要はないと考える松陰は、幕府が一日感悟すれば、すなわち朝の内に天下太平となり、藩主が一日感悟すれば、すなわち朝の内に一国が治まることになる。サムライや農・町民の下々に至るまで一感一悟すれば、すなわち家が斉《ととの》い一身が修まることに疑問の余地はないと、かねての持論をここでも繰り返した。

黙霖は、王室を尊崇しこれに仕えるものは、その心が至誠に基づくものであるから、同志と呼んでほぼ間違いないといい、王民が一事の合不合や志の同不同にかかわらない、したがってまた、既存の封建的身分秩序を超えた一体意識であることを強調しながら、皇室をわが国の中心とし、これを尊崇する至誠の担い手を将軍、諸侯、士大夫という特定の身分階層に求めようとしない。つまり彼は、既存の支配秩序を一切認めようとせず、今日の覇者である将軍も諸侯もすべて腰抜的存在にすぎないと批判し、もっぱら王民によって直接王室に忠誠を尽くすことを強調したのである。

黙霖の単刀直入の王民観に対して松陰は、自分は毛利家の家来であるから、日夜毛利家に奉公することに努めているが、毛利家は天子の臣であり、したがって日夜天子に奉公することと変わらない。藩主に忠勤を励むのもまた、天子に忠勤を励むことと同じであると、現存の秩序関係の中で一歩ずつ王民への道を歩もうとしたが、この主張は一層具体的に、天下の人びとに働き掛けて、六百年来の武士政権の犯した罪とその償いについて、まず自らが仕える主人に知らしめ、ついでこれをわが藩主、さらには幕府へとしだいに及ぼし、天子にひたすら忠勤を励むような世の中にするといわれるように、彼のいわゆる「一誠兆人を感ぜしむ」路線、すなわち至誠をもって士大夫、諸侯、幕府に順次説き、これを感悟せしめて尊王の実を挙げるという立場に他ならない。

もしそうした努力がうまくいかなかったらどうするのか。藩主には懸命に諫《いさ》めて聞き入れられなければ、諫死《かんし》するまでであると、ほとんど無限の忠誠心を示すが、幕府に対しては、国政を担う大任の将軍には二百年来の恩義があるから、三諫も九諫も繰り返すが、盡《つく》しても盡してもどうしてもその罪を認めないときは、止むを得ない。志を同じくする諸大名と協力して朝廷にこのことを奏請し、勅旨を体して事を起こすつもりであるというように、前後のニュアンスがかなり異なる。万止むを得ない場合と断ってはいるが、最後の手段に幕府政権を取り除く、すなわち討幕を考えていたのは間違いなく、その意味で、先の太華の心配が必ずしも的外れでなかったことが分かる。

それはともかく、至尊の存在としての天皇を認めながら、なおかつ毛利家や将軍にも仕えるという松陰の王民の不徹底さに対し、黙霖は、自分は将軍の禄を食まず、諸侯の家来でもない、このことは誠に喜ばしいと、これを一蹴したが、松陰の「一誠兆人を感ぜしむ」についても、現状認識の甘さを指摘して、むしろ「一筆姦権を誅する」、すなわち乱臣賊子に対しては徹底した筆誅を加えるべきであるという。

「一筆姦権を誅する」ことがややもすれば大言壮語となり、実践性に欠ける憾《うら》みがある、これによって大義の興起など大して期待できず、かえって周囲のすべてを敵に廻し、孤立無援となるのではないかと恐れた松陰は、上人のいう「独行特立」が間違っているというのでなく、それがややもすれば人が善に移り過ちを改める道を閉ざすのではないかと心配するのである。人が悔い改めないかぎり、一筆姦権を誅したとしても、姦権は依然としてそのままではないだろうか、いくら筆誅しても相手が自らの過ちを素直に認めて改めなければ意味がないと、いかにも至誠に生涯をかけた人物らしい反応をしたが、黙霖にいわせれば、そうした微温的な手法こそが徹底的に批判されねばならなかった。

幕藩政治の覇道たる所以を机上の空論でなく、長年の放浪生活で骨身にしみて知っていた黙霖だけに、単なる筆誅で世の中が一変すると思っていたわけではない。筆誅どころか、直接的な武力行使についても、義兵を起こせばすぐにでも王政復古になるように思う人がいるが、これは浅はかな見方である、自分などは将軍の肉を食っても飽き足りないほどであり、刀誅を加えることに何のためらいもないが、いきなりそのように事が運ばない情勢であると大いに疑問視する彼は、文筆のパワーを縦横に駆使することですでに死んだ昔の忠臣を次々に蘇らせ、一方でまた、現世に跋扈《ばっこ》している奸雄《かんゆう》をいくらでも抹殺できるという観点から、悪人を筆誅しても大した効果はないなどというのは浅見の人の主張であり、大志を抱いて遠謀する人の言うべきことではないと、すこぶる地道な息の長い政治活動の必要性を考えていた。

黙霖のめざした一人に筆誅を加えることから始めてついには千万人に影響を与えようとする、つまり文筆によるオルグ活動は、松陰のいわゆる至誠の念で人を動かし、もし自分が幽囚の身のまま死ぬようなことがあれば、必ず一人はわが志を受け継ぐ人間を後世に残して置くつもりであるという手法と、結局のところ大して異ならないように見えるが、一つだけはっきりしているのは、黙霖が大義を貫徹していくさい、理非曲直を明らかにし、敵・味方を弁別することが不可欠と考えたことである。世のいわゆる尊王家がすべてを時勢のせいにし、大義名分の地に墜ちた現実に目を塞いでいると見ただけに、黙霖のこれに掛ける期待は極めて大きかった。

黙霖自身が認めたように、筆誅を突き詰めていけば、単なる言論活動にとどまらず、やがて必ず刀誅を導き出すことになるが、そうした実力行使を不可とする松陰は、「一筆姦権を誅する」資格などもともと自分にはない、それどころか、幕府の罪悪を日頃あまり口にしないのは大いに理由があるというのは、今幽囚の身で幕府を一方的に罵るは空言に等しいからである。自分自身は幕府の罪を少しも諫めないまま無為に暮らしている、これはまったく幕府と同罪である。その意味では、わが主人の藩主もまた同罪である。自分の罪を顧みないまま人の罪をあれこれあげつらうなど、死んでもできないと厳しく自己批判しながら、「一誠兆人を感ぜしむ」路線にあくまで固執した。

ところで、そうした活動の担い手である王民は現存の身分制社会にどのように組み込まれ、たとえば士農工商といかなる関係になるのか。松陰がまだ封建的秩序関係を温存したところに王民を期待できると考え、したがって極めて漠然かつ抽象のイメージを出なかったのに対し、黙霖のいわゆる「一筆姦権を誅する」手続きを経たところに登場してくる王民は、四民平等を確実に視野に入れながら、遅かれ早かれ士大夫、諸侯、将軍などとの対決を余儀なくされる。たしかに、黙霖もひたすら王室に志あるという一点で同志と称するという観点から、理想を同じくするものの政治的結集のメリットを認めるのにやぶさかでない。ただ、彼はそのことを真に効果的たらしめるために、何よりもまず、王民の王民たる所以《ゆえん》を明らかにし、これに本来の党派性を付与すべきであると考えた。松陰のいう王民の曖昧《あいまい》さ、不徹底ぶりを指摘しながら、日本は万世一系の天皇が治める国であるから、万民がすなわち王民、王臣となることに疑問の余地はない、自分は回りくどい複雑なやり方は嫌いであり、「直ニ王室ヲ貴ムナリ」（安政三年八月頃の松陰宛書簡、「全集」岩波書店版、五、四一七頁）と述べたのは、そのためである。

安政二（一八五五）年春から翌年夏へかけて延々と続いた僧月性、とくに僧黙霖との激しい論争が、松陰の思想形成、なかんずく尊王討幕の論者としての登場に及ぼした影響は、ほとんど疑問の余地がない。たまたま時期を同じくした山県太華との論争中、ここで黙霖のことを考えた、あるいは黙霖の主張を君公へ申し上げる忠臣はいないのかなどといい、また「講孟余話附録」の後に、わざわざ黙霖の一文を転写したのを見ても、そのことは明らかであろう。いわゆる勤王問答に一応の終止符が打たれた安政三年八月一九日付の黙霖宛手紙で、今ようやく上人の言わんとするところが分かった。これまでは上人の主張の一部しか見ておらず、まことにお恥ずかしい。上人のめざす万世の大義を明らかにする道を歩むことに心から同意する。自分もまた、眼前の難問題について、言いたいことは山ほどあるが、藩法に縛られてできないなどというのは、まだはっきり言葉にこそ出さなかったが、この間、松陰の内面に萌《きざ》しつつあった大きな変化を雄弁に物語ってくれる。

後に松陰が、「数度の応復之れあり候処、終に降参するなり」（黙霖との往復書簡に付記、『全集』七、四四八頁）と書いたように、彼の公武合体論を討幕論へ転換せしめた直接の契機が僧月性や黙霖との出会いであり、彼らの激しい叱咤勉励であったことは、おそらく間違いない。

なお、黙霖は二十代の早い時期に病のため聴覚を失い、聾《ろう》者となっており、若干の言語は残ったものの、相手の発語はまったく分からず、したがって周囲の人びととの会話はほとんど筆談である。松陰とは、手紙の行間に朱筆で書込みをしたり、質疑応答の形式で意見を交しているが、面談したことはなく、いずれも人を介した書面上の往復である。

第四章　松下村塾の誕生

1　松下村塾はいつどのようにして創られたのか

松下村塾という名称の学塾は、天保一三（一八四二）年、松陰の叔父玉木文之進《たまきぶんのしん》が萩城下松本村新道の自宅の一隅に創《はじ》めたものである。杉家の宅地内に小さな一屋を構えていた文之進が、当時空き家だった松陰の養子先吉田宅を借りて住んだのが、天保一〇年のことであり、護国山南麓団子岩にあった杉家とは二、三百メートルの近距離である。名称の由来は、後に松陰がいうように、村名の松本を松下に置き換えただけの、ごく単純なもののようだ。東北脱藩を咎められ生家に屏居待罪中に使いはじめた「松陰」という号も、これに通ずることはおそらく間違いない。

もう一つの村塾

ではなぜ、文之進は塾を創めたのか、文化七（一八一〇）年生れの彼は、この時まだ三三歳の働き

玉木文之進の松下村塾（萩市椿東新道）

盛りであり、隠居して野に隠れるような年齢ではないが、これより少し前、御蔵元順番検使役の職にあるとき、たまたま部下の不正、公金横領の責任を問われて免職となり、自宅に戻っていた。つまり無役の境遇で時間的余裕があったため、近所の子弟を集めて教え始めたものである。幼時より叔父文之進に師事していた松陰は、当然のように、この新しい学塾に入って学ぶことになる。すでに一四歳になっていたが、二歳年上の兄梅太郎と連れ立って毎日通った。一六、七歳の頃には、時々寄宿することもあったというが、団子岩の生家から村塾まで徒歩三、四分の近距離であり、遠隔地からはるばる来たいわゆる寄宿生のタイプではない。テキストの進み具合を見ながら、文之進が松陰の帰宅を許さず、そのまま自宅にとどめて集中的に教えようとしたためらしい。その意味では、寄宿生というより、通学生が時々塾に寝泊りしたという方が正確かもしれない。ここでの同窓生には、兄梅太郎の他に、久保清太郎（断三）、安田辰之助（宍戸璣《たまき》）、深栖多門、浅野往来、佐々木小次郎、斎藤貞甫、松村文祥、藤村貞美らがいた。いずれも松陰の兵学門下生であり、入門起請文に名前を列ねているが、年齢は大して変らない。つまり同世代の青少年たちである。

先の不祥事で逼塞三〇日の処分を受けた文之進は、しばらく無役の時代を過ごすが、開塾後一年を経た天保一四年一〇月には八組証人役となり、公務に戻った。弘化四年正月、御手当総奉行宍戸孫四郎手元役、翌五年正月、遠近方記録取調方暫役、同年二月御武具方検使役などを歴任しており、それなりに忙しくなったが、嘉永元（一八四八）年一二月、明倫館都講に挙げられた頃から、連日家を空けて出掛けるようになり、しだいに教鞭を執ることが難しくなった。この年塾を閉じたという以外に詳しいことは分からないが、おそらく休講が多くなり、そのまま自然消滅したものであろう。

松下村塾が再開されたのは嘉永年間、松陰の外叔久保五郎左衛門によってである。久保家はのち小新道へ移った杉家、つまり松陰自身が主宰する村塾の東へ半町（五〇メートル余）ほどの場所にあったというから、玉木家とも大して離れていない距離である。弘化元（一八四四）年、四一歳のとき隠居の身となり、自宅の一隅に近所の子供たちを集めて教授していた五郎左衛門が、縁戚の関係で名称を受け継いだものである。

ところで、この久保塾は何時《いつ》頃から松下村塾を名乗るようになったのか。明治一六（一八八三）年、阿武郡役所が作成した「学事報告」は、久保の主宰する松下村塾を「嘉永元年頃ヨリ」というが、これを裏付ける確かな史料はない。嘉永四（一八五一）年秋、江戸遊学中の松陰は、故郷の兄へ今日松下村塾の惣七が到着したと報せているが、この頃玉木家は土原《ひじはら》の地へ転居しており、かつて村塾のあった新道の家は惣七なる人物が留守番をしていた。松下村塾はすでになく、懐かしさのあまり旧塾をそのように呼んだらしいが、このことはまだ名称の受け渡しのなかったことを示すものかもしれない。

嘉永四、五年頃、久保塾に入門した伊藤利助《りすけ》（博文）が、塾名の変更について何も触れていないから、松下村塾を名乗るようになったのは、もう少し遅れた可能性もある。伊藤はここで読書、詩文、習字を学んだというが、後にいわゆる子供組が久保塾で学んだ後、松陰について読書を習っており、教育レベルからみて、私塾というより、むしろ寺子屋のタイプであろう。七、八〇名の門生がいたというのも、そのことを裏書きしてくれる。外叔先生、すなわち久保五郎左衛門が村の子弟を集めて人倫の道、書数の法を教えていると松陰が評したのは、読み、書き、算盤を教えていたことを示すものであろう。久保の依頼で曹大家の女誡七篇を訳述した松陰が、その序文で、「最も意を女教に留む。女大小学・女式目の諸書より、次《じ》を以て女徒に授けて之れを読ましめ」（「女誡訳述叙」「全集」四、九二頁）ともいうから、若干名の女児がいたことは間違いない。この辺りも、寺子屋程度の学塾であったことを窺《うかが》わせる。

安政三（一八五六）年九月四日付の「松下村塾記」は、五郎左衛門の依頼によって松陰が書いたもの、つまり久保の主宰する学塾に関するものであるが、彼自身はすでに幽室を訪れる人びとを相手に授業を始めており、しかもその中に久保の門生も何人かいたから、両者の関係はすこぶる複雑である。前年暮れに野山獄を出て家に帰った松陰は、かなり早くから、久保の助教のような仕事をしていたらしい。もともと病身で大勢の塾生を教えるのに負担を感じていた久保が依頼したものであろう。当初は七、八歳の子供に手習いに若干プラスアルファした程度を授業していたようだが、しだいに年齢の高い、学力もそれなりにある塾生を教えるようになった。吉田栄太郎（稔麿《としまろ》）や伊藤利助らがそうした人びとであるが、松陰に師事した後、彼らがもといた久保塾へ出入りした形跡はない。寺子屋程度の久保塾を卒業して村塾に来た、つまりより程度の高い学塾へ進学したと考えると、前後の辻褄《つじつま》が合うが、はっきりしたことは分からない。

それはともかく、安政三年三月にスタートした幽室の教場、後の松下村塾とは別に、まったく同じ時期に久保の主宰するもう一つの松下村塾があったわけである。翌年九月頃になると、来学者がしだいに増えて幽室が手狭になったため、杉家の宅地内にある廃屋を補修して教場とする議が起こった。安政四年一一月初めに完成した八畳一間の塾舎がそれである。この頃、教えを乞うた中村理三郎に松陰が、久保氏の主宰する塾は年々盛んになっており、安政二年の冬に出獄した自分は、友人知己との交際をすべて断ち一室に謹慎し、密《ひそ》かに出入りする者に教えていたが、この度、久保氏と協力して新塾を営むことにしたというのは、この間の経緯を述べたものだが、新しい塾舎はあくまで松陰とその弟子たちのものである。九州遊学中の塾生松浦亀太郎（松洞《しょうどう》）へ、久保氏の新塾が本月五日を期して発足したが、その中心は富永であると報せたように、塾主を久保五郎左衛門、教師を富永有隣としたのは、松陰がなお幽囚中の身であるため、公辺を憚《はばか》ったものである。安政五年正月の明倫館小学舎の試験で賞された国司《くにし》仙吉、馬島《まじま》甫仙《ほせん》、阿座上《あざがみ》正蔵《しょうぞう》、瀬能百合熊らが久保清太郎門人と称したのも、同じ理由からであろう。いずれの塾生たちも前年中に入門済みであり、新塾で学んでいた。安政四年四月に江戸出役から戻った外弟の清太郎は、富永有隣や中谷正亮《しょうすけ》らとともに助教的存在であったが、この場合、教師松陰の存在を公然化できない事情を踏まえ、これらの人びとを清太郎の門人にしたのであろう。五郎左衛門の名がないのは、すでに隠居し、家督を息子の清太郎へ譲っていたためと思われる。

村塾の松陰先生

久保五郎左衛門が松下村塾の名札を下ろし、松陰がこれを譲り受けた時期は、実のところはっきりしない。前出の「学事報告書」は、「安政三年ヨリ」といい、同年度調査の塾生一〇〇名（男児）を数えているが、この頃幽室に出入りしていた人数はどんなに多く見積もっても一八名を超えることはなく、その大半が久保塾生であったことが分かる。安政五（一八五八）年七月に家学教授を許可され、塾経営を公然化できるようになった時期には、確実に松下村塾を称していたと思われるが、塾札を掲げていたかどうかは明らかでない。安政四年正月に来萩した梅田雲浜《うんぴん》が村塾で書いたという名札は早くに失われてなく、今われわれが見ることのできるのは、維新後、萩の古老滝口吉良《よしなが》が筆を揮《ふる》ったものである。

八畳一間の新塾時代になってからも、久保のいわゆる手習場は、相変わらず大勢の子供たちを集めていたはずである。安政四年閏五月、五郎左衛門が女児用のテキストの作成を松陰に依頼した事実があり、その後もしばらく男女混淆の久保塾があったことは、はっきりしている。安政五年正月の明倫館試で久保清太郎門人と称する村塾生数名が賞せられたことはすでに見たが、この他に岡才太郎（大組士・五六石）と江田百助（寺社組本道医・一二八石）の両名が久保門人を称している。いずれも山鹿流兵学入門起請に名前がなく、また村塾に出入りした形跡もないから、久保塾に出入りしていたのであろう。正確な時期はともかく、かなり遅くまで、二つの塾が並行していたことは、ほぼ間違いない。

新塾には、助教の富永有隣の他に冷泉《れいぜん》雅二郎と岸田多門の二生が寄宿していたが、前年からいた山代へ帰省中の増野徳民《ましのとくみん》も間もなく現われる。幽室を出た松陰もここで寝泊りするようになるから、常時四、五名の寄宿者がいたことになる。当時の学塾に平均的な寄宿者一人に畳一枚の割合からいうと、かくべつ狭いわけではないが、村塾にはこれにプラスする通学生がたくさんいた。秋頃から急激に増えた塾生のうち、毎日一〇人前後は出入りしたと思われるから、塾舎の狭さは想像以上であろう。新塾が作られて間もなく増築の議が起こったらしいが、経費の問題もあり、具体化するのは翌五年春になってからである。

明治期の松下村塾（縁側に座るのは杉民治）

現在の松下村塾全景（萩市椿東小新道）

増築といっても、小さな土間付の古家の売り物を購入して、すでにある塾舎に継ぎ建したものである。さすがに図面は、近所の大工が墨引きをしたらしいが、釘を打ち、壁を塗り、屋根を葺《ふ》くなどの仕事は、ほとんど師弟の共同作業で行われた。一二月二八日に始まった工事は、三月一一日に完成した。これまでの八畳一間に、四畳半一間と三畳二間を加えた計一八畳半に一坪強の土間が付属していた。旧舎の二・二五倍の規模であり、天野清三郎、後の渡辺蒿蔵《こうぞう》がいう一時に二、三〇人ぐらいの塾生を収容することも十分可能になった。萩市椿東小新道に現存する松下村塾がこれである。

安政五（一八五八）年六月一九日の日米修好通商条約の締結、いわゆる違勅《いちょく》事件に怒った松陰は、従来の公武合体論を捨て討幕論を唱えるようになる。村塾の教育もこれ以後、急速に激化の一途を辿るが、萩城下の親たちが危惧したのは、皇城守護策に始まる政治的プランを次々に議し、村塾がほとんど政治的結社の様相を呈したことである。塾中でも、そのあまりの過激ぶりに辟易《へきえき》するものがしだいに増え、秋頃から塾生の出入りは極端に減った。藩政府は当初、松陰らの示す一連の政治的プランをあえて問題にしない、つまり無視する態度をとったが、さすがに間部詮勝《まなべあきかつ》要撃策、現職の外国掛老中の暗殺計画には大きな衝撃を受け、一一月二九日に松陰の自宅厳囚、次いで一二月五日には野山再獄を決めた。この間、周囲の説得にまったく応じなかった松陰を持て余した当局が、予防検束的に牢屋に閉じ込めようとしたわけである。もっとも、松陰の側に、過激な思想を弟子たちに説いた、つまり単なる机上のプランを描いてみせた以外に、とりたてて投獄される理由はなく、現に藩法の何かを犯したわけでもない。投獄の藩命を聞いた佐世八十郎《させやそろう》ら塾生八名が、師の罪名を聞くと称して重役宅に押し掛けたのは、そのためである。

一二月二六日、松陰は大勢の弟子たちに見送られながら、野山獄に向かった。翌年五月二五日の江戸檻送まで約五カ月間、野山獄におり、時おり訪れる人びとに獄窓から教えたが、村塾で再び教鞭を執ることはなかった。

野山再獄により教師松陰はいなくなったが、そのことが直ちに松下村塾の閉鎖を意味したわけではない。松陰の下獄中も村塾はしばらく門下生たちの手で維持され、断続的ではあるが教育活動が続けられた。

その後の村塾

野山獄へ向かう松陰が後事を託した助教の富永有隣は、早々に塾を去って絶交状態になったため、松陰の妹寿の夫、つまり義弟の小田村伊之助、後の楫取素彦《かとりもとひこ》が官職の一部を辞して教えることになり、これを増野徳民ら二、三の塾生が助けたようだが、あまり長続きした様子はなく、数人の塾生が時おり集まって情報交換する程度になった。

塾の再開は五月二五日の松陰東行をきっかけに具体化した。江戸へ去った師の遺託を何とか受け継ごうとしたものであり、久坂玄瑞《くさかげんずい》あたりが主唱者であったらしい。六月二一日夜、久坂ら五名が塾に会したのは、師の消息を聞くためであるが、七月に入ってからの会は、「講孟箚記《こうもうさっき》」をテキストにするなど純然たる勉強会となり、しばらく四と九を定日とした。間もなく始まった「孟子」や「伝習録」の会には、もと塾生やそのシンパを含めた延べ三〇名近くが参加するなど、一時期かなりの盛況を見せたが、万延元（一八六〇）年秋頃には、公務で萩を離れる人びとが増え、自然消滅の状態となった。

慶応元（一八六五）年一一月、奇兵隊を辞して萩に戻った馬島甫仙《まじまほせん》は、空屋になっていた松下村塾に入って授業を始めた。四境戦争を目前にした非常時下での、突然の帰国はなぜか、甫仙の友人ならずとも理解に苦しむところであるが、隊内での読書掛などという役職からみて白刃を振りかざして敵陣に斬り込む荒武者タイプではない、つまり軍人的資質に欠けていたのかもしれない。野山再獄時の師から、村塾の将来を担うのは甫仙、君以外にいないではないかと励まされたことも、塾に戻る一つの動機にはなっていただろう。

甫仙の主宰する村塾は、明治三（一八七〇）年八月頃までほぼ五年弱存続した。その間、慶応四年三月、藩政府より畳の表替えや修覆料として、年々銀七百目宛の給付が認められ、同時に馬島甫仙を村塾の文学引立役、すなわち主宰者とすることが命じられた。前年春に始められた諸郡郷校へ対する公費補助を適用したものらしく、民間私塾へは極めて異例の措置であるが、高杉晋作や久坂玄瑞ら、維新の功労者を輩出した松下村塾を特別扱いしたことは、言うまでもない。なお、甫仙は村塾の同窓、兵部大丞の要職にあった山田顕義《あきよし》に勧められて塾を閉じ、上京したものであるが、翌年暮に病没した。

甫仙が去って間もなく、明治三年一〇月には塩田寅助（義雄）が教師として迎えられた。甫仙の友人として時おり教えていた関係かららしい。一時期一五名程度の塾生がおり、松陰の甥吉田小太郎もその中にいたが、あまり長続きした形跡がなく、翌年夏には早くも閉塾同然の状態になった。生来酒癖が悪く、たびたび問題を起こしたことが原因らしい。

村塾の再建に乗り出したのは、松陰の叔父玉木文之進である。明治五（一八七二）年正月早々のことである。嘉永元（一八四八）年に松下村塾を閉じてから、実に二四年ぶりの再開であり、文之進はすでに六三歳の老人になっていた。

新しい村塾は、最初のそれと同じく松本村新道の玉木家にあった。杉家の敷地内にあった村塾から机や書籍をすべて運び出したものであり、いわば塾の移転である。塩田に学んでいた塾生たちはむろんそのまま文之進に師事した。

「玉木正韞先生伝」が、「上下西学を重んじて、或は国体を軽んぜんとするの恐れあり、時流又奢侈に趨《はし》るを視、憤を発して大義を講説し」（「全集」一〇、三九四頁）たというように、玉木文之進は文明開化を喜ばず、明治新政のほとんどすべてに批判的であった。塾中の人びとと加藤弘之の「立憲政体略」や福沢諭吉の「文明論之概略」を読んで悲憤慷慨《こうがい》したというのも、そのことと無関係ではなく、新知識はすべからく否定の材料として使われた。テキストは漢学塾にごく普通に見られた四書五経の類であるが、政治的傾斜を著しくした明治八年頃になると、水戸学関係の本や松陰の遺著など、幕末期にもてはやされた過激な書物が多くなる。早くから評論・新聞を題材に取り上げ、口角泡《こうかくあわ》を飛ばす議論を交わしたのは、松陰の時代と変わらないが、九年春頃になると、授業の余暇に乗馬や撃剣、射撃などの武術訓練が盛んに行われており、来るべき武力蜂起に着実に備えつつあったことが分かる。

明治九（一八七六）年一一月の萩の乱には、松下村塾から多数の人びとが馳せ参じた。いわゆる前原党の中核をなす二〇名が、いずれも玉木の門下生であり、ほとんど塾を挙げて参戦した観がある。一一月六日、義挙の失敗を知った文之進が、玉木家墓前で割腹自殺をしたのは、反乱の拠点となった塾の主宰者として責任を痛感したためであろう。

玉木の死後、村塾は当然のように閉鎖され、門生たちは散りじりとなった。松本小新道のもと村塾もまた荒廃に任せたままであったが、明治一三（一八八〇）年に入り、これを再開する議が起こった。この間、三年余の空白があるのは、村塾が前原軍へ多くの塾生を送り込んだためであり、この種の過激な私塾の再開を喜ばない県庁側が陰に陽に妨害したためらしい。萩の乱への関与を疑われた杉民治《みんじ》は、事件後間もなく山口県庁を辞し、故郷の萩へ隠棲しており、塾で教鞭を執る時間はいくらでもあった。早くから品川弥二郎ら在京の村塾出身者へ働き掛け、塾の再開について協力を求めたが、当初は誰一人賛成しなかった。旧態依然たる漢学教育が、偏狭かつ低俗な攘夷論や排外主義へ陥り、かつての村塾の二の舞いになることを恐れたものである。

品川らの心配とは裏腹に、民治の狙いは、西洋学一辺倒のこの時期に、あえて郷党の若者たちに孔孟の学を教えたいということであり、しかもここでいう孔孟の学は、欧米諸国の倫理道徳の根底にあるキリスト教に代わるものとして、各人の志操や品行に関わる、いわば道徳教育的なものでしかなく、政治色を帯びる危険性はほとんどなかった。当初は翻訳書をテキストに混ぜようとしたらしいが、なぜかこれは実現していない。いずれにせよ、その生涯を通じて、一度も過激な言動がなく、穏健中庸の人として知られた民治だけに、政治結社的私塾の再現はあり得ない。

民治が主宰する村塾は、一時期数十名の塾生を擁したが、諸学校令が制定公布される一九年頃になると、急激に塾生の数を減らし始める。明治一九年度の「塾費取建帳」には、なお四四名の塾生の名があるが、実際に出入りしたのは、その半分程度でしかなく、二〇年度は一七名、二一年度は七名、二二年度は三名が塾費を納入したにすぎない。この間、多数の退塾者を出しており、ほとんど廃塾同然となった。開塾後間もなく入塾し、二年間学んだ中村助四郎が、時勢の推移が学問の変遷を促がし、漢学の衰頽を招来したためであるというように、近代的学校制度が整備されるにともない、そのいわば予備教育として機能していた漢学的教養が大して役立たなくなったことが、決定的要因らしい。

村塾閉鎖の正確な時期は分からないが、明治二五（一八九二）年五月には、民治が萩私立修善女学校校長に就任しており、これ以前に塾を閉じたことはほぼ間違いない。

2　松下村塾とはどのような学校か

品川弥二郎は、松陰の門人を前後合わせて三百人というが、これは明倫館兵学師範時代の門人や一時期並行した久保塾の生徒をすべて含めた人数であり、正確ではない。

塾の規模と構成

「兵学入門起請文」に登録された一三三名中の一五二名が、嘉永五（一八五二）年までの入門者であることはすでに見た。東北脱藩の罪で士籍を削除され浪人となる一二月までは、師弟関係は継続したわけであり、実質的な教授関係はともかく、これらの人びとを門人と呼ぶことに一応異論はない。ただ、この中から村塾にやって来たのは、僅《わず》かに三名にすぎない。松陰が明倫館と無縁になってからの入門者八一名の内訳は、嘉永六年春の江戸再遊より安政二（一八五五）年末の野山出獄までの時期が一八名、安政三年から五年まで、杉家の幽室に始まった松下村塾の時期が五四名、野山再獄から江戸で死罪までの時期が七名、万延元（一八六〇）年の没後入門が二名となる。このうち村塾に来たのは、二九名である。諸国遊歴中や数度の獄中生活のさい教えを乞うことはなく、多くの人びとが名目的な入門であったことが分かるが、いずれにせよ、兵学門人二三三名のうち、村塾に出入りしたのは、計三三名しか確認できず、大部分の人びとが無関係であった。

ところで、村塾生をどれくらいの人数と見るかについては、必ずしも定説がない。昭和一四（一九三九）年、九七歳で死んだ最後の村塾生天野清三郎（渡辺蒿蔵《こうぞう》）は、塾生は二、三〇人ぐらいいたというが、これは彼が在塾した安政四年一二月から翌年八月頃までに出入りしたおおよその人数であり、正木退蔵の在塾を知らないなど、前後に来た塾生の情報はすべて除外されている。

吉田松陰全集の編纂に関係した広瀬豊は、門人六七名、准門下八名というが、赤根《あかね》（禰）武人《たけと》を、「正しく門人であるが、後変節したるを以て松門の人忌みて門人と呼ぶを恥づ」（広瀬豊『吉田松陰の研究』、一四七頁）としてわざわざ准門下に入れたように、選択の基準が必ずしも正確でない。広瀬のいう門人、実は兵学門下生の桂小五郎（木戸孝允）や益田弾正、諫早生二《せいじ》、井関美清《いせきよしずみ》らが村塾に来たことは一度もなく、また野山獄の同囚安富惣輔を村塾生に並ぶ門人とするのも、納得がいかないだろう。芸州山県郡加計村から来た唯一の他国人富樫文周、また都濃《つの》郡戸田《へた》村（現徳山市）の堅田家塾成章堂から来た河内《こうち》紀令《きれい》や竹下琢磨《たくま》らを准門下にしたのも説得力がなく、どこから見ても彼らは塾生の一員というべきであろう。

『吉田松陰之殉国教育』の大著で知られる福本椿水《ちんすい》は、村塾で学んだ著名な塾生四五名、知友中往来した主な人びと一八名を挙げているが、前者には、明治一〇（一八七七）年、無名の村医者のまま死んだ増野徳民、安政三年一〇月から五年一二月まで在塾が確認できる、おそらくもっとも長期間松陰について学んだ人物を削除している。兵学門下生の桂小五郎や益田弾正、諫早半三郎（生二）、井関美清、国重正文、深栖守衛らを塾生に含めたのは、広瀬と同じである。吉田栄太郎がつれて来た松本村のいわゆる不良少年の市之進、溝三郎、音三郎については、当然のように無視されている。安政三年八月頃から翌年七月頃まで、確実に在塾していた佐々木亀之助、また安政四年九月から年末まで出入りしていた馬島甫仙が、知友中に挙げられたのは、著名人でなかったためらしいが、いずれも塾生であったことに間違いなく、不正確な分類という他はない。

元治元年（一八六四）頃、つまり八年後に玉木文之進の村塾に学んだ乃木源三（希典《まれすけ》）は、本当に先生に敬服して尊信していた者は直接の門弟子その他を合せて五〇人を出なかったであろうというが、広瀬や福本の挙げた数字もおおむねこれを裏書きしてくれる。ただ、問題は、村塾に出入りした無名の人びとの取り扱いであり、なかには松陰先生の教育方針に合わず、早々に退塾したものもいたはずであるが、そうした人びとをすべて塾生でないとするのは、正しくない。全集記載の「関係人物略伝」は、毀誉褒貶《きよほうへん》のすべてを捨象した極めて冷静な立場から七〇名程度の塾生を探し当てているが、それを下敷きにしながら、ここで私は、安政三年三月に始まる幽室時代から五年一二月の野山再獄までの二年一〇カ月間に、村塾に学んだすべての塾生を計九二名とした。むろん、彼らは一度にやって来たわけではなく、村塾の消長に合わせるように文字通り自由に出入りしており、したがって同時期に机を並べた塾生は極めて限られている。幽室時代のいわば勉強会からしだいに塾の授業へ展開する経緯を辿りながら、この間、塾生がどのように増減したのかを見てみよう。

安政二（一八五五）年一二月一五日、一年二カ月近い獄中生活を終えた松陰は、大勢の家族が待つ松本村小新道の実家へ戻った。もっとも、これは病気療養を名目にした帰宅許可であり、無罪釈放ではない。杉家の一室、四畳半に外部との交渉を一切絶って閉居したのは、そのためである。出獄後すぐ、一二月一七日から二四日まで「孟子」の講義を始めているが、これは獄中で行われていた「講孟《こうもう》劄記《さっき》」の中断を惜しむ近親者が、講義を聞く形で再開させたものである。聴講者は、父百合之助や兄梅太郎、それに外叔久保五郎左衛門の三名しかおらず、その他の人びとの参加は確認できない。僅《わず》か八日ほどの短期間であり、ごく内密に行われたのであろう。なお、「講孟劄記」巻三下の万章下首章から末章までが、この間作成された講義ノートである。

年末、年始の忙しさもあるが、この後、なぜか「孟子」の講義は行われていない。松陰自身に講義を中断するかくべつの理由も見当らず、あるいは聴講者、父や兄の側に公務に忙しいなど何らかの支障が生じたのだろうか。いずれにせよ、以後、しばらくは一室に閉じこもった読書三昧の日々となる。講義が再開されたのは、翌三年三月二一日であり、六月一三日までの約三カ月間続けられた。「講孟劄記」巻の四上、告子上篇首章から巻の四下、盡心下第三十八章までが、この間の講義ノートとして残されている。

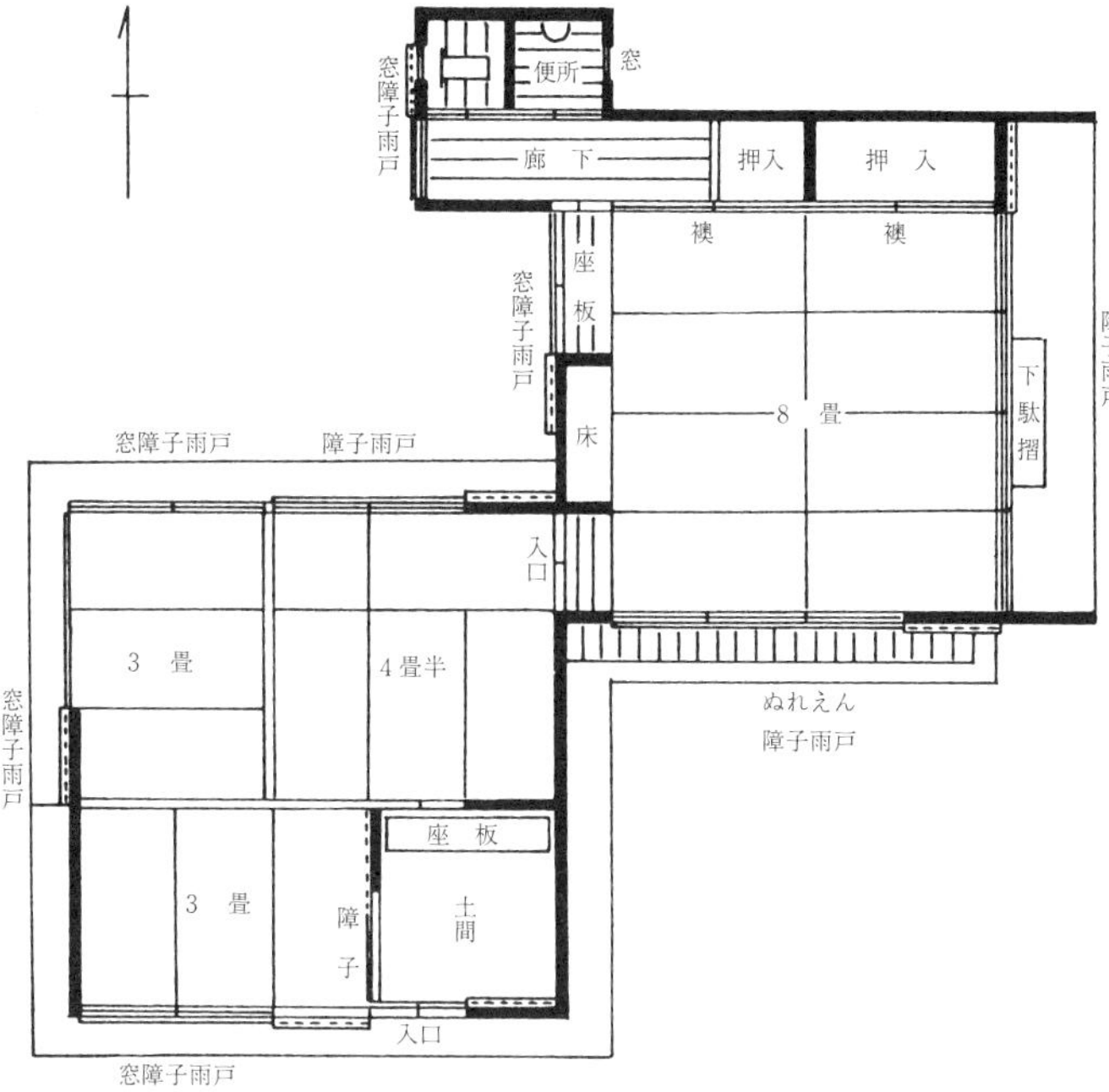

図6　松下村塾平面図　「全集」旧版第4巻の所収図により作成。

授業を聞いたのが、「父兄親戚」の人びとが中心であることに変わりはないが、従前の三人に新しく叔父玉木文之進や従弟の高洲滝之允、隣家の子佐々木梅三郎らが加わっており、しだいに聴講生の数を増し、学塾の体裁をとるようになる。ただ、教場は一貫して四畳半の幽室であった。部屋の一角に神棚や仏壇が祀られ、実質三畳半というから、勉強机を置いた極めて狭い場所に師弟が相対したことになる。翌年一〇月までの一年七カ月に及ぶ幽室時代に来た塾生は四六名であるが、とくに安政四年八月から一〇月までの三カ

教室内

月だけで二二名もの入門者があった。四年一一月、八畳一間の塾舎を新築したのは、この間の塾生の急増に備えたものである。翌年二月までの四カ月間にさらに一一名の人びとが来た。従前の塾生と合わせると計五七名となるが、むろん、これらの人びとが一度に来ることはなく、また継続的に出入りしたわけでもない。多くても十数人を超えることはなかったようだが、それでも八畳一間ではいかにも狭すぎ、間もなくこれを拡張する議が起こった。五年三月に完成した一八畳半の塾舎がそれである。二倍強の広さになったためもあるが、入門希望者が絶えず、この一カ月だけで一二名を数える。結局、野山再獄までの二年一〇カ月間に来た塾生は、総計九二名となる。

ところで、彼らはどのような出身階級の人びとであったのか。九二名の内訳は、士分五三名、卒分一〇名、陪臣《ばいしん》一〇名、地下医《じげい》四名、僧侶三名、町人三名、他国人（医師）一名、不明八名であり、士分はさらに大組、手廻《てまわり》組、遠近付、寺社組、無給通、士雇などの諸階層に分けることができる。なお、身分不明八名のうち三名は、兵学入門起請や「分限帳」の記述などから、おそらくサムライ身分であったと思われる。士分、卒分、陪臣、それに予想される三名を合わせると、サムライ身分は実に七六名、全体の八三％を占めた。

表7　塾生の家禄

禄　高	人数	百分率
20石以下	2	3.8
20～30未満	6	11.5
30～40　〃	5	9.6
40～50　〃	10	19.2
50～100〃	14	26.9
100～150〃	4	7.7
150～200〃	9	17.3
200～250〃	1	1.9
250石以上	1	1.9
計	52名	100

安政２（1855）年「分限帳」により作成。
1）士分の判明者52名についてみた。

表８　塾生の年齢

年齢	人数	百分率
10歳未満	2	2.7
10～15〃	13	17.8
15～20〃	32	43.8
20～25〃	15	20.5
25～30〃	8	11.0
30歳以上	3	4.1
計	73名	100％

1）入門時の年齢でみた。
2）年齢は便宜上数え年。
3）不明19名を除く。

サムライ身分の子弟が多かったのは、もともと村塾が武士人口の多い萩城下に位置したことによる。「萩古実見聞記」に記載された侍屋敷一三九〇軒から七〇〇〇名程度の武士人口が推計されるが、これは萩城下総人口二万三四〇〇名の三〇％近くに達しており、その高い進学率から見て、萩城下の学塾にサムライ身分の子弟が多かったのは、当然であろう。村塾の場合、教師の松陰がもと明倫館兵学師範であり、浪人になってからも入門起請を受け付けていたことが大きいと思われる。いずれにせよ、藩校明倫館はまだ厳しい身分制限を行っており、入学資格は士席班までしかなかった。一方、そうした身分差別とは無関係の村塾は士庶一般に広く門戸を開放しており、明倫館に入れない卒分や陪臣クラスを積極的に迎え入れた。人数的にさして多くないが、熱心に出入りした門人は、むしろ軽卒以下庶民階級に属する人びとであった。萩城下だけでなく、藩内全域から来学者があり、なかには富樫文周

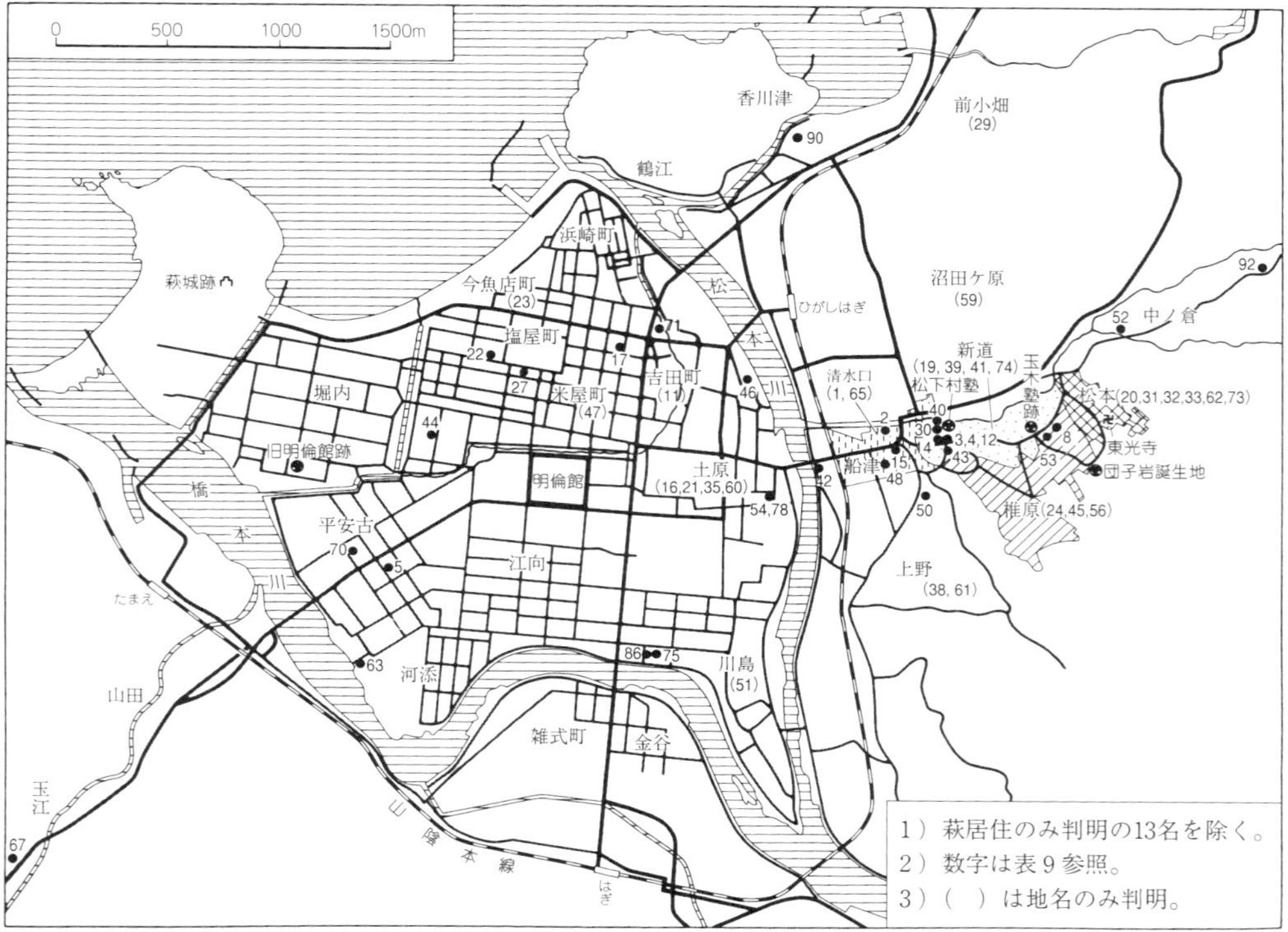

図7　松下村塾の人びと・その1

図8　松下村塾の人びと・その2

1）萩城下の門人は省略。

2）数字は表9参照。

のように、芸州加計《かけ》村からはるばる笈《きゅう》を負うて来るものもいた。いずれも明倫館では考えられなかった新しさである。

制度上の学校に見られる学齢とまったく無関係な村塾では、塾生の年齢は必ずしも一定しない。岡田耕作や平野植之助のように僅《わず》か九歳、寺子屋に学ぶくらいの幼年者がいるかと思えば、逆に飯田正伯三四歳や山根孝中三六歳のように、修学年齢をはるかに超えた年配者も何人かいた。学力レベルが異なる塾生が机を並べることはなかったにせよ、子供と大人が同じ塾にいるというのは、入学年齢などを一切問わない私塾ならではの風景であろう。塾生の年齢は概して若く、年齢判明の七三名について見ると、平均一八・六歳であり、多くは血気盛んな若者

表9　松下村塾の人びと

	氏　名	身　分	入塾年月日	年齢	出身地・住所	備　考
＊1	高洲滝之允	手廻組52石	安政3・3・21	22	萩松本清水口	精鋭隊士，慶応2・8浜田沖で溺死
＊2	玉木彦介	大組40石	安政3・3・21	16	〃	従弟　御楯隊斥候，内訌戦戦死
＊3	佐々木梅三郎	大組153石	〃	17	萩松本新道	亀之助次弟，のち小川嘉春
＊4	佐々木亀之助	〃	安政3・6・3	22	〃	南園隊・義勇隊総督
5	久坂玄瑞	寺社組 本道医25石	安政3・6	17	萩平安古	博習堂，光明寺党創設，禁門変戦死
＊6	斎藤栄蔵	手廻組42石	〃	21	萩城外三見村	明倫館教授，のち境二郎
7	松崎武人	地下医	安政3・8前	19	玖珂郡柱島村	のち赤禰姓，奇兵隊総督，慶応2・1刑死
8	倉橋直之助	無給通35石	安政3・8・23	17	萩松本椎原	再獄の別筵参加，侍講
9	山賀某		安政3・9・5			丙辰日記
10	増野徳民	地下医	安政3・10・1	16	玖珂郡本郷村	長井雅楽暗殺計画，四境役軍医
11	高橋藤之進	陪臣（桂家臣）	安政3・10・21	11	萩吉田町	福川弟，遊撃隊書記兼馬掛
12	佐々木謙蔵	大組153石	〃	19	萩松本新道	亀之助弟，農兵引立掛，のち渡辺益
＊13	中谷正亮	大組113石	安政3・10	26	山口街	講習堂塾頭・司典，文久2・閏8病死
14	吉田栄太郎	百人中間	安政3・11・25	16	萩松本新道	久保塾生，維新団の創設，池田屋事件死
15	松浦亀太郎	町人（魚屋）	安政3・11	20	萩松本船津	文久2・4京都粟田山で自刃
＊16	岡部繁之助	大組40石	安政3・12・10	15	萩土原	富太郎弟，干城隊頭取助役
17	福川犀之助	無給筆下 獄屋番26石	安政3・12	23	萩今古萩	前年獄中で入門，干城隊
18	平野植之助		安政3	9	萩	久保塾生，のち馬島，玉木らに従学
＊19	国司仙吉	大組77石	安政4・1・5	12	萩松本新道	再獄の別筵参加，小姓役，整武隊斥候
20	大賀春哉		安政4・1・10		萩松本村	村塾油帳
＊21	岡部富太郎	大組40石	安政4春	18	萩土原	衝撃隊司令長，干城隊補備隊長
22	滝弥太郎	大組70石	〃	16	萩細工町	奇兵隊総督，軍政用掛，清末軍監
23	馬島春海	陪臣医	〃	17	萩今魚店町	奇兵隊読書掛，のち萩で開塾
＊24	久保清太郎	大組50石	安政4・4	26	萩松本椎原	諸郡代官，蔵元役・軍政方

＊25	有吉熊次郎	無給通30石	安政4・5	16	佐波郡新田村	八幡隊隊長，禁門変戦死
＊26	村上卯七郎		安政4・6後		萩	食料月計
27	土屋恭平	陪臣(佐世家臣)	安政4・8前	25	萩塩屋町	蕭海弟，時習館生
＊28	熊野寅次郎	大組191石	安政4・8・10		萩	村塾油帳，三田尻講習堂都講
＊29	妻木寿之進	大組160石	安政4・8・13	12	萩前小畑	再獄の別筵参加，明倫館都講，干城隊
30	大野音三郎	軽卒	安政4・8・17	17	萩松本新道	吉田栄太郎紹介，再獄時に見送る
31	市之進	町人	〃	14	萩松本村	〃
32	溝三郎	骨董商	〃	14	〃	〃
＊33	藤野荒次郎	一代無給26石	安政4・8・21		萩松本弘法谷	新山塾生，村塾油帳，再獄の別筵参加
34	入江宇一郎	無給通50石	安政4・8		萩	村塾油帳，鐘秀隊総督
35	冷泉雅二郎	大組154石	安政4・9前	17	萩土原	奇兵隊器械方，一新組隊長，のち天野御民
＊36	岸田多門	大組40石	〃	14	萩	送別詩歌集
37	許道	僧侶	〃			富永有隣送別会
＊38	横山重五郎	大組82石	安政4・9	17	萩上野	明倫館教授，大津郡代官，諸兵軍監
＊39	駒井政五郎	一代遠近37石	〃	17	萩松本新道	御楯隊司令，整武隊軍監
＊40	阿座上正蔵	一代遠近50石	〃	12	〃	荻野隊隊長，禁門変戦死
＊41	瀬能百合熊	一代遠近49石	〃		〃	送別詩歌集，渋谷江三郎塾
42	品川弥二郎	十三組中間	〃	15	萩松本橋脇川端	八幡隊隊長，御楯隊書記
43	伊藤利助	蔵元付中間	〃	17	萩松本新道	久保塾生，英国留学，力士隊隊長
44	高杉晋作	大組200石	〃	19	萩菊屋横丁	奇兵隊・遊撃軍総督，慶応3・4病没
＊45	飯田吉次郎	大組88石	安政4・9後	11	萩松本椎原	奇兵隊，干城隊，和蘭留学
46	佐世八十郎	大組47石	安政4秋	24	萩土原馬場丁 厚狭郡東須恵村目出	用所役兼蔵元役，干城隊副総督，のち前原一誠
＊47	尾寺新之允	大組70石	安政4・10前	25	古萩町→米屋町	博習堂講師，第五大隊御用掛
48	馬島甫仙	寺社組 眼科医47石	安政4・11前	14	萩松本船津	奇兵隊書記・読書掛，のち村塾で教授
＊49	中村理三郎	手廻組鍼医35石	〃	13	萩	増築工事，食事人名控
50	提山	僧侶	〃	19	萩上野通心寺	御楯隊書記，整武隊監軍，のち松本鼎

	氏名	身分	入塾年月日	年齢	出身地・住所	備考
＊51	天野清三郎	大組47石	安政4・12	15	萩川島	奇兵隊稽古掛，英国留学，のち渡辺蒿蔵
＊52	山田市之允	大組102石	安政4末	14	萩中ノ倉諏訪台	御楯隊軍監，整武隊総督
53	岡田耕作	寺社組外療医25石	〃	9	萩松本椎原	明倫館，新山塾生，再獄の別筵参加
54	野村和作	地方組中間	安政4	16	萩土原	杉蔵弟，八幡隊副長，御楯隊，集義隊参謀
＊55	中谷茂十郎	大組183石	安政5・2前	20	山口街	正亮甥，増築工事，世子近侍役
＊56	弘勝之助	大組60石	〃	22	萩松本椎原	八幡隊書記，禁門変戦死
57	原田太郎		〃			育英館派遣
＊58	山根武次郎	無給通51石	安政5・5・28		熊毛郡小周防村	食料月計，食事人名控
59	黒瀬安輔	無給通19石	安政5・3前	29	萩沼田ケ原	干城隊，三田尻海軍局会計
60	冷泉友	大組154石	〃		萩土原	雅二郎弟，増築工事
＊61	河北義次郎	大組100石	〃	15	萩上野	多治比隊，整武隊軍監，英国留学
62	佐々部謙齊	地下医	〃	15	萩松本村	増築工事
＊63	作間忠三郎	一代遠近42石	〃	16	萩河添開作	のち寺島姓，奇兵隊参謀，禁門変戦死
64	栗田栄之進		〃		萩	増築工事
65	青木弥一		〃		萩松本清水口	増築工事
66	荻野時行	陪臣(益田家臣)	安政5・3・11	24	阿武郡須佐村	育英館生，のち佐々木貞介
67	時山直八	士雇	安政5・3	21	萩奥玉江	奇兵隊書記・参謀
68	富樫文周	地下医	〃	18	安芸山県郡加計村	時習館生，のち深江九郎
69	大谷茂樹	陪臣(益田家臣)	安政5・4	21	阿武郡須佐村	育英館生，回天軍総督，慶応1・3刑死
70	南亀五郎	大組160石	安政5・6前	19	萩平安古	高杉従弟，明倫館，吉松塾
＊71	木梨平之進	大組265石	〃	19	萩下土原浮島	諸郡代官役，干城隊御用掛
＊72	福原又四郎	大組82石	〃	18	萩城外福井村	幕府海軍所，干城隊頭取助役
73	伊藤伝之助	中間	〃		萩松本村	奇兵隊輜重掛，郷俠組司令
74	岡仙吉	地方組中間	安政5・7前	26	萩松本新道	奇兵隊常斥候・小荷駄方
75	杉山松介	蔵元付中間	〃	21	萩川島小橋筋	奇兵隊，池田屋事件死
76	正木退蔵	大組125石	〃	13	萩	佐伯より復姓，世子公小姓役，博習堂，干城隊
77	生田良佐	陪臣(大野毛利臣)	安政5・7・5	22	熊毛郡大野村	自宅監禁，万延1・11病死

78	入江杉蔵	地方組中間	安政5・7・11	22	萩土原	奇兵隊参謀，禁門変戦死
*79	飯田正伯	寺社組 本道医50石	安政5・8前	34	萩	分析用掛，文久2・5獄死
80	河内紀令	陪臣(堅田家臣)	安政5・8・1		都濃郡戸田村	食事人名控，家臣26名の引率者
81	竹下琢磨	〃	〃	28	都濃郡湯野村	食事人名控，七卿接待役，八江塾
82	原田熊五郎	無給通26石	〃	17	萩	八江塾，二宮塾，奇兵隊
83	竹下幸吉	陪臣(堅田家臣)	安政5・8・7		都濃郡湯野村	食事人名控，八江塾
84	下川某	〃	〃		〃	食事人名控
85	観界	僧侶	〃	16	熊毛郡塩田村佐田	時習館，食事人名控，第二奇兵隊
86	山県小助	蔵元付中間	安政5・9	21	萩川島小橋筋	吉松塾，奇兵隊軍監･総督
*87	小野為八	寺社組 本道医63石	安政5秋	30	萩	鴻城軍大砲隊長，整武隊砲隊司令
88	安田孫太郎	無給通37石	安政5		萩	再獄の別筵参加，荻野隊，鐘秀隊総督
89	岡守節	地下医	〃	26	吉敷郡御堀村問田	三田尻小学舎教授，報国団創設
90	山根孝中	寺社組 一代雇医25俵	〃	36	萩香川津	病院診察方
91	大林寅介				萩	久保塾生
92	坂道輔	諸細工人 焼物師21石		10	萩中ノ倉	久保塾生

1）氏名は入塾時のもの，改姓者は後記。
2）身分は生家，もしくは養家のもの，在塾時にあわせた。
3）安政2年「分限帳」による。石未満は切り捨て。
4）入塾時不明の者は来塾，もしくは兵学入門で推定。
5）年齢は便宜上数え年。
6）住所は生家，もしくは養家のもの，在塾時にあわせた。
7）地名表記は可能なかぎり維新期のものとした。
8）略歴は維新前に限定し，明治以降は省略。
9）*印は兵学入門起請者。なお，小野為八は起請文欠。

たちであったことが分かる。教師の松陰自身が二十代半ばであり、師弟間の年齢差がそれほどなかっただけに、その理想とする教師であるよりむしろ同志、もしくは友人として塾生に接することが可能であった。

なぜ村塾を選んだのか

ところで、この時期、萩城下には、村塾と同じタイプのサムライの子弟が大勢いる私塾が少なくとも十数校あったが、彼らはどのような理由でわざわざ村塾を選んだのか。村塾に来た動機はそもそも何であるのか。開塾して間もなく、幽室時代に来た岡部兄弟の外祖父が村塾で学ぶことを喜ばなかったように、萩城下の多くの親たちは、国禁を犯した大罪人、しかもまだ蟄《ちっ》居《きょ》中の松陰なる若者に漠然たる危険を感じ、子弟が近付くことを忌避したようだ。家族には夜遊びのふりをして、密《ひそ》かに出入りしたという高杉晋作のエピソードは、必ずしも珍しいものではなく、親族会議を開いて絶縁すると脅され、入門を断念した門田《もんでん》吉勝のような場合もある。開塾早々の頃は、幽室への往来すら藩当局を憚《はばか》ったのだから、親たちの拒絶反応も当然であろう。ではなぜ、彼らは、嫌がる親たちの目を盗んで塾に近付こうとしたのか。萩城下の若者たちにとって、海外密航の夢破れて牢獄に繋がれた松陰は、これまで見たことも聞いたこともない、限りなく謎に満ちた人物であり、一度その顔を見てみたい、話を聞いてみたいと思ったとしても、かくべつ不思議ではない。親たちが忌避すればするほど、彼らは松陰という人物に興味を持ち、関心を募らせたようだ。なかには恐いもの見たさ、面白半分にやって来たものもいないではない。

安政四（一八五七）年九月頃、幽室に現われた横山重五郎（幾太）は、少し前に出入りし始めていた友人の冷泉雅二郎に連れられて来たが、入門が目的ではなく、下田踏海の壮挙に挑んだ評判の人を一度見てみたいという軽い気持ちからであった。眉目《びもく》秀麗の颯爽たる先生を期待していた重五郎は、案に相違して顔中痘痕《とうこん》だらけの恐ろしげな人から仮名混じりの書を授けられがっかりしたらしいが、彼が出会ったのは野山獄から出たばかりの助教格の富永有隣であった。帰路、このことを知った彼は、松陰先生の顔を見るため翌日もう一度出掛け、そのまま師事してしまった。

友人知己の紹介で来たものも少なくない。たとえば久坂玄瑞や松崎（赤根）武人《たけと》らは、僧月性《げっしょう》の紹介で来た。安政元年頃からしばしば亡兄玄機の親友月性に教えを乞うていた玄瑞は、彼の強い勧めで村塾に現われたものである。岩国沖柱島の医家の子松崎は、月性の主宰する周防遠崎村（現玖珂《くが》郡大畠町）妙円寺の時習館で学んだことがあり、その紹介でやって来た。もう少し遅れて来た土屋恭平や富樫文周らも同じ時習館出身者である。同窓ではないが、安政三年一〇月、はるばる玖珂郡本郷村から来た増野徳民《ましのとくみん》は、松崎と同じく医家の子であり、父親同士が友人であった可能性がある。岩国や山代の地は月性が早くから足跡を残しており、その講筵《こうえん》で村塾の評判を耳にしたのかもしれない。紹介者はおそらく、月性か松崎のいずれかであろう。

卒分の中で一番早く来た吉田栄太郎は、目と鼻の近距離に家があったからであろう。品川弥二郎、伊藤利助（博文）、伊藤伝之助、岡仙吉、杉山松介、入江杉蔵、野村和作、山県小助（有朋）らが来たのは、足軽中間という同じ出自の友達同士が次々に紹介したものと思われる。家学公許を前にした安政五年頃になると、村塾に出入りすること自体が出世のきっかけになると考えられたらしく、現に、なぜ村塾へ行ったかを問われた天野清三郎（渡辺蒿蔵）は、当時は松陰先生の評判がよく、誰れも彼れも松下村塾へ行くというような有様で、いわば流行であった。また村塾へ行けば何か仕事にありつけると思っていたものだと答えている。別の機会に同じ天野は、松陰先生は罪人であるとして、村塾に出入りすることを嫌う父兄が多かった。子弟の行くものがあれば、読書の稽古ならばよいが、政治問題を議すようなことがあってはならぬぞと戒めたともいうが、これはおそらく村塾の初期、すなわち幽室時代のことであろう。増改築して一八畳半の塾舎を得た時期、もっとも村塾に人の出入りが激しかった安政五年の春から夏へかけては、もはや世間体を気にする必要はなくなり、むしろ城下有数の学塾として注目を集めていたようである。

村塾へ行けば何か仕事にありつけるのではという期待は、松陰が萩城下の名士であり続けるかぎり有効であるが、お尋ね者であったり、危険人物視されるようになれば、たちまち逆の結果にならざるを得ない。安政五年六月の日米修好通商条約の締結、いわゆる違勅事件を境に、松陰は次々と過激な政治的プランを画策し、藩政府にとって頭の痛い存在になるが、この頃から村塾に出入りする人びとはめっきりと減った。おそらく取締当局の厳しい監視の目が、この塾に関係していると、出世の妨げになると考えられたのであろう。因みに、安政五年七月から年末までの六カ月間に来塾が確認できるのは、堅田家塾の短期留学生四名を含む一二名でしかない。

近所からも来た寄宿生

サムライ身分の子弟が多かったせいもあるが、萩城下から来たものが七三名、全体の八〇％近くを占める。うち松本村の住人が二六名いるから、近所の子弟が誘い合って来たことが分かる。萩城外の奥玉江に住む時山直八のように、村塾まで一時間余を要する遠くから来たものもいるが、多くは萩城下の比較的狭い範囲から来た。一番遠い平安古《ひやこ》に住む南亀五郎や久坂玄瑞らにしても片道三、四〇分程度であり、通学に差し支えるほどの距離ではない。その他はすべて十分前後の近距離に家があった。

藩内各地から来た人びとはおおむね寄宿生であるが、幽室時代に来た松崎武人や増野徳民らについては、寄宿の場所がはっきりしない。松陰が起居していた幽室、実質三畳半のスペースに彼らが同居できるはずはなく、寄宿したとすれば、杉家の別の一室と思われるが、その事実が確認できない。松崎は、師月性の二人の叔父が萩城下玉江の光山寺と浜崎町の泉福寺の住職であったから、いずれかに託された可能性がないではない。増野の方は、萩城下に知り合いがなく、初めから寄宿生であったと思われる。安政四年七月野山獄を出た富永有隣がしばらく杉家に寄食しており、おそらく彼と同じ部屋に起居したようだ。一一月初旬、八畳一間の塾舎ができると、二人はそちらへ移り、新しく来た人びとと一緒に住んだ。間もなく松陰も移り住み、同じ屋根の下で師弟の共同生活が始まる。

山口から来た中谷正亮や厚狭《あさ》郡東須恵村から来た佐世八十郎《させやそろう》（前原一誠）らが寄宿した事実がないのは、もともと萩城下に家があったためであろう。正亮は明倫館居寮生であり、放課後に塾に出入りしたから、寄宿する必要はない。安政五年二月頃、入門した正亮の甥茂十郎も山口から来たが、彼の場合は、短期間の寄宿を繰り返しながら学んだ。「食事人名控」を見ると、八月中は四日と六日から一八日までの一四日間、二二日と二四日から二九日までの七日間、計二一日間、九月中は一日から一五日までの計一五日間、寄宿して学んでいる。不在の二日は、おそらく叔父正亮の家に身を寄せたのであろう。佐世は、出萩のたびに短期間滞在して集中的に学んだ。安政四（一八五七）年一一月二〇日頃の松陰の文に、この頃佐世八十郎が来塾し、留遊すること十日間に及んだとあるが、その後もこのスタイルを繰り返している。寄宿した形跡がないのは、さして遠くない土原《ひじはら》馬場丁に家があったためであり、滞在中はここから毎日塾に往来した。

遠隔地から来た寄宿生と異なり、村塾の近くに家がある塾生たちも時おり寄宿して学んだ。八畳一間の塾舎が完成したとき、前年秋から寄宿していた増野の他に、冷泉雅二郎と岸田多門が加わった。安政五年三月に増改築された塾舎には、一時期富樫文周の他に、岡部富太郎、有吉熊次郎、木梨平之進、天野清三郎らが寄宿し、また通学生でありながら、時山直八のように、時々塾に来て飯を炊き宿泊する組の者、つまり臨時に寝泊りするものもいた。六月中の「食料月計」に記載された岡部富太郎の飯米六升三合七勺五才（一二日と二食分）、村上卯七郎の飯米一升五合（五日分）などがそれに当たる。

このうち遠隔地から来たのは、玖珂郡本郷村の増野、芸州加計村の富樫、佐波《さば》郡新田村の有吉ら三名のみであり、その他はいずれも萩城下に家があり、通学時間から見て寄宿する必要などない。現に冷泉や岡部は土原、木梨は土原浮島、天野は川島、時山は奥玉江である。村上や岸田については萩城下としか分からないが、いずれも家に帰る時間を惜しんで、集中的に学ぶためわざわざ寄宿したのであろう。なお、奥玉江の時山のみ、通学に一時間余かかる距離であり、夜遅くなれば泊まる方が何かと好都合であったと思われる。安政五（一八五八）年八月から始まる「食事人名控」にも、同じような人びとの名前が見える。中谷茂十郎（三七日）、中村理三郎（一一日）、岡部富太郎（一〇日）、野村和作（三日）、僧提山《ていざん》（一日）らである。中谷や岡部については先述したが、中村は萩城下、野村は土原に家があり、僧提山のごときは、村塾と目と鼻の先の上野の通心寺にいた。塾生の中で飯炊きが一番上手く評判だったというが、寺の作務を放り出すわけにいかなかったはずだから、おそらく通学生でありながら、時おり泊まり込んで炊事の腕前を見せたのであろう。

出入り自由

塾生の家が多くは萩城下の通学圏にあることはすでに見たが、とくに松本村に住む塾生たちの場合は数百メートルの範囲内から往来したから、午前中の講義を聴き、一旦昼食に家へ戻り、午後再来するようなものもたくさんいた。隣家の子、吉田栄太郎のごときは、早朝、昼、夕の三度、稀には夜も含め一日に四度来ることもあったが、これは必ずしも極端なケースではない。明倫館生でもあった士分の子は、江向《えむかい》村の学館で行われる授業があり、その前後、すなわち朝早い時間か夜晩くなって現われた。複数の塾に同時に在籍しているものは、あちこち掛け持ちで勉強したはずだから、よけい変則的な授業時間にならざるを得ない。夜亥の刻（一〇時）からの授業が成立したのは、そうした人びとを対象にしていたからであろう。むろん、これに相当数いた寄宿生も参加している。

そのこととも関連するが、松陰に師弟の礼を執り、入門の挨拶を済ませた人びとは、必ずしも毎日やって来たわけではない。むしろ、ほとんどの人びとは、自らの希望するテキストを学ぶ期間だけ熱心に往来した。つまり彼らは継続的でなく、断続的に現われたのであるが、これは当時の学塾では決して珍しいことではない。江戸遊学中の松陰が、特定の師個人に就かず、同時に何人もの先生に束《そく》脩《しゅう》を呈したように、プライベートな勉学の場合は、学習者自身が何を誰に学ぶのかを決めることをいつも求められていた。藩校明倫館のように、学習カリキュラムが官定化されている場合は、学生たちは定日に自らの所属するクラスに出席しなければならない。つまり何を誰に学ぶかを選択する余地などなかったが、民間在野の私塾はそうした制度ともともと無関係であり、学生たちはごく普通に複数の学塾に出入りした。明倫館の素読試験に参加した村塾生が、他塾の門生を称することがあったのは、そうした掛け持ち的な勉学状況を反映したものである。

一日に何度も来るというのは、勉学がすべて塾生の自由に任されていたことを示している。早朝塾生が来れば自然に授業が始まり、夜晩《おそ》くに授業があったのも塾生側の希望に合わせたものである。要するに、出入り自由、すべて塾生本位の授業形態であったということになるが、こうした学塾の場合、遠隔地からはるばる来た寄宿生を除けば、継続的に学ぶ塾生はほとんどいない。仮にいたとしても、その追跡調査が極めて難しい。たとえば伊藤利助（博文）は、安政四（一八五七）年秋から翌年一〇月頃まで断続的に在塾が確認できるが、日中の公務を終えて夜来たためか、この間数回しか授業に関する記録が残されていない。その限りでは、一年間に数回しか授業を受けなかったようにも見えるが、利助は身分の低い家の子であるが、塾で懸命に学んでいる、才能、学力ともまだそれほどでもないが、派手なところがなく、真面目な性格で愛すべき若者である、頑張って勉強すれば、将来は周旋家として成功しそうであるなどと先生から評されており、一時期熱心に出入りして学んだことはおそらく間違いない。

ところで、村塾にもっとも長期間いた、つまり松陰先生の教えをもっとも長く、また熱心に受けたのは誰か。萩城下、とくに松本村にいた塾生たちの場合、いずれも不定期的な勉学であり、在塾の有無を把握しにくいが、遠隔地から来た寄宿生の場合は、入塾後の出入り、つまり故郷への帰省を見ればおおよそが分かる。その意味では、安政三年一〇月一日に幽室に現われた玖珂郡本郷村の村医増野寛道の子徳民一六歳は、五年末の野山再獄まで、途中若干の不在を挟みながらほぼ継続して在塾が確認できる。この間、約二年三カ月の歳月が経過し、すでに一八歳になっていた。前後の経緯から九二名の門人中、おそらく一番長く在塾した人物であるといってよいように思われる。日記や会計簿などから、以下、その就学の詳細を見てみよう。

入門初日に「左伝」を与えられた徳民は、翌月四日まで、一日の休みを挟んだのみで連日授業を受けた。一日に一五枚ほどを読むことに決めていたというから、相当にハイペースといってよい。一〇月二一日には、倉橋直之助の「礼記」の授業に佐々木梅三郎と共に参加したが、一一月下旬に吉田栄太郎が来塾すると、大てい二人で聴いた。年末まで、「晋語六」「外史」「孝経」「国語」「唐鑑」などがテキストであった。

一一月五日から月末までは所在が分からないが、一カ月前にはるばる山代の地から出て来たばかりであり、故郷へ帰ったわけではなかろう。一二月一日には、「晋語六」を吉田栄太郎と聴いたが、栄太郎は前月二五日に、彼の紹介で入門したというから、少なくともこの時点の在塾は間違いない。

「丙辰歳晩大会計」によれば、一二月二三日に「徳民扶持方」として銀三七匁八厘を納めている。一日当たり米五合で計算すると、当時の米価は白米一石銀九六匁程度だから、七七日余の食費となる。一〇月の三〇日と一二月の二三日を合わせて計五三日にしかならず、一一月の日記に欠落した一七日分を含めていた可能性があるが、その後も寄宿を続けており、食費の前払いということも考えられる。この頃、松陰の書いた記事に、除夜読後と題する詩を作って、徳民・栄太郎の二生に示した。これより先、連夜二生と本を読み、おおむね明け方に達したが、大晦日のこの日も夜を徹して学び、課書がまだ終わらないうちに、朝飯の報を聴き、互いに顔を見合わせ愉快な気分になったなどとあり、以後、年末までずっと塾にいたことは間違いない。

正月二日から早くも「経済要録」を学んだが、翌日の「孟子」の講義には、新来の佐々木謙蔵や岡部繁之助、玉木彦介らと会した。二月一一日まで連日、「外史」「坤輿図識」「山陽詩鈔」「武教全書」「周南文」「長門金匱《きんき》」などを学んだ。以後、時おり一カ月程度の空白を挟みながら、安政五年末まで村塾にいた。不在はおおむね山代への帰省であるが、その都度帰塾が遅れがちであった。医学修業に出たはずの徳民に対する親たちの不満が原因のようだが、村塾がしだいに政治結社化することへの危惧もあっただろう。

安政五（一八五八）年春の須佐育英館へ派遣された一人であり、八月初めに大挙して来塾した堅田家臣団とも一緒に操練したが、二〇日過ぎに帰省してから二カ月余を経た一一月頃まで現われず、入塾以来もっとも長い不在であった。皇城守護策以下の実力行使に備え、同志の糾合を画策しつつあった松陰先生は、何度も帰塾を促す手紙を出すなど、苛立ちを隠していない。親たちの苦情もさることながら、徳民自身が先生の姿勢に疑問を感じ始めていたのかもしれない。

一二月二五日の別宴に会しており、少し前に塾に帰っていたようだが、翌日、野山獄へ向かう師の駕籠を見送ってからは、あまり村塾に寄り付かなくなる。翌年四月頃には、下五間町《しもごけん》に住んでいた杉家の主治医松岡良哉《りょうさい》（経平）の塾にいたが、同じ頃、松本村に居を構えていた藩医岡田以伯の許《もと》へも出入りしており、ようやく医学の勉強を本格的に始めたことが分かる。

幽室時代から二年余、ほとんど常に松陰と起居を共にした徳民は、村塾教育の影響をもっとも強く受けた一人であろう。毎朝、松陰先生の髪を結び衣服を用意し、炊事掛としても活躍したというが、もともと利発な質の彼は、大いに先生のお気に入りとなり、可愛がられたらしい。先生の身の廻りの世話をするものは、人格者でなければならないのに、徳民はとかく人にへつらい、口先ばかり達者で裏表が多すぎると塾中から苦情が出たのは、真偽のほどはともかく、何時《いつ》も先生の側に影のように寄り添う徳民への嫉妬心であったのだろうか。塾生の多くがサムライ身分であっただけに、たかが百姓医者の子ではないかという出自への軽侮の念もなかったわけではあるまい。

入学も卒業も制度化されていない、塾への出入りがすべて自由であるというのは、各人の在塾期間をますます分からなくさせているが、おそらくもっとも短い在塾は、最晩年、安政五年の秋頃から野山再獄へ至る時期に来た人びとであろう。友達に誘われて来てみたが、幕府討つべしを叫ぶ松陰先生のあまりの激しさに辟易《へきえき》し、早々に姿を消した人もいたはずである。安政五年九月初旬、京都から帰ったばかりの山県小助（有朋《ありとも》）は、隣家の子杉山松介に強く勧められて来たが、当初からあまり熱心に出入りした形跡がない。この頃、塾中で論議されていた一連の蹶起《けっき》計画を、実行不可の空論と受けとめたためらしい。そうした小助に対し、松陰はある日、君は死ぬことができるかと問い掛け、即答しかねた彼は、一夜熟慮した結果、国のためならば、いつでも死ぬことができますと答えたというが、このいわば「死生の問答」は、討幕論に疑問を感じ直接行動に逡巡する彼を、大いに刺激し奮い立たせるための手段であっただろう。年末に成案を得た「某事件相談書」、大原三位下向策を担う四七士の中に小助の名前があり、時おり現われたようだが、この間、僅《わず》か十日前後しか在塾が確認できず、もっとも短い在塾者の一人と思われる。

他塾との活発な交流

安政五（一八五八）年正月に政治問題化した日米修好通商条約について、松陰は幕府以下三百諸藩すべてが賛成しても、防長二国のみは断然自立して、王政復古を実現し攘夷貫徹の基本になるべきだと、絶対反対の立場を鮮明にした。彼はこれを塾内で言うだけでなく、藩政府の要路に盛んに説いた。塾生の中谷正亮を直目付清水図書の許へ派し、また友人の中村道太郎や土屋蕭海に依頼して、国相益田弾正や用所役のち右筆《ゆうひつ》役の周布《すう》政之助に働き掛けるなど、諸方に奔走した。帰省中の佐世八十郎の許へ塾生三人を送り込み、船木方面の世論を喚起しようとしたり、塾生の松浦松洞に託して藩老浦氏の臣秋良《あきら》敦之助や僧月性の協力を求めて、周東地方の人心を奮い立たせようとするなどもした。

藩要路への工作は結局成功しなかった。それどころか、説得役の中村や土屋らが何時《いつ》の間にか周布の側についてしまったが、これは松陰にとって予想外であり、衝撃も大きかった。藩政府はともかく、年来心を許してきた友人たちがいざという時役立たないとなれば、自らが主宰する村塾の人びとに期待する以外にないが、数十名の現有勢力ではいかにも規模が小さく、まともな政治活動など期待できるわけがない。いわゆる吾が党の士を積極的に塾の外へ求めようとしたのは、こうした背景を踏まえたものである。

最初の働き掛けは、阿武郡須佐村にあった育英館に対して行われた。育英館は藩永代家老益田氏の郷校であるが、当主の弾正は松陰の兵学門下生であり、この時期、江戸や国元の家老職を歴任するなど藩政の中枢にいた。幽囚中の松陰が建白書を次々に公にできたのは、この人物の斡旋《あっせん》によるところが大きい。学頭の小国《おぐに》剛蔵は、僧月性や土屋蕭海らと早くから交際があり、また松陰とも親しかった。三月初旬に始まった育英館との交流は、このような人脈を生かしたものである。三月一二日に荻野時行ら育英館生二名が来塾、しばらく滞在して学んだが、須佐へ帰るとき、村塾生十数名を伴った。富永有隣と久保清太郎が引率者であり、佐々木亀之助、謙蔵、梅三郎の三兄弟、原田太郎、増野徳民らの参加が分かっているが、多くは四月頃まで滞在したようだ。四月中の早い時期、今度は育英館生七名が来た。前回来た荻野が引率したものであり、二九日まで村塾で学んだ。須佐へ帰る荻野らに村塾生四、五名が同行した。

こうした頻繁な塾生交流の狙いは、松陰が村塾より何度も働き掛ければ、育英館生の中から一人か二人、荻野時行らのように志を立て出府してくれる人が期待できる、その人数が五人八人と増えていけば、呉子がいうように一人が戦を学んで十人を教え、十人が百人を教え、千人万人三軍へ増大するのは自然の勢いであるなどと説明するように、村塾の政治的主張を育英館に伝え、両者の緊密な同盟関係を確立しながら、全藩的なオルグ活動を展開しようとするところにあった。

松陰がまだ野山獄にいる安政二（一八五五）年九月三日から九日までの七日間、須佐村浄蓮寺で講《こう》筵《えん》を設けた僧月性は、一七日には萩城下に出て堀内の益田邸で得意の海防論を説いており、早くから益田氏の家臣団、とくに小国剛蔵が率いる育英館の人びとと親しかった。村塾と育英館いずれも極めて親密な間柄から見て、両塾の交流に彼が一役買っていたことはおそらく間違いない。この時期、月性の足跡は藩内全域に及んでおり、その幅広い人脈を通して彼は、多くの若者たちを村塾へ送り込んでいる。松崎武人、土屋恭平、富樫文周らの時習館生が来たことはすでに述べたが、村塾から久坂玄瑞や松浦亀太郎らが時習館を訪れ、しばらく滞在したように、両塾は早くから同盟関係にあった。月性の講筵活動の成果と思われるが、周東・周南各地から村塾へ来た人びとは、おおむね彼の勧誘や助言によったもののようである。熊毛郡小周防《こずおう》村の山根武次郎、大野村の生田《いくた》良佐《りようすけ》、塩田村の僧観界らがそうした人びとであるが、前後の経緯から見て、やはり月性の紹介もしくは勧誘によると思われるのが、八月一日に大挙来塾した寄組堅田氏（六二一六石）の家臣団であり、都濃《つの》郡戸田《へた》村（現徳山市）の家塾成章堂に学んでいた。

家老河内紀令以下二六名の人びとは、八月一八日頃まで連日のようにやって来て村塾の周辺や時には城外大井浜へ遠出して塾生たちと一緒に操練に励んだ。この企ては大いに府下を騒がしたというから、一時期萩城下の視聴を集めたことが分かる。村塾に寝泊りした形跡はなく、おそらく村塾に近い土原《ひじはら》にあった堅田家下屋敷から毎日通学したのであろう。授業はもっぱら武術、すなわち銃陣調練であるが、これに満足せず、滞在中、改めて松陰に師弟の礼を執った人びとが何人かいる。「食事人名控」によれば、八月七日に竹下琢磨、竹下幸吉、下川某らが入塾し、竹下幸吉と下川某は一七日まで、竹下琢磨は二五日までいた。幸吉ら二名が去った八月一七日には、彼らと入れ替わるように河内紀令が入塾しており、九月三〇日まで計四四日間寄宿した。今回の企ては、家老河内紀令が一念発起して堅田家領内より二六名の壮士を募り、練兵を頼んできたことに始まり、八月一日より村塾において毎日操練を行い、その盛んなことは特筆に価いすると松陰がいうように、河内が中心人物であるが、塾中では、助教の富永有隣を筆頭に中谷茂十郎、増野徳民、僧提山《ていざん》、岡部富太郎、天野清三郎、生田良佐らと机を並べて学んだ。

河内の在塾したのは、塾内で水野土佐守要撃策や大原三位下向策などが盛んに議せられていた政治的過熱の時期であり、出入りの顔触れから見て、一連の盟約に加わっていたことはおそらく間違いない。二十数名の人びとが帰った後、河内のみ一カ月以上もとどまったのは、堅田家塾との同盟関係に期待する松陰が、強く慰留したものであろう。一一月初旬、間部老中要撃策の盟約が成ったときはすでに塾を去っていたが、同月一五日付の松陰より生田良佐宛手紙に、今のところでは、政府にも大きな策略をめぐらしているようであるが、もしこの企てがはかばかしく進まないようならば、われわれ同志を募って一二月一五日を蹶起の日とし、上方へ馳せ向かうつもりに決めている、戸田の河内紀令や須佐もこれに応ずるはずであるなどとあり、蹶起のさいには、須佐育英館と共にこれを積極的に支援する約束が出来ていたようだ。

束脩・謝儀の有無

安政四（一八五七）年暮に入門した天野清三郎、後の渡辺蒿蔵《こうぞう》は、月謝会費のようなものはあったのかという問いに、何も無い、かえって食事の御馳走になることもあったと答えており、村塾は束脩（入学金）や謝儀（授業料）を要しない、つまり無償の学塾であったように考えられているが、これは必ずしも正確でない。現に明治一六（一八八三）年に阿武郡役所がまとめた「学事報告」は、村塾の束脩・謝儀について各人の自由に任されていたというが、これは江戸時代の学塾によくある束脩・謝儀の定則を持たなかったという意味でしかなく、塾生の身分や経済状況を踏まえながら、大小さまざまな束脩・謝儀を行うのが、むしろ普通であった。「武士は喰わねど高楊子」的な風潮のこの時代、金銭の授受を賤《いや》しむ観点から、束脩・謝儀の納入を制度化していなかっただけである。

安政五年一二月の野山再獄の頃まで断続的に出入りした天野は、一度も謝儀を納めなかったようだが、その他の人びとも同じであったかどうかははっきりしない。天野にしても、初対面の先生を手ぶらで訪ねたとは考えにくく、束脩として扇子一本ぐらいは持参した可能性がある。同じ頃、滝弥太郎と連れ立って入門した馬島春海《しゅんかい》は、初めて先生に会い、束脩を差し出したと述べており、何がしかの金品を持参したことは間違いない。金額の大きさなどは何も分からないが、後に彼が今魚店町《いまうおのたなまち》で創めた晩成堂では、入門時に束脩として藩札四匁三分（銭三七八文余）を求めており、村塾へ呈したのも同程度であろう。

開塾以前からの兵学門下生は、かつての師弟関係の延長で来塾したものであり、改めて束脩の礼を行うことはなかったかもしれない。高洲滝之允や玉木彦介らのような縁戚者もとうぜん省略されたと思われるが、その他の人びと、とくに兵学入門起請で初めて師弟関係を結ぶ場合には、世間並みの挨拶《あいさつ》程度は済ませたと考える方が自然であろう。友人知己の紹介ではるばる来た一面識もない人びと、たとえば松崎（赤禰）武人や増野徳民らは一層念入りな束脩を行ったはずであり、また彼らが一文の謝儀なしで何カ月も寄宿して教えを乞うなどということは考えにくい。入門はしたが滅多に顔を見せない、名目上の門人が謝儀を納入しないのは、他塾でもよく見られたが、逆に熱心に出入りする人びとは、来学の頻度や期間に合わせて、年に何回か相応の謝礼、つまり授業料納入を行うのが普通であり、村塾でも例外ではなかったと思われる。

学費はともかく、増野徳民のように長期間寄宿する場合、生活費は誰がどのように支払ったのだろうか。渡辺蒿蔵は、寄宿生の食費はという問いに、遠方より来ているものは食費

表10　安政５（1858）年６月の食費

	氏名	米	日数	単位
1	富永　有隣	9升	18	5合
2	岡部富太郎	6升3合7勺5才	12.75	〃
3	増野　徳民	2升	4	〃
4	山根武次郎	1斗1升	22	〃
5	富樫　文周	8升5合	17	〃
6	村上卯七郎	2升5合	5	〃
7	吉田　松陰	1斗4升5合	29	〃
計	7名	5斗3升8合7勺5才	107.75	5合

「食料月計」（『全集』第10巻所収）により作成。
＊岡部は21日分納入，残りの８日25分は次月へ繰り越された。

を払っていたものもあったようだと答えているが、これは冷泉雅二郎が、村塾に寄宿する生徒は交替で飯を炊き調理をした。薪炭《しんたん》の類も皆各人が町へ出て購求したというのと符合する。安政五（一八五八）年六月の「食料月計」は、松陰を含めた寄宿者七名の記録であるが、一日当たり米五合を寄宿した日数に応じて納入している。もっとも多い米一斗一升、二二日分を納めた山根武次郎は、この年二月、熊毛郡小周防村から来たものであり、一一月頃まで在塾した。岡部富太郎の六升三合七勺五才は、一二日七五と記録されているが、七五の端数は二食で去った日を意味するように思われる。この後、八月一九日頃まで在塾した増野徳民は、なぜか二升、四日分しか納めていないが、たまたまどこかへ出掛けていたのだろうか。先払いや前月の借りを一括して納める場合もあったから、そのタイプかも分からない。一日米五合が、副食費や薪炭代を含めたいわゆる飯料であったのかどうかはっきりしないが、冷泉の言うとおりならば、薪炭が不足すればその都度代金を皆が応分に負担し、副食費のごときは、各人が必要に応じて調達したのであろう。

その他の雑費も、ほぼこれに準じた。「村塾油帳」を見ると、安政四（一八五七）年の五月から八月へかけて夜学に要した油代を、玉木彦介、国司仙吉、熊野寅次郎、入江宇一郎、大賀春哉、増野徳民ら六名が札銀三分ずつ出して支払った。大野音三郎と藤野市二郎（荒次郎）が名前のみで金額を欠くのは、夜学のメンバーであったが、欠席続きであったためらしい。松陰の名前がないのは、この程度の雑費は塾生たちで負担しようとしたのであろう。

油代こそ負担していないが、松陰先生の側、とくに杉家の負担は小さくなかった。品川弥二郎のように、豆腐の糟《かす》に塩を入れて水を和し僅《わず》に米一つまみを加えて炊いた貧しい食事を摂っている塾生を見ると、松陰が自らの食膳からお菜を運び、また弁当を持たないものがいたりすると、台所から飯びつを持ってきて振る舞うこともあったというから、自給自足の生活とはいうが、実は杉家の貧乏所帯に大きく依存していたことが分かる。妹千代が松陰風の饗応法として、ご飯時には必ず食事を出し、客を空腹のまま談話を続けさせるようなことは決してしなかった。珍しいご馳走がないから食事を出さないということはせず、有合わせの物を出して、客と一緒に箸を持つことを楽しんだなどと言うのも、杉家の親たちが協力しなければとても成り立たないだろう。村塾といえば、一文の学費を要しないチャリティ・スクールのように思われるのは、こうした側面をいささか強調しすぎたためであるが、必ずしも正確とはいえない。

3　どのような教育が行われたのか

徹底した平等主義

冷泉雅二郎が、「先生の交際極めて広し、敢へて異同を撰ばず。故に単に学者に止まらず、医師あり畫家あり武術家あり神官・僧侶あり、農工商に熱心又は熟達する者、凡そ一芸一能に秀でたる者は皆先生の家に出入せざるはなく、遠隔の人は常に書信を以て往復せり」(「松下村塾零話」『全集』一〇、三五一〜二頁）というように、松陰の交際範囲は士農工商、老若男女のすべてに及んでおり、当然村塾の教育もまた身分、年齢、性別など一切を問わなかった。

山鹿素行「武教小学序」に学びながら、しかもこれを確実に乗り越えつつあった松陰において、士農工商の別は、封建的な身分関係というより、むしろ職掌や役割分担の違いを大して出るものではなかった。事実、「狂夫の言」で、君公を補佐する大臣を選ぶさい、一門家老に人がいなければ、寄組に取り、寄組に人がいなければ、大組に取り、大組に人がいなければ、徒士・足軽に取り、あるいは農工商民に取っても構わないなどと主張しており、サムライ階級内部の尊卑の序だけでなく、四民の別そのものがすでに相対化されつつあったことが分かる。文武の勤倹、すなわち藩政改革を成功させるために、上に立つ為政者の率先垂範が不可欠であるという観点から、藩主に居城を出て仮住まいし、番士や衛卒の数を百分の一に減ずるように勧めたのも過激であるが、政務を執る群臣に向かい地面に坐って国事を議し、雨が降れば蓑笠をつければ宜しいなどというのは、多分に比喩的とはいえ、現体制を村の政治の進め方に類推する大胆極まりない発言である。士分を三民の長どころか、ほとんど百姓や町人並みに見ていたことを示すものであろう。

村塾における徹底した平等主義、士庶はもとより、老若男女すべてを人間愛で満たしたエピソードは数多いが、なかんずく被差別部落民の宮番登波《とわ》を塾中に招き、義婦の鑑たる所以《ゆえん》を綴って、「討賊始末」と題して諸方へ頒布したのは、その典型である。

文政四（一八二一）年一〇月某日、大津郡滝部村の宮番登波の実家に泊まっていた浪人枯木龍之進が、登波の父甚兵衛ら家族三名を殺害、夫幸吉に重傷を負わせて逃亡したのが、事件の発端である。離縁話の縺《もつ》れが刃傷沙汰へ発展したというが、真相はともかく、仇討を思い立った登波は、単身故郷を後にした。文政八年、二七歳のときである。

探索の旅は前後十数年に及び、登波は、九州を除く国内全域に足跡を印したが、仇の所在は杳《よう》として分からなかった。ある偶然で芸州に潜んでいるのを知った登波は、藩当局へ敵討を願い出るが、宮番という身分のためか許可されなかった。危険を察知した龍之進は九州英彦山《ひこさん》へ逃れ、ここで捕縛された。観念した龍之進が自殺したため、登波の敵討は成らず、斬罪に処せられた死体に対して、復讐の刃を突き立てただけで終わった。天保一二（一八四一）年三月のことであり、登波はすでに四三歳になっていた。

旅の途中から同行した若者某との男女関係を疑われたり、藩当局の登波への対応は決して芳しいものではなく、その事績はほとんど無視された感がある。この一件が義挙として取り上げられたのは、安政三（一八五六）年になってからであり、「孝子義人の詮議」のさい、「抜群の孝義感心の事」として表彰された。翌年、先大津郡代官周布《すう》政之助より顕彰碑の銘文作成を依頼された松陰は、事件の経緯を丹念に調べ上げ、「討賊始末」と題する一文を書き、友人知己へ配った。また塾生の松浦松洞《しょうどう》を登波の許へ派遣して肖像画を描かせ、九月一六日には、たまたま萩城下に来た登波を杉家に泊めて話をじっくり聞いている。登波は、もう一度、一一月五日にも松本村に来たが、このときは、獄卒権介の家に泊まった。野山獄で松陰に師事した関係で、一夜の宿を提供されたものである。

宮番の称を除き、平民一統の列に加えることが企てられていたとはいえ、今なお被差別者のそれも女性をサムライ身分の家に泊めるというのは、やはり破天荒な試みであり、人間一人一人をかけがえのない存在として受け入れ、限りなく愛した松陰先生ならでは、出来ないことであろう。なお、これが刺激になったのか、塾生たちの中にも、登波を家に招いて饗し、また物を贈り、あるいは書を求めるものが少なくなかったという。

個性尊重――一人一人を生かす教育

すべての人間の本性を善と信じて疑わず、良心の発見、惻隠《そくいん》・羞悪《しゅうお》・恭敬・是非等を拡充していくことを教育の核心と考える松陰にとって、もともと教育不可能な被教育者など存在しない。たしかに松陰も、賢愚の別や才不才、能不能などの個人的差異があることを否定しない。さまざまなタイプの人間がいるとすれば、それをあるがままに認めた、いわば一人一人異なる教育を考えなければならない。たとえば頭のよい素直な性格の人間は、先生の言うことをすぐに理解し、どんどん成長することができるが、そうでない、頭の回転の鈍い、しかも頑固な気質の人間は、先生がいくら教えても容易に分からず、また分かろうともしない。そのような場合、ゆっくり時間をかけ、一つ一つ地道な努力を続けていく他はない。相手の何たるかを無視した一方通行的な教え込みは、あたかも足の不自由な人間にいかに早く走るかを教え、また目の見えない人にいかに遠くまで見るかを教えようとするものであり、そうしたちぐはぐな教え方を続けるかぎり、百年努力しても何の効果も期待できない。さまざまな個人的差異をあるがままに認めた上で、それをしっかりと踏まえた教育、すなわち各人の個性や能力にふさわしい、その特徴を生かした教育の必要性を強調して止まなかったのである。

ところで、松陰は、個人的差異を教育上の限界というように、否定的もしくは消極的に捉えたことは一度もなく、むしろ天賦《てんぷ》の個性、すべての人間に潜在する可能性という積極面から見ており、それゆえ、いかなる問題を持ち障害を抱えているやに見える人間、たとえば「不中不才の人」「狷者《けんしゃ》」「狂者」「片意地者」「偏屈者」「愚者」など、いずれにも熱い眼差《まなざし》を向けたのである。世間から見捨てられた囚人教育の必要性と可能性について、賢愚の差はたしかにあるが、どのような人間にも何らかの才能はあるものであり、これをうまく引き出していけば、必ず立派な人間になることができる、長年教育してきた経験からいえるが、不要な人間は一人もいないと述べ、実際に獄中でさまざまな働き掛けをした。どのような環境や状況にあろうとも、誰一人見捨てず、一人一人を生かす工夫をこらす、これは教育に対する全幅《ぜんぷく》の信頼であり、たとえば村塾で松陰が弟子たちに与えた、各人の長所を伸ばし短所を矯《た》めるための名や字《あざな》などもまた、そのことと無関係ではない。門生中一六人が名と字を得ているが、玉木彦介の「弘、字は毅甫《きほ》の説」や増野徳民の「乾、字は無咎《むきゅう》の説」のように、その都度、名と字のいわれについて詳しく述べた一文を与えられており、それ自体が一つ一つ個性溢れる教育論になっている。

勉学の目的を問う

天野清三郎が、初めて先生に会い教を乞うものに対しては、まず何のために学問をするのかを問われた。これに答えるものは、大ていどうも書物が読めぬから稽古してよく読めるようになりたいという。そうした人びとに対し、先生はいつも決まって学者になっては駄目だ、人は実行が第一である、書物のごときは心掛けさえすれば、実務に服する間に、自然読めるようになると訓《おし》えたというように、村塾に新しく来た者は、必ず勉学の目的について聞かれ、読書人でなく実践家たることを強く求められた。本がすらすらと読め、文章がうまく書けるようになりたいという者に、そのようなことは取るに足りない些末事《さまつじ》であると一喝したのは、昼夜を分かたず勉学に励んでいた塾中の実態とつながらないようだが、それだけ机上の空論を排する気持ちが強かったのだろう。いずれにせよ、塾中ではいつも立志の大切さを説き、また誰に対しても、人は何か一つ仕事をやり遂げなくてはならぬを口癖のように繰り返していた松陰が、最初に与えた教訓である。

勉学の目的を問うスタイルは必ずしも一様ではない。いきなり村塾に現われるのでなく、まず文書を呈して教えを乞うた久坂玄瑞は、再三の往復でようやく許された。「議論浮泛《ふはん》にして、思慮粗浅、至誠中《うち》よりするの言に非ず」(「丙辰幽室文稿」「全集」二、四〇六頁)や「足下軽鋭にして、未だ嘗《かつ》て深思せず」(同前書、四一四頁)など、その都度、松陰はほとんど罵倒に近い言葉を浴びせかけており、容易に入門を認めようとしなかったが、これは激しい議論を交わすことで相手の真意を探る、彼が今一体何を考え何を為そうとしているのかを知ろうとする一種の人物テストであり、それだけ玄瑞の並々ならぬ才能に注目していたことは間違いない。

隣家から来た吉田栄太郎は、入門の挨拶もそこそこに、松陰から韓退之《かんたいし》の一文、「符、読書城南」を与えられ、また「孟子」の一章を引いて意見を求められている。いずれも栄太郎を満足させることができず、自分はこんな学問は嫌だ、もっと別の本を読みたいと言わしめ、密《ひそ》かに松陰を喜ばせたというが、こうした受け答えも、なぜ学問に志したのか、どのような目的で村塾に来たのかを探る彼一流のやり方であった。

最晩年に来た正木退蔵は、後年、東京職工学校（現東京工業大学）の初代校長に就任し、わが国工業教育の先駆となったが、この学校の入学試験はすべて口述で行われ、そのさい必ず、そのような学問をなぜ勉強したいかと受験生に問い掛けたという。寺子屋式に教育されたという卒業生の回想からも窺《うかが》えるが、師弟の交情濃やかな家塾的雰囲気の学校であったらしい。いずれも松門出身の正木校長の教育方針と思われるが、なかんずく勉学の目的を一々尋ねたのは、村塾時代の経験をそのまま踏襲したものであろう。

何をどう学んだのか

天野清三郎が、別に課目というほどのものはない。教科書も皆別々で、自分は「明史」や「東玻策」などを教えて貰った。しかし偶然同じ書物を学ぶ人もいる。たまたま居合わせれば一緒に勉強したというように、カリキュラムの類《たぐい》は存在せず、塾生各人が異なる書物を学んだようだ。天野はまた、書物は先生が選ぶ。村塾にあった漢籍の書物を教えてくれるのだと一見矛盾したいい方をするが、これは先生が一方通行的に教科書を選んだということではなく、塾生各人の学力レベルや興味・関心を考慮しながらさまざまな書物の選定を行ったという意味以上を出ない。現に吉田栄太郎のように、入門時に先生が与えた書物を一向に喜ばず、何度も書物を取り替えながら自分の読みたい本を探し当てることも、決して珍しくなかった。

八畳一間の新塾が発足して間もなく書かれた「村塾記事」に、「十数歳の童にして傍訓を仮らずして文字を読む者、駸々《しんしん》として輩出す。就中四生あり、二十二史及び資治通鑑《しじつがん》を以て各々自ら課と為《な》し、専ら修めて功を見んと欲す。一浮屠《ふと》あり、専ら諸集を修む。夫れ経は則ち大なり、子は則ち難し、童子の治め易き所に非ざるなり。数年の後、史より経に入り、集より子に入るもの、未だ必ずしも人なしとせず。吾れの待つ所は是れなり。然りと雖も是れ皆漢学者流のみ。又二生あり。一は加茂・本居二先の軌轍《きてつ》に従ひて、古学を講じ古書を読まんと欲す。一は水藩及び頼氏の流派を泝《さかのぼ》り、国体を明かにし皇道に通ぜんと欲す」(「詩文拾遺」「全集」六、三五三頁)とあるように、何を学ぶか、どのような教科書を選ぶかは塾生各人によって異なっていた。勉学に励む十数歳の少年たちとは、年齢や入塾の時期から見て国司《くにし》仙吉、妻木寿之進《ひさのしん》、岸田多門、馬島甫仙、阿座上正蔵《あざがみしょうぞう》、飯田吉次郎、中村理三郎、品川弥二郎らのことらしい。とくに優れた四生のうち、年一一歳、子供組の俊才にして書を読むさまは川が流れるようであると誉められた飯田吉次郎や年一四歳、書を読み理解する力は抜群であり、塾中第一流の才といってよいと、これまた高い評価を得た馬島甫仙については異論がないが、その他は、飯田に次ぐと称された品川弥二郎と国司仙吉の両名であろう。一浮屠は僧提山のことであり、またわが国の古典や歴史を好む二人とは、この頃、「白石遺文」や「大日本史」に取り組んでいた冷泉雅二郎、「日本政記」を読んでいた佐世八十郎を指すものと思われる。

塾生の希望だけでなく、教師の松陰が良いと思ったもの、読みたい本をテキストにした場合もある。「武教全書」や「武教小学」は、山鹿流兵学の師家として当然であるが、「大日本史」「日本外史」「日本政記」「明徳記」などの国史、「長井記」「吉田物語」「陰徳太平記」などの毛利藩関係の史書が盛んに取り上げられた。長年、禁書扱いの「新論」や徂徠学系の「周南文集」を読んだのも、藩校明倫館では考えられないが、その他、「農業全書」「経済要録」「康斎録」などといった、在野の学塾でも珍しい農学や経済方面の書物をテキストにしている。品川弥二郎が、経済という言葉は先生が始終口にされていたが、自分はまだ一五、六歳の少年であったから、何のことかさっぱり分からず、経済とは金儲けのことと誤解し、奇妙なことをいう先生だと思ったと回想しているように、算術や経済を重んずる松陰は、自ら作成した九九乗除図を村塾の壁に掛け、士庶の別なく教授したというが、実学的な経世済民をめざす姿勢からすれば、しごく当然であろう。

随所に工夫や仕掛けをこらした授業

これまで見てきたように、時間割の類が一切なく、テキストも塾生中心に選ばれたというのは、具体的にどのような授業になるのだろうか。以下、村塾における授業の実際をさまざまな角度から見てみよう。

安政四（一八五七）年一一月初め、八畳一間の新塾が完成すると、松陰は幽室を出て移り住んだ。塾舎とは言いながら、小さな文机《ふづくえ》が一つあるだけの簡素な部屋であり、夜はこれを片付けて師弟が枕を並べた。翌年三月、一八畳半の規模となった増築後の塾舎には、中二階の屋根裏があり、突然の宿泊者がいて手狭のときは、ここで寝ることもあったようだが、普段は松陰が一人で沈思黙考する場所として使用された。最晩年には、屋根裏にこもった先生が、白刃を凝視《ぎょうし》しながら端座している姿が、よく見られたという。

学塾ならばどこにでもある見台、今日のいわば教卓がなかったというが、これは松陰が教壇の上から教師として生徒に対する従来の一方通行的なやり方を嫌ったためである。授業中絶えず塾生たちの間を動き回り、手を取り足を取るように教える松陰にとって、見台はまったく必要がなく、無用の長物であった。初めて村塾を訪ねた人は、誰が教師かよく分からない、つまり松陰を識別できなかったというが、年齢差がほとんどない師弟が入り交じった授業風景から考えると、いかにもありそうな話である。

安政四年冬、連れ立って現われた馬島春海と滝弥太郎の二人に対し、松陰先生が教授はできないが、君らと一緒に勉強しようと答えながら、出口まで丁寧に送ってくれたというエピソードは有名であるが、新入の塾生を迎える松陰の側は、知識・経験共に高い人がそうでない人に教えるという、ありきたりの師弟関係でなく、むしろ共に学び共に育つ、いわば同朋同行的なあり方をよしとしたのである。師弟が同じ土俵の上で共に研鑽に励むといってもよいだろう。もともと松陰は、言葉使いが丁寧で、子供組に「おまへ」と言うことはあったが、やや年配の者に対しては大てい「あなた」と呼び掛けたという。この辺りにも、和気靄々《あいあい》の友愛的な師弟関係をめざす、いかにも松陰らしい態度が知られる。

ところで、授業はどのようなやり方で進められたのだろうか。藩校明倫館の兵学教場で松陰が経験した「講義、会読、個人別読、紙図、討論会、課業作文」は、ほとんどそのまま村塾にもあった。幽室で再開された「孟子」の授業は、「孟子会」「孟子会講」「孟子論講」などと呼ばれているが、いずれも「講ず」と説明されたように、講義のタイプである。会、会講、論講の間に厳密な区別があったわけではなく、漠然と講義の別称として使用されている。毎回、各章ごとに詳細かつ精密なノートが作成されており、「孟子」をテキストにした講義であったことは明らかである。数日に一度のペースで行われたのは、講義を準備する時間を計算したものであろう。はじめ「講孟箚記《こうもうさっき》」、のち「講孟余話」へのタイトル変更が示すように、藩校明倫館の講義でごく一般的に見られた課書の字義、解釈に終始するのでなく、そこに登場する事実や教訓を日常卑近の生活や眼前の時事問題に関連させながら、自らの思想信条を述べていくやり方であり、講義よりむしろ論講の名で呼ぶ方がふさわしいかもしれない。

「野山獄読書記」安政三（一八五六）年七月の項に、「配所残筆」を前月より夜講義の後会読したが、これは八日で終わったとあり、講義と異なるもう一つ別の授業のあったことが分かる。前月以来の講義とは、六月一三日に始められた「孟子」、もしくは二と七の夜を定日とした「武教小学」の授業のことらしく、会読はこの後行われた。安政五年六月二八日付の久坂玄瑞宛手紙にも、隔日に「左伝」と「八家文」の会読があり、むろん終日塾で過ごしている、会読は七ツ過ぎに終わるとあるが、七ツ過ぎ、すなわち夕方四時頃に散会していることから見て、ごく普通に行われた授業のようだ。

もともと会読は、何人かが会集して課書を読むことであるが、素読と異なり、読みながら意味、内容を考察していくいわば読解であり、同程度の学力を有する人びとからなる協同学習である。久坂の手紙にある「左伝」や「八家文」の会読へ参加したのは、この頃、寄宿中の五生、すなわち岡部富太郎、有吉熊次郎、木梨平之進、天野清三郎、富樫文周らに、通学生として出入りしていた僧提山、伊藤利助らを交えた人びとであろう。年齢の違いや学力面の差が当然のようにあり、全員が参加したとは考えにくい。おそらくこのうち何人かを会したあまりサイズの大きくない授業であったと思われる。

授業を受ける生徒が一人や二人しかいないと講義や会読は成立しないが、そのような場合は対読というやり方が採用された。兵学教場にあった個人別読である。対読は文字どおり一対一でテキストを読むことであり、一人が読んで他が聞き、誤読を訂正したり、読めない箇所、意味のよく分からない部分を一緒に考える学習法である。「丙辰日記」を見ると、安政三年八月二二日に始まった「武教全書」の講義と並行して、何人かの塾生を相手にした対読が行われている。二三日から佐々木亀之助と「通鑑《つがん》」、九月五日には山賀某と「新論」、九月一一日から玉木彦介と「蒙求《もうぎゅう》」、九月二〇日から高洲滝之允と「陰徳太平記」を読み始めた。山賀以外はすべて講義の聴講生であり、もう一人の出席者である佐々木梅三郎とは、一〇月三日から「陰徳太平記」の対読を始めた。一〇月一日から寄宿した増野徳民は、「左伝」を対読のテキストにしたが、やがて「国語」「日本外史」「経済要録」なども取り上げた。間もなく来塾した吉田栄太郎が参加しており、対読が必ずしも一対一に限定されなかったことが分かる。

ところで、対読は塾生以外の人びととも行われている。父百合之助と「左伝」や「弘道館述義」、また兄梅太郎と「名臣言行録」「農家益」「日本外史」「下学迩言《かがくじげん》」などを読んだが、むろんこれは授業でなく、同程度の学力を有した者同士の間で行われる課書の読み合せ、読解の類である。外叔久保五郎左衛門と「講孟箚記」を校合、また父百合之助と「柳子新論」「海防備論」「経済要録」を校合したというのも、同じタイプであろう。玉木彦介や佐々木亀之助らの塾生と本を読むさい、「校讐《こうしゅう》」「校す」などと表現したことが時々あるが、これはおそらく対読の雅称であり、前出の校合とは別物と思われる。

藩校明倫館の教則に、「二ノ日巳刻ヨリ孝経小学会抽籤輪講討論」とあるように、課書の内容を甲論乙駁する討論学習は早くから行われていたが、この頃始められた毎月一回開催の時務会は、テーマを必ずしも課書に求めず、「学校興隆の策」や「今の諸侯は幕府の臣か天朝の臣か」などという時事問題を取り上げた。討論もしくは時務会が特設された形跡はないが、似たようなやり方は、村塾の授業の至る所で見られた。「講孟余話」のあちこちに聴講生の反応を見ながら、その意見を徴《ちょう》した箇所があるように、講義の途中でも、必要に応じて盛んに出席者の意見を求め、しばしば議論を始めているが、会読や対読の授業で、師弟ともに一層活発な応酬をしたことは、容易に想像される。塾生の禁煙の約束がなかなか守られないのを憂えた松陰は、ある日、助教の富永有隣を中心に増野徳民、吉田栄太郎、市之進、溝三郎らを会して、「士風を論ず」というテーマについて夜遅くまで議論したが、この種の談論風発は、村塾ではごく普通の光景であった。沈黙をもっとも忌むべきとし、授業中の疑問には皆が知恵を出し合い、一緒になって答えを探そうとする松陰は、とりわけ討論学習を高く評価し、これへの塾生たちの積極的な参加を求めた。

兵学教場にあった課業作文は、教師が課題を与えて答案を書かせる、今日のいわばレポートであるが、村塾ではこれを対策、策問などと呼び、大いに奨励した。塾生の側がテーマを選ぶことも珍しくなかったらしい。安政三年五月、斎藤栄蔵は「加藤清正論」「殷《いん》の亡ぶや、微子之れを去り、箕子《きし》之れが奴となる」「天下は一人の天下に非ざるの説」の三題について論文を書き、松陰がこれに一々懇切丁寧な批評を付している。翌年六月の「斎藤生に示す」も、「史記」に題材を求めた作文を評したものである。斎藤の家は城外三見《さんみ》村にあり、通学の便が悪かったため、こうした勉強法を多用したのであろう。

教師の松陰がお手本を示しながら出題したこともある。安政五（一八五八）年三月二〇日、日米通商条約の締結について再度衆議をつくせという趣旨の勅諭が出ると、早速松陰は、「対策一道」を作り、これに対する塾生たちの意見を求めた。「附論」に幾つかの質疑応答を掲載しており、塾中の議論を踏まえていたことが分かるが、このさい、あまり塾に出入りしない人びとの意見も聞きたかったのであろう。「暢夫《ちょうふ》（高杉晋作）の対策を評す」は、そうした答案の一つを評したものである。なお、この「対策一道」は、塾中で印刷されて、塾外の友人知己へ広く配布されており、学生へ課する単なるレポートの類ではない。というのは、与えられたテーマに関する策問を通して各人の決心の如何を問うことができたが、それはまた、真の同志か否かを確認する有効な手段でもあったからである。事実、藩政府の中枢にいた周布政之助のように、兄梅太郎や久保清太郎らを介して、「対策」がいかにも杜撰《ずさん》であり、戯れの言にすぎないと酷評した者もおり、松陰を取り巻く環境がしだいに変化しつつあったことが分かる。

対策、策問という名のレポート学習は、通学の便が悪く、したがってあまり村塾に出入りしない人びとの勉学に好都合であった。これによく似た方法として、手紙の往復によって教えまた学ぶ、今日の通信教育の類もあった。その場合、必ずしも遠隔地に家がある塾生だけでなく、横山重五郎（幾太）のように、村塾に近い上野に住みながら、手紙をやり取りして学ぶ者もいた。「詩文評」を見ると、テキストである「論語」の各章につき、まず重五郎が章意、字訓、解義、余論をレポート風に書き綴り、松陰がそれに一々回答、もしくは評語を付するという、文字通り手紙を介した授業法であり、一向に理解しがたいため、一日も早く出席して詳しい説明を受けたいというように、どうしても納得がいかなければ、直接塾へ出掛けて先生に教えを乞うた。徒歩数分の近距離に住みながら、わざわざ手紙の往復をした理由はもう一つはっきりしないが、おそらく藩校明倫館その他の学塾での勉強に忙しく、村塾に出入りする暇がなかったのであろう。

自学自習する塾生たちに、松陰は多読でなく精読を説いたが、なかんずく本を読むさい、必ず抜き書きや抄録をすることを熱心に勧めた。冷泉雅二郎が、本を読むときはその精力の半ばを筆記に費すべきであると教えられたといい、また天野清三郎がいつも抄録をやれやれと言われたなどと回想するのがそれである。松陰自身の勉強法でもあり、たくさんの本を次々に読破した彼は、指にタコが出来るほど筆まめにそうした作業を試みており、抄録数十冊が机上に積まれたという。特別の方法は何もなく、読書のさい、わが意を得たり感心した箇所があるたびに紙を裂いて本の上欄に貼付し、一冊を読み終るとこれをすべて別冊に抄録した。ただ興奮すると、借本であるかどうかをすっかり忘れ、思わずその箇所を折り曲げたり、朱筆で傍線を引く癖があった松陰は、しばしば本の持ち主から苦情を持ち込まれたという。朱筆の書き入れはともかく、弟子たちもまた、この先生のやり方をそのまま真似ており、村塾では、本を読みながらある者は小まめに付箋を貼り、またある者は熱心に筆を動かす風景があちこちで見られた。

教室の外に出た教育

講義や会読はともかく、対読のような個別の授業は教室の外でも行われた。米を搗《つ》く台柄《だいがら》の上に書見台を作り、師弟が相対して本を読んだり、杉家の周辺にあった畑に出て草取りをしながら読書の方法や歴史の話を聞くという、いかにも田園調の教育である。少年時代の松陰が父百合之助から学んだやり方であり、半士半農の杉家の家事を手助けする意味もあったらしいが、松陰自身は、野外に出て師弟がのびのびと過ごす一時が和気靄々《あいあい》の雰囲気を醸《かも》し出し、大いに親近感を増すことになり、真面目一方の授業に「諧謔滑稽《かいぎゃくこっけい》」を織り交ぜ、何がしかのゆとりを齎《もた》らすのではないかと考えた。一種の野外学習であり、塾生たちがこれを愉快と感じ、楽しみにしたというのは、そうした狙いが十分功を奏したことを示すものであろう。

天野清三郎は、よく運動を勧めた運動家の先生といい、授業の合間に、運動をしようといって一同外に出て、草取りをしたり米を搗くなどしたと、これを今日の体育のようにいうが、米搗きをしながら「大日本史」を読了した冷泉雅二郎のような塾生もおり、むしろ教室がそのまま屋外へ拡大された場合と見るべきであろう。

天野のいう運動は、村塾で盛んに行われた武術の訓練があてはまる。山鹿流兵学師範の松陰自身は、あまり武術が得意でなく、剣・槍・馬術を人並みに学んだものの、免許皆伝にはほど遠く、ごく平凡な腕前であったようだ。山鹿流の銃陣調練はむろん松陰が中心になって行ったが、塾の周辺や松本川の河原ではともかく、萩郊外へ隊伍を組み遠出をするようなときは、謹慎中の松陰は参加せず、飯田正伯ら塾中の年長者が引率した。開始の時期ははっきりしないが、安政四（一八五七）年九月一六日、富永有隣の帰省を送る一文に、この日、村塾では東山へ演銃に出掛けたが、塾中の生徒は皆これに参加したとあり、幽室時代にさかのぼることは間違いない。送別の会に、たまたま在塾中の十一名が集まったというから、銃陣訓練への参加者の規模がどれくらいであったかが分かる。村塾にあった遠足と称する行事がそれであり、毎月一、二回出遊の日を定めて、近くは一、二里、遠いときは五、六里も健脚を競い、行く先々で模擬演習を行った。大ていは東山、実は東光寺山や小畑に向かったが、ときには大井浜辺りまで足を伸ばしたこともある。

剣術は早くから行われたようだが、安政四年末に入塾した天野清三郎が、撃剣も時々やったという程度であり、それほど熱心に行われたわけではない。最盛期は、翌年春に塾の増築が議せられた頃であり、佐々木亀之助、謙蔵、梅三郎の三兄弟、岡部富太郎、中谷茂十郎、原田太郎、玉木彦介、有吉熊次郎、弘勝之助らが稽古に励んだ。松陰の参加についてははっきりしないが、師範代になったのは、腕前の立つ佐々木謙蔵、岡部、中谷の三生である。隔日に撃剣稽古の時間割を組み、塾中から選ばれた両名ずつを教師として配したというから、二人一組となり一日おきに教えたようだ。

夏場になると水泳が近くの松本川で毎日のように行われた。この時代にまだ海水浴の習慣はなく、武術の一環として藩校の教科目にある「游泳」を試みたものであり、おそらく水府流の類を学んだのであろう。

塾生の九割近くがサムライ身分の子弟であるから、武術の教科を加えることに抵抗はなかったが、その他の身分、村医、僧侶、農・町民の塾生もごく自然に彼らと行動を共にしたようだ。体育的感覚もなかったわけではないが、塾中で計画されていた政治的蹶起《けっき》に賛同し、その一翼を担おうとすれば、何ほどか武術を身につけることが必要であったからである。魚屋の子松浦亀太郎が得意の絵筆を捨て志士に変貌する過程を見れば分かるが、身分の如何にかかわらず、村塾に学んだ人びとが容易に政治運動に関与する素地が、こうした文武両道の教育によって早くから培《つちか》われつつあったことは、おそらく間違いない。

地図や飛耳長目帳を活用した実用教育

兵学教場にあった紙図は、城の攻防や野戦での陣形などを学ぶ机上演習であるが、そのさい現場の地勢を確認するための詳細な地図が必要であり、場合によっては実地見分を行わなければならない。日本国中を旅した経験のある地理的情報を豊富に持った松陰は、その意味で最高の先生であったが、兵学を講ずるときだけでなく、授業中彼は機会あるごとに地図を活用した。歴史の本を読むさい、絶えず地図を塾生たちの前に拡げて、「古今の沿革彼我《ひが》の遠近」を明らかにしたというが、これは、彼の持論であった「地を離れて人なく、人を離れて事なし、人事を究めんと欲せば先づ地理を見よ」(「松下村塾零話」「全集」一〇、三四五頁)を踏まえたものである。たとえば「日本外史」の毛利氏を講ずるときは、必ず傍らに地図をおいて、戦場の地形や攻防の一進一退を具体的に辿りながら、判断の分かれる箇所に来ると、テキストを一旦閉じて、出席者の意見を一々尋ねて是非を論じたという。横山重五郎(幾太)が、このような授業であるから、毎朝僅かに一〇枚程度しか読み進まなかったが、他の先生について百枚読むよりずっと学ぶところが多かったというように、地図を存分に活用した極めて分かりやすい授業であった。

「野山獄読書記」には、「日本輿地《よち》路程全図」「歴代洲郡沿革地図」「坤輿《こんよ》図識」「新製輿地全図」「海国図志」「新製万国輿地図説」「薩哈連《さがれん》洲沿革地形并彊界《きょうかい》之議」「北蝦夷《えぞ》地取調之趣」などの地理書をたくさん見ることができるが、安政四年正月に箕作《みつくり》省吾の世界地理書である「坤輿図識」三冊を佐々木梅三郎、吉田栄太郎、増野徳民ら三生のために読んだように、参考資料としてだけでなく、時々テキストとしても使われている。

村塾には諸方を遊歴する門生や友人知己から寄せられた情報を集めた「飛耳長目帳《ひじちょうもくちょう》」と題する、今日の新聞風に書き綴ったものが備え付けられていた。全国各地から戻った塾生や出入りの商人たちが直接齎《もた》らす情報はほとんど聞き書きであるが、これに旅先から送られて来る手紙や風説書の中から、必要と思われる箇所を抜き書きして一冊の読み物としたものである。われわれのよく知っている新聞記事のスクラップ・ブック化と考えると分かりやすい。いずれにせよ、萩城下から一歩も出ず塾中に閉居する松陰が、京坂、江戸その他各地の情勢を詳しく知ることができたのは、この冊子のお陰である。これはまた、広く塾生たちの閲覧に供されており、必要に応じて授業の教材としても使われた。

教師自身がお手本になる

孟子のいわゆる養、教育論に言及しながら、勉強のできない子供を縄で縛り杖で打ち据えながら、一朝一夕のうちに賢い立派な人間に変えてしまおうというような、上から無理やり押しつけ一方的に教え込む、それも性急に成果を求めるやり方を排する松陰は、「仁義道徳の中に沐浴《もくよく》させて、覚えず知らず善に移り悪に遠ざかり、旧染の汙自《お》ら化するを待つ」（「講孟余話」「全集」三、一七五頁、以下同じ）、いつどこにいても仁義道徳が子供たちを豊かに潤し包み込む、そうした理想の教育環境の中で子供たちが育ち大きくなっていく過程で、いつの間にかその影響を一杯にうけて立派な大人になる、いわば極めて息の長い自然成長的な教育をよしとしたが、この一見何もしない教育における教師の役割とはどのようなものか。

孟子の「人の患《うれい》は、好んで人の師となるに在り」を評して、「学をなすの要は己が為めにするにあり」「己が為めにするの学は、人の師となるを好むに非ずして自《おのずか》ら人の師となるべし。人の為めにするの学は、人の師とならんと欲すれども遂に師となるに足らず」などといったのは、少し学問ができるようになるとすぐ人に教えたがる、つまり安易に人の師となる世間一般の弊害を指摘したものである。そこからまた、「博聞強記、人の顧問に備はるのみ」「記聞の学は以て師となるに足らず」というように、いかに頭がよく学問が立派にできたとしても、単なる博学、物知りでしかなければ、人を教える資格などない。本当に人の師となろうとすれば、ただひたすら、「己れを修め実を盡し、言語を容易にせず、実行を以て自ら責任と」する、何よりもまず教師自身が立派な人間にならなければならない、しかも口でいくら上手に説明しても効果はなく、黙って実行して見せる他はないと考えたのである。要するに、松陰にとって教えるということは、教師その人がお手本を示し、自らが正しいと信ずるところ、理想とする生きざまを弟子たちの前にさらけ出して見せる、その意味では何も教えない、何かを教えるというより、無為にして化すやり方であった。

第五章　草莽崛起の実践者

1　再び野山獄へ

実力行使へ始動

安政五（一八五八）年六月一九日の日米修好通商条約の調印は、大老井伊直弼《なおすけ》が京都朝廷の勅許を待たずに断行したため、いわゆる違勅《いちょく》事件として朝野に喧伝《けんでん》されたが、松陰はこの事実を七月に入って知った。すぐさま藩主へ「大義を議す」を建白し、征夷大将軍は天下の賊であり、今これを討たなければ、天下万世に非難されるであろうと、初めて討幕論を明らかにした。もっとも、この主張は、何度も繰り返し勅に従うことを忠告し、どうしても態度を改めないときにこれを討つ、つまり違勅諫争《かんそう》の成果を見た上で決断するという、いわば条件づきの討幕論であり、不徹底もしくは微温的の誹《そし》りはやはり免れがたい。即今討幕にすでに到達していた彼の盟友僧月性《げっしょう》や黙霖《もくりん》らの主張とは、まだかなりの距離があるが、ともかくも、ここで実力行使を認めたことは、かねての持論である真心で周囲の人びとを説得する、ひたすら至誠を尽くして感悟させる行き方とははっきり一線を画した。事実、これ以後、村塾の人びとは、好むと好まざるとにかかわらず政治的傾斜を著しくし、さまざまな蹶起《けっき》プランについて盛んに論ずるようになった。以下、その大要を見てみよう。

六月初めに上洛した塾生中谷正亮《しょうすけ》から、井伊大老が天皇を彦根へ遷《うつ》そうとしているとの情報を得た松陰は、藩政府の中枢にいた直目付清水図書に兵庫警衛人数と称する藩兵の出動と、文武修業に名を借りた精忠の士二〇名の派遣を求めた。七月一六日付の「時義略論」で天皇の叡山臨幸を議したとき、防長二国から精兵五百人の出兵を想定しており、どれくらいの兵力を考えていたのかが分かる。中核となる二〇名はむろん村塾生であり、七月二四日には塾中で、文武諸芸の訓練に励むだけでなく、無用の家財道具を売り払って武器、軍資金、携帯兵糧を準備することを決めている。当局側の同意が得られれば、すぐさま一隊を組織して上洛しようとするものであり、実態はともかく図上の演習では一時塾はほとんど臨戦態勢にあった。藩上下を挙げての蹶起に期待したのは、この直前に行われた政務員の交替で、要路に益田弾正（行相府当役）や浦靭負《ゆきえ》（国相府当職）ら、松陰に好意的な人びとが多数進出したためである。もっとも、彦根遷座を阻止し、叡山臨幸を実現しようというのは、天皇を擁した事実上の旗揚げであっただけに、藩庁側の反応は極めて鈍く、建議はそのまま握り潰された。

同じ頃、塾中では紀州藩付家老水野土佐守の暗殺が議されている。藩主慶福《よしとみ》を将軍継嗣《けいし》とすることに奔走し、幕閣では外国掛老中堀田正睦《まさよし》と結び、井伊大老を動かして違勅調印や水戸、尾張、越前の三藩主処罰を断行させたと信じられていた人物である。八月上旬の「囚室臆度《おくたく》」に、関東の二奸として閣老堀田備中守と紀州藩の附家老水野土佐守の名前を挙げているが、計画が具体化したのは、九月九日、江戸滞在中の松浦松洞《しょうどう》に宛てた手紙においてである。一人の奸猾《かんかつ》、すなわち大悪人さえ倒せば天下はうまく治まる、この企てが天下の情勢を動かすに足ると信じた松陰は、蘇我入鹿《いるか》を殺した故事に倣いながら、江戸城内で事を起こすのが最善であるが、駄目な場合はその居宅を襲えばよろしいなどという。越前藩内の有志へ働き掛けているが、事がはかばかしく進まないときは、出府中の塾生高杉、久坂、尾寺、入江、吉田、それに友人の来島《きじま》又兵衛、半井春軒《なからいしゅんけん》らと謀議するように指示していた。もっとも、策を授けられた松洞はほとんど動かなかった。たまたま幕使の一行に潜り込んでアメリカ遊学を志していたことが一番の理由と思われるが、この種の企てを無謀視する考えもあったようだ。江戸にいた塾生たちも同意見であったらしく、現に高杉は、一一月一八日付の松陰に宛てた手紙でこの件にはまったく触れずに、松洞のアメリカ行を進言している。

暗殺計画がうまく行かないのを知った松陰は、次に大原三位下向策を取り上げている。革新公卿の最右翼として知られていた大原重徳《しげのり》父子を長州に迎え、これを擁して萩藩以下有志の四、五藩が結束して旗揚げしようとするものであり、京都で大原に接触した中谷正亮、久坂玄瑞らの情報を元に立案された。出京中の荻野時行へ宛てた九月二九日付の手紙で、大原卿を担ぎ出す件はどうなったのかを訊ねており、かなり早くから動き掛けていたようであるが、計画が動き出したのは一二月になってからである。

塾中で練られた「某事件相談書」を見ると、蹶起グループ四七名中、村塾生二〇名を数えているが、ほとんど出入りしなくなった者や公用出張で不在の者も何人か含まれており、多分に希望的観測を交えた人数である。軍資金は三カ所から金八〇両、おそらく塾中から二四両、計一〇四両の拠出を目論み、また兵糧米は、養母久満の実家森田家など三カ所をあてにしているが、四七名の軍勢を維持するにはほど遠く、一時的な手当ての域を出るものではない。おそらく大原父子を京都から迎えるのに必要なぎりぎりの旅費を見積もったものであろう。一行を迎え入れる藩内の体制についても、大会議の事、行府へ同道の事、大臣召見などの項目が覚え書き風に綴られているのみであり、必ずしも詳細な計画を立てていたわけではない。友人白井小助に託した一〇月二一日付の大原三位宛手紙で、どうかこの小助の案内で萩城下まで西下して頂きたい。そうすればわれわれ同志が政府へ哀願して家老や藩主をして義挙を唱えさせる、万一うまく運ばないようならば、同志の者だけでも蹶起する覚悟であるなどというように、ともかくも大原父子を迎え入れ、そのことによって事態の一挙打開をめざそうとしていた。誘いを受けた側から見れば、これほどあやふやではっきりしない企てではなく、動きたくても動けない状態というのが本当のところであろう。計画が越年して野山獄内に持ち込まれたのは、そのためである。

同じ頃、松陰は塾生の赤禰武人《あかねたけと》に対して伏見獄舎破壊策を授けている。幽室時代の早い時期に村塾で学んだ赤禰（旧姓松崎）は、この頃京都に出て梅田雲浜《うんぴん》の望楠軒にいた。安政大獄で師雲浜が投獄されたとき一味として逮捕され、取り調べを受けたが、ようやく嫌疑が晴れ釈放となり、九月一七日、養家先の阿月（柳井市）へ帰って来ていたものである。萩城下には一〇月頃に現われたらしく、このとき松陰から政治犯を収容していた伏見獄舎を襲撃し、梅田雲浜らを救出するように命じられている。一〇月八日付の肥後藩士某への手紙に、獄中にいる梅田を救出するため、一門生（赤禰武人といい一時梅田塾に学び、嫌疑を受けて捕われていたが、最近帰郷した）を脱藩、上洛させて大和の士民を募って獄舎を破壊させようと計画している。ただ、この人物は才能はあるが、いささか気力に乏しく、うまく行くかどうか心配しているとあるのが、前後の経緯を説明してくれる。同志を大和に求めたのは、雲浜の弟子が五條や十津川近辺に多かったためであるが、松陰がかつて遊歴した地でもあり、その支援もむろん視野に入っていたのであろう。

この計画はなぜかすぐ藩政府に漏れ、上洛した赤禰の捕縛命令が出たが、赤禰は巧みに探索の手を逃れ、京都付近に潜伏し同門の人びとと師の奪取策をあれこれ工作している。もっとも、一二月二五日、雲浜は江戸へ護送されたため、結局赤禰らの画策は成功しなかった。おそらく京都藩邸へ自首したと思われるが、年末には彼自身が身柄を拘束され、国元へ送り帰された。以後、万延元（一八六〇）年四月まで一年四カ月余も自宅謹慎となるが、これは村塾グループに対する一連の弾圧と変わらない。

叡山臨幸からここまで、次々に議された蹶起プランは、松陰個人が秘かに案じ門生たちへ示したためか、塾中で綿密な議論を重ねたような形跡があまりなく、いささか杜撰《ずさん》の誹《そし》りは免れ難い。計画を立ててては見たが、具体的に動き出すところまで行かなかったのはおそらくそのためであり、藩政府の直接の取り締まり対象にもなっていない。

老中間部詮勝要撃策の衝撃

安政五（一八五八）年一〇月末、尾張、水戸、越前、薩摩の四藩が大老井伊直弼の襲撃を企てているとの情報を得た松陰は、急遽老中間部詮勝《まなべあきかつ》要撃策を立案した。志士弾圧の元凶と目された人物の暗殺計画であり、当初は伏見獄舎を支配する奉行内藤豊後守も標的にされていた。一一月六日付の周布政之助宛手紙で、わが藩が勤王の魁《さきがけ》となり天下の諸藩に後《おく》れず、毛利家の義名を末代まで輝かしたいといい、また同日付の父・叔父・兄への書で、一層具体的に同志を糾合して速やかに京に上り、間部の首を獲てこれを竿頭《かんとう》に貫き、上は以てわが公勤王の実を示し、また毛利家の名前を挙げ、下は以て天下士民の公憤を振るい立たせ、旗を掲げて皇居へ馳せ参ずる魁となるつもりであるなどと覚悟のほどを述べたように、何とか勤王の一番乗りをしなければならないが、そのために世間をあっと驚かせる過激な行動に出ようとしたものである。中央政界での主導権争いに負けたくないという辺りは、日頃万事に控えめな松陰とはいささか異なるが、勤王の一事では誰よりも熱心な自分という思いが、そうした行動を取らせたのであろう。

一刻も早く事を成就させたいと願っていただけに、今回の企ては極めて迅速に準備され、また具体的な内容を伴っていた。一一月六日には、早くも血盟の士一七名を得たというが、塾中で参加が確認できるのは、岡部富太郎、作間忠三郎、品川弥二郎、佐世八十郎《させやそろう》らの五名である。間もなく山代《やましろ》から帰塾する増野徳民、また一一月二九日、厳囚の命を聞き馳せ参じたいわゆる十志士中の久保清太郎、福原又四郎、入江杉蔵、時山直八、吉田栄太郎らが名前を列ねたと思われるが、この前後にオルグされた育英館の小国剛蔵や大谷茂樹、成章堂の河内紀令《こうちきれい》や大野村の生田良佐《いくたりょうすけ》らについては、参加の有無がはっきりしない。

これより早く、一一月三日には佐世に小銃弾を大量に集めるように求め、六日には藩手元役前田孫右衛門へ武器弾薬の借用を願い出ている。願書にクーボール三門、百目玉筒五門、三貫目鉄空弾二〇、百目鉄玉百、合薬五貫目を貸し下げて頂きたいとあるが、これだけの銃砲を操作するには数十名の兵員が必要であり、塾生を中心とした大規模な部隊編成が考えられていたことが分かる。この間、小銃弾購入の代金について、佐世としばしば協議したように、軍資金の調達はもっとも緊急の課題であったが、妙案があったわけではなく、同月七日には、友人の土屋蕭海《しょうかい》へ萩城下の市井《しせい》義侠の人に説いて金百両ばかり集めるように依頼している。弾薬購入に関して兵学門下の赤川淡水に借金した形跡もあり、ともかく金を出してくれそうな知り合いへは全部頼んで廻ったようである。

叡山臨幸の企てに見られるように、一連の政治的プランには多くの場合萩藩兵の動員、もしくは萩藩を先達とする雄藩連合の武力が期待されていたが、それにもかかわらず、挙兵の中核はあくまで松下村塾やそれと同盟関係にある私塾の人びとであった。大原三位重徳を長州に擁して蹶起するさい、兵を広く九州各地に募るとしながら、万一失敗するようなことがあっても、私どもの同志だけで三〇人や五〇人は集まるから、これを率いて天下に横行し奸賊の首を二つ三つも奪い戦死すれば、勤王の先鞭となり天下の公論をリードするのは間違いないと述べたのは、そのことを何よりも説明してくれるだろう。

同様の考え方は、間部老中要撃策においても例外ではなく、現に一一月一五日付の生田良佐宛手紙で松陰は、今のところは、政府でも大きな策略をめぐらしているようであり期待しているが、もしこの企てがはかばかしく進まないようならば、われわれの手で同志を募り一二月一五日を蹶起の日とし、上方へ馳せ向かうことにする。戸田の河内紀令や須佐の人びともこれに応ずるはずであり、長崎にいる来原《くりはら》良蔵が、この地で学んでいる壮士四、五〇名を率いて駆け付け、一勢力となることも間違いない。肥後・柳川両藩へも追々人を遣わし、同志の士を募るつもりであるなどと述べながら、早急に敢然と死地へ赴く、智勇義侠に富む士を周東・周南方面で募るように求めた。僧月性の時習館や堅田家塾成章堂からの参加を期待したものであるが、これより先、岡部富太郎と品川弥二郎の両生を須佐へ派遣したときも、村塾と育英館双方の連絡を密にするため、死を恐れない少年三、四名を村塾まで早々に派遣してくれるようにいい、またその支配地へは、知恵と勇気と資金を求めるオルグ数名を送り込むように説いている。

ややもすれば机上の空論に近かった従来の蹶起プランに比べ、間部老中要撃策は、すでにさまざまな形の具体的行動を伴っていただけに、藩内上下に極めて強い衝撃を与え、また大きな波紋を広げた。武器弾薬の貸与をストレートに求められた藩政府にとって、時の老中襲撃はそのまま幕府政権への反乱、すなわち討幕戦争の開始であり、軽々に応じられる性格のものではない。政府部内でかねて松陰の理解者であり、万事に好意的に動いてきた人びとも、事の重大さを反映するように、この計画にはほぼ例外なく異議を唱えた。重役連の中では、手元役の前田孫右衛門が唯一人賛意を表したというが、松陰が最も期待した右筆役《ゆうひつ》の周布政之助《すう》は、案に相違して強く反対した。さまざまなルートを通じて慰撫に努めた周布が、説得に応じない松陰に業を煮やし、とうとう書生の妄動《もうどう》を許すわけにはいかない、もし止めなければ投獄するほかないと迫ったのは、この時のことである。

この時期、おそらく藩内の大勢を占めた保守派、万事に事勿れ《ことなか》主義の人びとから見れば、松陰の企ては、萩藩の社稷《しゃしょく》を揺るがしかねない危険極まりない暴挙であり、このまま看過することなど到底出来ない。理由の如何を問わず、すぐさま断固たる処罰を求める声が一斉に挙がったのは当然であろう。いずれにせよ、松陰は四面楚歌の状態にあった。

本来、隠密裡《おんみつり》に進められるはずの蹶起プランがたちまち萩城下に広まり、また藩要路者の知るところとなったのは、一体なぜだろうか。叡山臨幸に始まる一連の計画が、常に藩ぐるみで考えられていたこともあるが、そのさい、政治的謀議というにはほど遠い松陰の天真爛漫の性格も、大いにマイナスに働いたようだ。もともと彼は、自らの政治的プランを天地神明に恥じない正義と見ており、したがって少数の有志と秘かに事を運ぶのでなく、まったく逆に、村塾に掲げた大旆《たいはい》を天下の公道に押し進めることにより、志を同じくする人びとを広く語らい一斉に行動を起こす、いわば正々堂々とその政治的目標を実現しようとしていた。これまでさまざまな計画がすべて藩政府の重役たちに相談しながら進められたのは、必ずしもその軍事力を借りるためだけではなく、正義であれば誰でも納得させることができると信じる、彼一流の考え方を踏まえていた。なかんずく間部老中要撃策は、藩重役に直接計画を明かしながら迫る、すなわち周布政之助に願書案文を示し、前田孫右衛門に銃砲、弾薬の貸下げを願い出るという、松陰のいわゆる公明正大、十字街頭を白日の下に進むような行動であったため、萩城下を震撼《しんかん》させた。

自宅厳囚から再獄へ

一一月二九日、松陰の厳囚―自宅監禁の命が下った。「学術純ならず、人心を動揺す」という理由が示されたが、むろんこれに松陰やその門下生たちが素直に納得したわけではない。飛報を聞いて久保清太郎、佐世八十郎、岡部富太郎、福原又四郎、有吉熊次郎、作間忠三郎、入江杉蔵、時山直八、吉田栄太郎、品川弥二郎らのいわゆる十志士が村塾に駆け付けた。さすがに松陰はしばらく諸君と交際を絶つと告げたが、一方でまた、一寅二は厳囚しても、十志士すべてを厳囚することなどできないと述べたように、塾生たちはこの処分に大いに怒り、過激な言動を今まで以上に強くした。当然のことながら、これがまた藩当局を著しく刺激することになった。

もともと藩政府の意向は、初めから松陰を獄に繋《つな》ぐつもりであったが、これに叔父玉木文之進が頑強に抵抗して罪一等を減じ、なんとか自宅監禁に改められたという経緯がある。もちろん、文之進ら近親者が、しっかりと松陰を監督するという条件づきであり、現に彼は、松陰の学術が不純であるとすれば、これをきちんと正さなくてはならないという観点から、一時は職を辞して家に戻り、親しく松陰の指導に当たろうと考えた。吉田宰判の名代官として評判の高かった彼の辞職は結局認められず、したがって松陰の自宅厳囚も名ばかりのものとなったが、そのことを咎《とが》めるように、一二月五日には、早くも借牢願の提出をいう支配書が父百合之助へ達せられた。

村塾の人びとがこれを藩政府の裏切り、背信行為と受けとめたのは当然であり、この日、佐世八十郎、岡部富太郎、福原又四郎、有吉熊次郎、作間忠三郎、品川弥二郎、入江杉蔵、吉田栄太郎ら八名が、重役連の屋敷へ大挙して押し掛け、師松陰の罪名は何かと厳しく問い詰めたが、どこからも明快な答えは得られず、また肝心の右筆役周布は策を弄して面会を回避したため、夜を徹した抗議行動も空振りに終わってしまった。

初め病を理由に会わなかった周布は、八名の塾生たちが、代表者を枕頭《ちんとう》へ呼ぶように激しく迫ったため、慌てて裏門から逃れ去るという醜態を演じている。主人の不在を告げられた人びとは、朝まで帰宅を待つと称して居座り邸内を騒がしたが、その有様は一晩中、大声で詩を吟じ、劇論を闘わす傍《ぼう》若無人《じゃくぶじん》な態度に終始しており、とても陳情者の類ではなく、政府のいわゆる暴徒と異ならなかった。身分の上下を弁《わきま》えず重役連に強訴した罪は、その粗暴な言動と併せて問題となり、八名の塾生たちはそのまま家囚を命じられた。佐世ら士分の五名は大晦日に処分を解かれたが、入江ら卒分の三名は、翌年正月二六日にようやく許されており、身分の如何によって罪に軽重のあったことが分かる。

ところで、野山再獄の狙いは、松陰その人の身柄拘束だけでなく、彼が主宰する村塾の活動全体を沈静化させることであり、この機会を捉えて関係者の一斉取り締まりが行われた。熊毛《くまげ》郡大野村に帰郷していた生田良佐は、一二月一六日の藩命で、周囲の人びととの交際や吉田松陰との文通を厳しく禁止された。外出不可、すなわち自宅謹慎は、生半可なものではなく、代官所の意を受けた監視員三名が三日交替で付き、一〇日ごとに目付の臨検が行われたというから、ほとんど獄舎にいるのと異ならない。翌六年一一月一七日の赦免まで一年近い監禁生活であり、江戸へ送られる師との再会も叶わなかった。間もなく京都から送還される赤禰武人は、伏見獄舎破壊の嫌疑もあり、万延元（一八六〇）年三月まで自宅謹慎の処分を受けた。

藩内各地にいた塾生たちが、同様の処分を受けたのかどうか明らかでないが、大晦日に家囚を許された福原又四郎が、兄三蔵の厳命で一歩も外へ出られず、また有吉熊次郎も、俗論派の叔父から責められ、やはり自宅で大人しくしていたというから、ほとんどの人びとが身動きできない閉塞状況にあったことは間違いない。

一二月五日の支配書に松陰側が素直に応じたわけでなく、初めは松陰自身の病気、後には父百合之助の看病のため、入獄をしばらく猶予して欲しいなど、さまざまな理由を挙げているが、これが何時《いつ》までも許されるはずもなく、一二月二六日にいよいよ入獄と決まった。おそらくその前夜、別宴の席に一二名の塾生が集まり、松陰が記した「武夫《もののふ》の別れの筵《えん》や雪の梅」の周辺に、それぞれの好きな言葉や詩歌を寄せ書きしているが、多くは年少組の人びとである。八名のいわゆる暴徒はなお家囚中で身動きがとれず、また高杉や久坂ら塾中の主要なメンバーは、公用出張などで萩に居なかったためである。翌朝、獄へ向かう駕籠を見送ったのも、前日の会に列なった人びとである。家囚中の吉田栄太郎のように、垣根越しに別れを告げた者もいるが、いずれにせよ、罪人を見送るわけであり、警護の役人を憚りながら、見え隠れに師の駕籠に追従したものであろう。

獄中からの政治的画策

安政五（一八五九）年一二月二六日に再び野山獄の人となった松陰は、翌六年五月二五日の江戸送りになるまで、ちょうど五カ月間在獄した。正月三日付の父百合之助宛手紙で、獄法が以前よりずっと簡素なものに変わり、獄内の生活は家に居るのと大差がないと呑気《のんき》な発言をするが、これは松陰の取り扱いに関する変化以上のものではない。かくべつ罪名もない松陰を予防検束的に投獄した関係から、藩庁側は彼に獄則をそのまま適用せず、かなり緩やかな待遇をしたようだ。事実、政治犯であるにもかかわらず、松陰は獄外との連絡や手紙のやりとりを比較的自由に認められている。さすがに面会は家族を原則とし、いつ誰とでも会えたわけではない。一時期あまりの面会の多さに、門人でもある獄吏の福川が難色を示したのはそのためであるが、実際には、彼の配慮で夜間の短時間に限り、門生や友人知己の多くと会うことができた。短期間の在獄のためか、獄中教育の再現こそなかったが、囚人同士が集う歌や俳句の会は、以前と変わらず活発に行われている。

松陰自身に罪の意識がなかったから、獄中にもかかわらず、政治的画策は以前にも増して頻繁かつ熱心に行われている。入獄前から懸案の大原三位下向策は、最大の関心事であり、早くも正月四日付の小田村伊之助宛手紙で、藩手元役内藤万里助《まりのすけ》が妨害したことを告げながら、計画を軌道に乗せるための新たな方策について相談している。同月九日、小田村から塾中で合議した結果、藩政府の監視の目や京都市中の取り締まりが厳しく、成功を到底期しがたいため、今しばらく情勢を見たいと報せて来た。翌日すぐ松陰は、佐世・岡部・入江へ宛て、亡命して京都へ上り、大原卿を伴うように命じたが、塾中からの反応はなかった。計画の内容は、この頃作成された「覚悟」と題する一文に詳しい。

同志中三名を選んで上洛させ大原卿を迎える手順は従来と異ならないが、藩内の受け入れ体制、とくに藩要路者との協議、宿舎の手当てや護衛の人数などに関しては、氏名を挙げながら細かく指示しており、九州、四国、中国地方の有力諸藩へのオルグ派遣についても言及している。公儀に召し捕られたときは長門浪人と称し、またその目的に関する訊問に対しては、公武合体、徳川幕府扶助のためと答えればよろしいなど、かなり具体的な問題にまで踏み込んで検討しており、着々と計画が練られていたことが分かる。

ほとんど同じ頃、獄中の松陰は、藩主伏見要駕《ようが》策を立案した。正月中旬、来藩した播磨の浪人大高又次郎、備中の平島武次郎らの提案に応えるかたちで計画されたものであり、三月参観交代途上の藩主を塾中から選ばれた「十死士」が伏見で迎え、大原ら革新公卿を擁して上洛し、勅を奉じて一挙に幕政の失策を正そうとするものである。前年末に大原三位下向策を働き掛けたとき、大原側から代案として示された経緯もあり、必ずしも荒唐無稽《こうとうむけい》のプランではないが、中谷・久坂ら有志の人びとは「観望持重」論であるというように、塾中の大方は賛成しなかった。松陰が最も期待した佐世、岡部、松浦らはいずれも自重論を捨て切れず、唯一人残った入江杉蔵の身代わりの弟野村和作が、二月下旬亡命して上洛した。もっとも、肝心の大原は機熟さずとして立たず、大高らもこれに同調した。獄中で孤立無援の囚人がめぐらしたプランに素直に乗れなかったのは、むしろ当然であろう。

京都藩邸へ自首した和作は国元へ送還され、岩倉獄に繋がれた。獄中にはすでに兄杉蔵がいたが、これは和作の脱走がいち早く藩庁側に露見していたためである。初め計画を打ち明けられた佐世、岡部らが小田村伊之助に告げ、そのルートで藩政府の知るところとなり、追捕《ついぶ》の手が伸ばされたものであるが、松陰にして見れば、これは立派な裏切り行為である。政府の顔色ばかり気にして、大義の何たるかを知らない連中ばかりで、君らは「政府の奴隷」と変らないと罵倒した彼は、佐世ら塾中の人びとと次々に絶交していった。

まったく同じ頃、清末策《きよすえさく》が企てられている。厚狭郡吉田村出身の同囚安富惣輔の案にヒントを得たもので、俵山温泉での湯治《とうじ》の名目で塾中の有志が清末城下に集結し、家中一統に働き掛け、藩主を擁して宗家《そうけ》である萩藩へ逆に迫ろうという計画である。正月二三日付の入江杉蔵宛手紙では、佐世や岡部、福原などを中心人物に考えていたが、三人ともこの案に興味を示さず、具体化するには至らなかった。四支藩の中でとくに清末藩が選ばれたのは、一万石余の小藩で、家中一統が仲睦まじく威権がましいところがなく、政治的オルグが比較的容易だと考えられたためである。豊後日出《ひじ》藩より養子として迎えられた藩主が、帆足万里《ほあしばんり》に学んだ英明の聞こえ高い人物であったことも、無関係ではなかろう。

これまで見てきたように、計画はいずれも失敗した。謀議が事前に漏れたり、また同志間に戦術上の意見の食違いが生じたりしたこともあるが、やはり最大の問題は、村塾そのものを政治的蹶起の前衛たらしめ、しかもそのさい、事の成否にかかわらず、何よりもまず実行を最優先するという松陰一流のやり方である。尊王討幕運動のいわば捨て石になって、自らが率先して死んで見せようというのであり、計画が軌道に乗らず、事態が悪化すればするほど、かえって松陰の姿勢は先鋭化した。失敗に失敗を重ねながら、一向にめげることなく、次々に過激なプランが練られたのはそのためである。

安政五（一八五八）年夏以来の拙速ともいえる松陰の急進主義に多くの塾生は付いていけず、晩年、最愛の弟子の一人であった入江杉蔵ですら、一〇月二三日付の吉田栄太郎宛手紙で、早く萩へ帰ってくれ、先生の世話には皆がほとほと困っているとこぼす有様であったが、師弟間の距離が決定的になったのは、大原三位下向策が事実上挫折した翌年正月のことである。政治的情勢がまだ熟さない今は、しばらく隠忍自重《いんにんじちょう》すべきだという江戸在の高杉・久坂・中谷・飯田・尾寺ら五名の手紙は一二月一一日付のものであり、これが松陰の元へ届いたのは、新春早々らしい。先述のように、正月九日には、小田村の手紙で大原三位下向策に塾中が反対であることを知ったが、同じ頃、兄梅太郎へ、正月七日以来一信もないと書いているように、門生たちからの手紙も絶えた。閉塞状況にある獄中の師を刺激しないよう一時交際を絶つことを、周辺が申し合わせたらしいが、当局側の直接、間接の働き掛けもおそらくあったに違いない。

四面楚歌の中で一人松陰のみは意気軒昂《けんこう》であり、江戸滞在中の高杉、久坂らがいう、しばらく過激な言動を控える、つまり戦術転換の申し出に対し、僕は忠義をするつもり、諸友は功業をするつもりらしいが、功業、すなわち世俗的な成功を求める君らは勝手な行動をとればよろしい、今後はひたすら忠義にこだわる同志数人で頑張ると応え、あくまで自らの信ずる道を行く決意を示した。もっとも、残り少ない同志と考えられた佐世、岡部、増野らは相変わらず優柔不断ではっきりせず、また暴徒一件その他で家囚中の伊藤伝之助、野村、吉田、入江、品川らに多くは期待できない。松陰が激すれば激するほど、ますます彼は孤立無援の状態に追い込まれた。藩主伏見要駕策を齎《もた》らした大高、平島らを空しく去らせる結果になったのは、このようなときである。

さすがに松陰の失望落胆は大きく、両名が発った翌日、正月二四日を期して絶食求死の挙に出た。同囚の安富惣輔に、今後何か快事があるまで何も飲まず食べない、このために死んでも止むを得ないというように、必ずしもストレートに死を願望したわけではなく、一切の飲食を絶ってひたすら沈思黙考する、いわばぎりぎりの限界状況から何とか活路を見出そうとしたものである。松陰の身を案ずる父母、叔父らの熱心な説得もあったが、たまたま二六日、吉田栄太郎らの家囚が解かれたという朗報が獄中へ齎らされ、これが絶望に打ちひしがれた松陰の感情を和らげた。絶食はともかくも中止されたが、自らをどん底の境遇に置く、そうすることにより事態を突破しようとする覚悟のほどには、いささかの変化もなかった。

三月末頃に書かれた小田村・久保宛手紙に、神国日本の沈没を坐視することはできないため、国内で一騒乱を起し人びとを死地に陥れようとして、この間、大原三位下向策・清末策・伏見要駕策などいろいろ苦心したとあるように、もともと松陰は、藩体制そのものを危機状況にさらし、人びとを絶体絶命の境地に追い込むことから始めようとしていた。諸藩に先んじてわが藩が討幕の先達となるためには、こうした荒療治しかないと考えたわけであるが、この姿勢は、社稷をひたすら案じ、一身の安危をしきりに気にする人びとにはまったく理解できなかった。

政治的プランが一向に迎えられないとすれば、残されたのは、我が身そのものを死地へ陥れ、自分一人の力でやってみるしかない。事が失敗し、罪に問われるようになれば、人の心も堅固になり、そのような人が必ず他日の用に立つと思い過激な主張をしたのであり、狙いはまさしく「草莽《そうもう》崛起《くっき》」への期待であるというように、逆境にあってしかも孤立を怖れず、これをはっきり認めながら信念を貫く、この場合、在野の草莽としてあらゆる可能性を信じて死ぬまで諫争する、つまり一身をかけて諫争につぐ諫争を繰り返す、松陰のいわゆる勤王の死をめざすことに他ならなかった。要するに一人でもよい、自分がまず死んでみせたら友人や弟子たち生き残った人びとが、少しは力を尽くしてくれるのではないかと考えたのである。生きて何もできないのなら、むしろ死んで人びとに訴える他はないというのは、一見あまりに単純かつ性急にすぎて、いささか自暴自棄の嫌いがないではないが、松陰の真意は、彼の死という事実が決定的な力となって、事々に逡巡する村塾の人びとを揺り動かし、後に続く第二、第三の松陰を期待できるのではないか、今はそれをなすべき絶好の時期であるという点にあった。

岩倉獄でいかに処すべきか悶々とする野村和作は、師の提示した「草莽崛起」に、将来崛起の人が有るのか無いのかをじっくり考えてみなければならない、われわれが率先して死んでみせたとして、果たして後に続く者が何人いるだろうかと素朴な疑問を呈したが、これを時勢論と一蹴する松陰は、そうであるがゆえに、自分が崛起の人となって死んでみせなくてはならないという。時勢が来るのを待つのでなく、時勢を作り出すのであり、そのために一人でもやってみせると高言して憚《はばか》らなかったのである。

2　東行の幕命下る

帰らぬ旅

幕閣から江戸藩邸へ吉田松陰の身柄差出しをいう命令が来たのは、安政六（一八五九）年四月二〇日であるが、翌二一日には早くも国元へ第一報が発せられた。松陰はこの事実を五月一四日の午後、獄を訪ねた兄梅太郎から聞いている。

幕府法廷への呼び出しはまったく寝耳に水の出来事かというと、そうではない。安政大獄が進行中であり、しかも次々と政治的画策をめぐらしていた松陰だけに、早晩こうした事態が起きることは予測された。三カ月前の正月一三日、兄宛手紙で、しばらく過激な活動を慎むようにいう弟子たちに対して、上方の風聞は知っているが、取締り当局の為にする脅しかもしれず、今さらびくびくすることもあるまいというように、大原三位下向策など一連の計画が世上の噂となり、官辺を刺激しつつあることは十分承知していた。今回の呼び出しについては、政府当路者へ宛てた「愚案の趣」の中で、私が発案して同志中の連判を取り付け一同上京、間部下総守を討ち果たそうとしたことが、松下村塾の謀議として一時江戸府中で人の口に伝えられたようであるが、おそらくこれにさまざまな尾鰭《おひれ》がついて、今回の嫌疑となっているに違いないというように、間部老中要撃策が露見したのではないかと考えている。おそらく江戸にいた塾生の高杉らから得た情報であろう。

幕府要人の暗殺という大それた事件を企てたにもかかわらず、松陰はこの事態にあまり動揺した風はなく、計画は途中で挫折し、今は同志もすべて解散したため無罪であると、自分流に解釈していたが、むろんこれは幕府法廷に通用する理屈ではない。幸いにも今回の呼び出しは、この件とは関係なく、一つは政治犯として捕らえていた梅田雲浜が先年萩城下を訪れたさいどのような密議を行ったのか、いま一つは、御所内の落とし文が松陰の筆であると申し立てる者がいるが本当かどうかを問い糾すものであり、いずれも確かな証拠があったわけではない。ただ、当時の呼び出し状は、罪状が明示されることはなく、したがって松陰は、自らにどのような嫌疑を掛けられているのかまったく知らず、江戸へ向かうことになった。当初、予想したように、老中暗殺計画が理由ならば、松陰がどう主張しようとも、死罪は到底免れがたいところであり、今回の江戸行きが、生きて再び故郷の地を踏むことのない死出の旅路であると覚悟を決めたのは、しごく当然であろう。

松陰の召喚状に驚いたのは、むしろ藩政府の方である。幕府法廷での訊問に松陰がすべてを喋《しゃべ》れば、藩主や藩政府へお咎めがあることは免れなかったからであり、出発前の慌ただしい一〇日間にさまざまのルートを通じて、松陰の口封じに努めている。最初、松陰は言うべきことはきちんと言いたいと考えていたようである。わが藩がこれまで堅持してきた徳川扶助、公武合体、勅旨尊奉、天朝へ忠節、幕府へ信義が間違っているというのなら、天下の形勢と人心の向背について一命をかけて説明するつもりであり、これがうまくいけば幕府の議論を一変し、今獄に繋がれている天下の忠臣義士が釈放される可能性がないではなく、悪くてもわが藩に対する嫌疑は氷解するに違いないなどというのは、幕吏の議論が間違っていれば、堂々と主張してこれをはっきり正したい、つまり法廷で争うことも辞さないというのであり、藩政府が最も恐れていた事態である。さすがに、たとえ一身は微塵《みじん》に砕かれても藩政府の要人である長井や周布へ迷惑を及ぼすようなことはしない、この度の一件は、一命をかけて国難に代らねばならぬことはよく承知していると付け加えているが、真心をもって迫れば、どのような人でも必ず動かすことができるというのが、かねて松陰の信念であったから、当路者の心配は一向に消えることはなかった。

東送前日の五月二四日夜、松陰は突然野山獄から杉家に戻った。司獄福川犀之助《さいのすけ》が独断で家族や門人たちと最後の別れをさせるために帰宅を認めたものであり、後に彼はこの一件で一〇日間の遠慮、すなわち謹慎処分を受けている。直ちに四方へ報せが発せられ、萩城下にいた何人かの門生が杉家に集まった。品川弥二郎の報せで駆け付けた天野清三郎（渡辺蒿蔵《こうぞう》）は、松陰の母滝が仏壇に灯明を上げながら、無事に帰れるように拝めと促し、松陰が素直に手を合わした光景を伝えているが、この夜、母は久しぶりに入浴した息子の背を流してやりながら、最後の言葉を交わしたという。

五月二五日（陽暦六月二五日）の朝、前夜から降り続く雨の中を松陰は出発した。一行三〇名といわれる仰々しい護送の人数は、途中での事故、とくに京坂地方を通過するさい、伏見要駕策を共に計画した播磨の浪人大高又次郎らの一党が襲撃するのではないかと疑ったためであり、道順はもとより、旅行の時刻や宿舎での警護のあり方など、細かく指示されていた。道中はすべて駕籠に錠前を卸《おろ》し、上から細引で作った網を被《かぶ》せ、また中にいる松陰には腰縄を付け、必要に応じて手鎖をするように求めており、警戒の上にも警戒を重ねていたことが分かる。

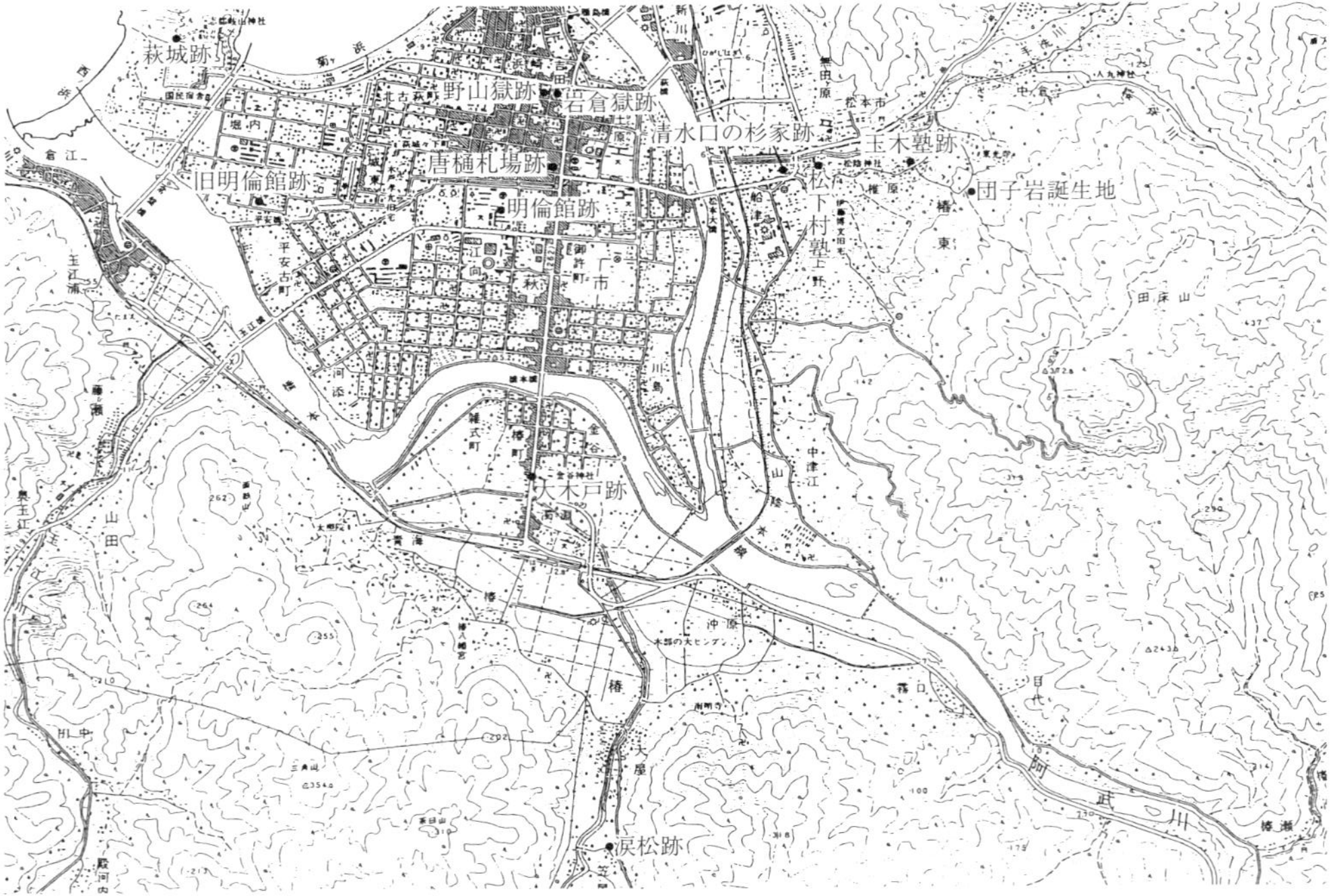

図9　萩市周辺図　出所：国土地理院発行 1：25000地形図

萩城下を出た松陰の駕籠は、涙松《なみだまつ》と呼ばれる老松の下で小休止した。これが萩の見納めとなるから、どうか見せて欲しいという松陰の頼みを容れたものであり、駕籠の戸を開けてしばらく雨の中に霞《かす》む城下を眺めた。涙松の地名は、萩より旅立つ人はここで惜別《せきべつ》の涙を流し、また旅から帰った人は喜びの涙を流したところから、名付けられたものという。「帰らじと思ひさだめし旅なればひとしほぬるる涙松かな」は、このとき松陰が詠んだ歌である。萩城下の中心、唐樋《からひ》の札場から約一里の行程である。

山陽道から東海道へ出た松陰の一行は、二九泊三〇日の行程で、六月二五日江戸に着いた。呼び出し状の伝達が江戸から萩まで「道中総陸二十日」、陸路二〇日余の行程で齎《もた》らされたのを見ると、極めてゆっくりした到着であるが、真夏の炎天下でそんなに長時間歩くことができない上に、不測の事故を回避するため、日没前早々に宿屋に入るなど、万事に行動が制限されていたためであろう。

涙松の歌碑（萩市椿大屋）

江戸法廷での審理

幕府評定所に呼び出されたのは、江戸到着から一四日を経た七月九日である。すぐさま大目付久貝因幡守、勘定奉行兼町奉行池田播磨守、町奉行石谷因幡守ら三名による取り調べが始まったが、容疑は二つあった。まず第一、安政三(一八五六)年冬、梅田雲浜が萩城下を訪ねたさい、何を相談したのかという訊問には、禅を学べなど学問上の議論をしたにすぎず、訪問自体がたまたま先年京都で知り合った伝手《つて》を辿ってきたもので、特別の用事があったわけではないと答えた。これに付随し、村塾出身で雲浜の望楠軒で学んでいた赤禰武人との関係を詳しく聞かれたが、奉行らが何とか自分を梅田の仲間にしようとしていると松陰がいうように、幕府法廷が雲浜との間に政治的謀議が行われたことをあくまで疑ったからである。これに対し松陰は、彼はたしかに立派な人物であるが、尊大なタイプで自分らを子供扱いするようなところがあり、あまり快くは思っておらず、したがって一緒に行動するつもりはもともとないと答えている。梅田源二郎、すなわち雲浜を信ずるに足る人物とは思わず、事を共にする同志ではないと断言したのである。次いで第二、京都御所内に幕政を批判した落とし文があり、その筆跡が松陰のものではないかという訊問であるが、松陰はそうした姑息《こそく》なやり方は自分の好みでない、また筆跡もまったく異なる、さらに日頃使用する用紙も、落とし文に使われた竪《たて》の罫線がある継立紙《つぎたてがみ》でなく、藍色の罫線を縦横に引いた一行二〇字、一〇行、二〇〇字詰の原稿用紙であると身の潔白を主張した。

理路整然とした松陰の弁明は極めて説得力があり、幕吏を納得させるに十分であったが、問題はこれに関連したやりとりの中で、松陰が述べた内容である。取り調べが一応終わった後、奉行からこれは尋問ではないが、今の世の中についてどう思うのか、お前が日頃考えているところをじっくりと聞いてみたい、つまり時事問題について存分に自らの信念を述べて見よと言われた松陰は、アメリカ使節との応接書について一々弁駁《べんばく》した。自宅蟄居《ちっきょ》中の身でなぜそのように国事に詳しいのかという問いには、周囲に国難を憂える知識人がたくさんおり、彼らが全国の情報を収集して報せてくれるとやや自慢げに答えているが、その延長線上で、自分には死罪に当たることが二つあるが、これを明かすと周囲の人びとに迷惑が掛かるから言いたくないと思わず口を滑らしたのが、命取りとなった。

取り調べの奉行が、大した罪にはならないからともかくも述べてみよというのは、自白を誘導する常套《じょうとう》手段であるが、これに対する松陰は、正義ならば相手にも必ず伝わるはずであり、もし騙《だま》されたとしても止むを得ないとあまりに楽天的であった。死罪二のうち、奉行らは大原三位下向策には大して関心を示さなかったようだが、もう一つ、間部老中要撃策には敏感に反応した。松陰の口から語られたのは、上洛中の間部老中が、朝廷を悩ましているのを聞き、同志が連判し駈け上り侯を詰問しようとしたと、しごく曖昧《あいまい》な言い方でしかなかったが、冷静に判断すれば襲撃も視野に入れていたことは明白であり、現に一旦休憩を挟みながら、奉行らは、間部老中を説得しようとしたというが、もし老中がこれを聞き入れなければ、斬り殺そうとしたに違いないと厳しく迫っている。松陰の方は、そのようなことはまったく計画していないと答えたが、おそらくこのとき、彼は謀られたと思ったに違いない。時すでに遅く、無罪釈放どころか、幕閣の要人暗殺を策した嫌疑で、吟味中揚屋《あがりや》入りを命じられ、改めて取り調べるを受けることになった。

幕閣から見れば、直参でなく陪臣《ばいしん》身分の松陰は、下級武士が収容される伝馬町牢の西奥揚屋へ収容された。下田事件のときいた東口揚屋よりやや広い間口三間の獄舎であり、十数人の同囚がいたらしい。在獄五年の名主沼崎吉五郎がたまたま下田事件の松陰を知っていたため、きめ板の洗礼を受けることなく、いきなり上座の隠居の地位を与えられた。ことのほか安楽世界で大いに喜んでいるというのはそのためであるが、無一文の境遇ではむろん身動きがとれず、現金をはじめ、書物、衣類など細々としたものの差し入れを獄外に頼んでいる。高杉晋作、飯田正伯、尾寺新之丞（允）らがその任に当たったが、いずれも出府中の塾生たちである。

ところで、幕府法廷での取り調べはどのように進展したのだろうか。八月一三日付の久保清太郎・久坂玄瑞宛手紙に、その後一カ月も経つが一向に呼び出しがないとあり、また同月二五日付の堀江克之助宛手紙に、小生の一件はまったく取り調べがないとあるように、揚屋入りを命じられてから、しばらく何の音沙汰もなかったらしい。松陰は罪状がはっきりせず、取り調べ側が困惑しているからではないかとみたが、それはともかく、九月五日にようやく二度目のお白洲となった。入獄後実に二カ月を経ており、審理が一向にはかどらなかったのは事実である。

前回と同じく、奉行連は、間部老中へ直訴《じきそ》のさい刃傷を考えていたのではないかとしきりに疑ったが、松陰は一死をもって諫争《かんそう》するのみであり、そのような暴挙は考えていないと弁解に努めている。取り調べそのものは、しごく温柔の御吟味口などというように、相変わらず穏やかな調子であったらしい。松陰はこれを、奉行らが自分を助けるつもりでそのように取り計らってくれていると受けとめているが、この辺はいささかお人好しの感は拭えない。取り調べの様子から見て軽い処分で済むらしいといいながら、国元での蟄居か他家預けの処分を予想したのはそのためである。

一〇月五日、三度目の取り調べが行われた。翌六日付の飯田正伯宛手紙で、すこぶる慈悲深い取り調べであるといい、また尾寺新之丞宛手紙で、三人の奉行が自分を殺すつもりならばはっきりと申し立てることがあるが、奉行らが実に穏やかで丁寧に取り扱ってくれるから何も言わないようにしているというように、松陰の眼に映じた三奉行の態度に変わりはなかった。奉行らの温情に合わせ、なるべく口を慎み神妙な態度をとっているというのであり、処分については死罪も遠島もなく、重くても他家預け、軽ければ国元送還になるのではないか、同囚の人びとも帰国を予想していると、相変わらず楽観的であった。

この間、政治犯中の大物と目された頼《らい》三樹三郎《みきさぶろう》や橋本左内らの死罪はともかく、さほど知名度のない飯泉《いいいずみ》喜内《きない》の斬刑が伝えられると、松陰の心境にもさすがに変化が生じ、遠島は免れ難いと思うようになった。間部老中への諫争という強訴に似たことを企て、実行には至らなかったものの、公儀を恐れない不埒《ふらち》な態度ということで、死一等を減じて遠島かとみたのは、おそらく奉行らとのやりとりから最悪の事態を予想したものであろう。

四度目となる最後の審理は、一〇月一六日に行われた。前回から僅《わず》か一一日しか経っておらず、しかもこれまでの審理とはまるで異なる厳しい調子であり、この間、取り調べ側に何らかの大きな変化があったことを窺《うかが》わせる。あるいは大老井伊が断固たる姿勢で介入したのかもしれない。審理をすべて終え、読み聞かされた口上書の中に、「下総殿（間部老中）へ旨趣申立て御取用ひ之れなき節は差《さし》違《ちが》へ申すべく、警衛人数相支《ささ》へ候はば切払ひ候て御輿へ近づき申すべく」（安政六年一〇月一七日付尾寺新之丞宛書簡、「全集」八、四一三〜四頁。以下同じ）という文言が挿入されており、これを申し立てと異なると主張する松陰との間で言い争いとなった。一旦中断し、全員の口上書の言い渡しの後、再度呼び出されたが、差違へ、つまり老中刺殺を削除したものの、切払い、つまり護衛を斬って近付くという文字はそのまま残されており、松陰はこれもまた事実に反すると激しく抗議している。口上の事、すなわち陳述の言葉がどうであっても罪科の軽重には関係がない、つまり判決内容は同じであるという理由で松陰の要求どおり切払いの文字は除かれたが、末文に「公儀に対し不敬の至り」「御吟味を受け誤り入り奉り候」などというくだりがあり、これが致命的となった。松陰は取り調べの奉行連が最初から首をとる、つまり死罪にするつもりであり、これまでの寛容の態度はすべて自分を騙《だま》すためであったと怒っているが、判決文の遠島を大老井伊が最終決済のさい死罪に書き改めたという説もあり、そうだとすると、奉行の温情云々をいう松陰の見方もあながち間違いであったとはいえない。

死罪の到底免れ難いことを知った松陰は、急いで家族や友人・知己へ宛て別れの言葉を書いた。一〇月二〇日付の父叔兄宛手紙の末尾に、自分の遺骸は江戸で埋葬し、萩の家では、日頃愛用していた硯《すずり》と去年十一月六日に書き送った文を神主として祭ってくれるように述べたが、肝心の首の始末については、同日付の飯田正伯・尾寺新之丞宛手紙で、これを沼崎と堀江に頼んだが、その費用が三両かかる、また牢内で世話になった人びとへの礼金も必要であり、金一〇両を藩重役の周布政之助に借りて欲しいなどと伝えている。

前後して尊攘堂の創設、学習院の興隆、僧月性の「仏法護国論」の上梓《じょうし》など、かねて松陰が主張してきた事柄を諸方へ依頼しているが、刑死の二日前、一〇月二五日には、遺言となる「留魂録」を書き始め、翌二六日夕方脱稿した。数日中に処刑のあることを密《ひそ》かに牢役人から知らされていたのであろう。薄葉半紙四つ折十枚に和文でびっしりと細書されたこの書は、幕府法廷での取り調べの状況や獄中の動静、死を覚悟した松陰の現在の心境、塾生への遺託などを縷々《るる》記したものである。二部作成され、一部は獄内から飯田正伯らの手に渡り直ちに萩城下へ送付されたが、塾生らの間で回覧されているうちに行方不明となった。もう一部は、同囚の名主沼崎吉五郎へ託されたものであり、流罪先の三宅島から帰った彼が、明治九（一八七六）年頃、神奈川権令の旧門生野村靖（和作）へ呈した。われわれが見ることのできる「留魂録」は、こちらの方である。

死生の悟りを開く

前述のように、野山再獄時代の松陰は、信頼してきた塾生たちの裏切りや離反に絶望し、一時盛んに死ぬことを考えている。絶食求死を何とか思いとどまった後も、周囲の親しい人びとに、諸君の名代《みようだい》として死を賜りたい、片時も生きていることが五月蠅《うるさ》くなった、自分は一日もこの世にいたくないから早く死罪になるように斡旋して頂きたいなどと繰り返したのはそのためであるが、四月頃になると、餓死・縊死《いし》・諫死・誅死などを並べ立てはするが、今すぐ死ぬことに疑問を抱き、もっと長生きをし死にふさわしい仕事をしてから死ぬべきではないかと考えるようになった。獄中で出会った陽明学左派の奇人李卓吾《りたくご》の著作に啓発されたというが、ぎりぎりの限界状況で絶望に打ちひしがれ、焦燥や孤立の感情に苛《さいな》まれながら自得したものも少なくなかったであろう。

四月一四日付の野村和作宛手紙では、命が惜しいとまで言い出した。なぜなら自分ほど尊王の志が篤く政治情勢に詳しい人間はおらず、自惚《うぬぼ》れではあるが、神州のため命を大切にしなければならず、軽々しく死ぬべきではないというわけである。そこからまた、政府を相手にしたのが一生の誤りであり、今後は在野の草莽《そうもう》に期待してもう一度やり直してみようとした。これまでの失敗を反省しながら、一旦死のうとした志を持ち続ければ必ず物事は成功するはずであり、そのような気持ちで再度挑戦してみたいと考えたのである。

四月二二日付の入江杉蔵宛手紙が、他人の評はどうでもよい、自然に生きることに決めた。死を求めもせず死を辞しもせず、獄の中では獄でできることをし、獄の外では外でできることをする。時勢についてはあえて口にせず、今できることに懸命に取り組み、もし罪に問われるならば、獄になりと首の座になりと喜んで行くつもりであるというのは、一見状況に流されるままの事勿《ことなか》れ主義のように見えるが、そうではない。すぐ続けて、僕も諸友より早く入獄した分だけ少しは罪が重いが、まだ死罪とならないのは、忠義に価いするほどの行いがないからである。今死を求めるのは小さな功績で大きな褒賞を求めるのに等しい。これからもっと忠義を積まねば死罪にはならないなどというが、その真意は、死に価いする仕事をしていないから今はまだ死ねない、もっと長生きをして命懸けの何かをなさねばならないということに他ならなかった。

同じ頃、死生の悟りが開けぬ品川弥二郎を、一七、八の死が惜しければ三〇の死も惜しいはずであり、八九〇、百になってもこれで十分足りたということはない。人間の寿命がせいぜい五〇年であり、七〇年も生きる人は古来稀《まれ》であるとすれば、何か納得するような仕事を成し遂げなければ、決して成仏《じょうぶつ》はできないぞと叱咤《しった》鞭励《べんれい》したのは、獄中から激しく迫る松陰先生に辟易《へきえき》した品川が、二度と尊攘を言わぬと口走ったからであり、死ぬことを徒《いたずら》に称揚しているわけではない。われわれ人間はいつか必ず死ぬわけであり、永久に生きられぬとすれば、一生のうちに何か生きた証《あかし》をしっかりと残して死ぬほかはない。より正確にいえば、もっと有益な生き方をしようではないかという教えである。

われわれ人間の死を、悟りに達せずもがき苦しんで死ぬ「苦死」と、素直な気持ちで従容《しょうよう》として死につく「甘死」に分ける松陰は、これまで自分が関わってきた一連の政治的画策は罪心はあるが何の実行も伴っておらず、したがって死罪に当たらない。今すぐ死んだとすれば苦死以外の何ものでもなく、それゆえ、これからもっと長生きをし、国中のあちこちに騒乱を起こして十分死罪に価いする実績を残してから死ぬ、つまり甘死をめざしているのだという。要するに、松陰にとって死地へ赴くということは、生き方を見失った死への逃避などでなく、まったく逆に、一身の安危を顧みず、いわば全身全霊をかけて勤王に尽くすという意味であり、これはまた自ら死ぬことのできぬ者がどうして人を死なすことができようかという考え方と、裏腹の関係にあった。

死を間近にした江戸獄中でもこの考え方は変わらず、人はいかに死ぬべきかを問う高杉晋作に、李卓吾の「焚書《ふんしょ》」を引用しながら、死は好むべきものでなく、また憎むべきものでもない、道のために死ねば心安らかであり、これこそ死所というべきである。世の中には、肉体的に生きているが心がすでに死んでいる者があり、身体は亡びてしまったが魂がまだ生きている者がある。心が死んだのでは生きている意味はまったくないが、魂が残っているのなら必ずしも生きていなくてもよい。死んで不朽の見込みあればいつでも死ぬべきであるが、生きて大業の見込みがあればあえて生きなければならないと答えている。また絶筆となった「留魂録」では、人間の一生を四季の循環に伴う農事にたとえ、一〇歳で死ぬ者には一〇歳の中に自ずから四季が備わっており、二〇歳には二〇歳の、三〇歳には三〇歳の四季がある、五〇や百で死ぬ者にもそれぞれに四季があり、人間の寿命の長短とは関係がない。今三〇歳で死ぬ自分にもきちんと四季が巡り、春に蒔《ま》いた種が成長し、やがて花を咲かせ実も結んだのだから、何ら悲しむ必要はない。収穫した籾《もみ》が十分に実ったものか、それとも実のないしいなであるのかは、自分の志を継ぐ人びとが後に続くかどうかできまると淡々と述べた。絶食求死を企てた頃の激しい心の動揺はどこにもなく、死生を超越した極めて平静かつ透明な境地であったことが分かるだろう。

臨終の朝

安政六（一八五九）年一〇月二七日（陽暦一一月二一日）の朝、評定所へ呼び出された松陰は死罪を宣告され、そのまま刑場へ引立てられた。一旦早駕籠で評定所から伝馬町牢へ戻り、牢内の一角に設けられた刑場で斬られたが、四ツ時の執行というから午前一〇時頃のことである。この間の様子について周辺に居合わせた何人かの証言があるが、松陰の立ち居振る舞いについて必ずしも一致しておらず、極めて潔い従容とした死に方であったとする説と、そうではなく、いささか荒々しい情緒的な反応を示した、ある意味でいかにも人間らしい最期であったとする見方がある。いずれが正しいのか、しばらく双方の言い分を聞いてみよう。

評定所内の死罪申し渡しの様子は、萩藩から立会人として出席した江戸留守居役小幡彦七（高政）が、「奉行等幕府の役人は正面の上段に列坐、小幡は下段右脇横向に坐す。ややあつて松陰は潜戸《くぐりど》から獄卒に導かれて入り、定めの席に就き、一揖《いちゆう》して列坐の人々を見廻はす、鬚髪《しゅはつ》蓬々《ほうほう》、眼光炯々《けいけい》として別人の如く一種の凄味あり。直ちに死罪申渡しの文読み聞かせあり、〈立ちませ〉と促されて、松陰は起立し、小幡の方に向ひ微笑を含んで一礼し、再び潜戸を出づ。その直後朗々として吟誦の声あり、曰く〈吾今為レ国死。死不レ負二君親一。悠々天地事。鑑照在二明神一〉と。時に幕吏等なほ座に在り、粛然襟を正して之れを聞く。小幡肺肝を抉《えぐ》らるるの思あり。護卒亦傍より制止するを忘れたるものの如く、朗唱終りて我れに帰り、狼狽して駕籠に入らしめ、伝馬町の獄に急ぐ」（「小幡高政談」明治三九年前、「全集」一〇、三二五〜六頁）と事細かに回想している。

刑死跡
（東京都中央区日本橋小伝馬町一丁目）

もう一人の目撃者、伊勢松阪の人世古格太郎は、安政大獄に連座した政治犯の一人であり、この頃伝馬町牢にいた。二七日の死罪申し渡しのとき、彼もまた取り調べのため、評定所に居合わせたものである。七月九日、彼自身の二度目の取り調べのさい、初めて出廷した松陰と出会い、一〇月一一日、一〇月一二日、一〇月一六日の吟味のときも松陰と一緒であったというが、松陰側の記録では、取り調べは初回の七月九日の後、九月五日、一〇月一六日、一〇月二七日に行われており、世古のいう月日と必ずしも合致しない。数十年後の回想であるから、記憶に若干の誤りがあるのは止むを得ないが、挙措《きょそ》動作を一々伝える証言自体はそれなりに信用できるだろう。一〇月二七日に松陰を見たとき、二人の距離は僅かに六尺というから、二メートル弱の近くにいたことになる。この日、伝馬町牢から駕籠で来た松陰は、そのまましばらく仮牢に止められ、他の二人の囚人と一緒に呼び出しを待っていた。このとき世古は仮牢の外に待機する駕籠の中にいたらしい。

「やがて申し渡しの声聞え、松平伯州長き申渡しあり、終りに大声にて、公儀も憚《はばか》らず不届きの至りに付き死罪申付くると聞ゆるや否、白洲騒がしく、一人の囚人を下袴計りにし、腕を捕へ、二三人にして白洲口より押出し来り、誠に囚人気息荒々敷き体なりき。直ちに仮牢に押入れ、立ちながら本縄に縛せり。予是れを視るに寅次郎なり。一人の同心寅次郎にいふ、御覚悟は宜《よ》うございますかと。寅次郎答へに、素より覚悟の事でございます、各方にも段々御世話に相成りましたというや否、直ちに押出し、彼の駕に押込み、戸をしめると直様彼の同心大勢取巻き、飛ぶが如くに出で行きたり。跡に残りたる同心一両人、予が駕の側にて申すには、ああ惜しき者なれども是非もなきと歎息せり。吉田も斯の死刑に処せらるべしとは思はざりしにや、彼れ縛る時誠に気息荒く切歯し、口角泡を出す如く、実に無念の顔色なりき。予が駕と仮牢を隔つ事六尺計り、吉田の駕は其の間に置きたれば巨細《こさい》に見る事を得て、心中実に悲慟長大息《ひどうちょうたいそく》に堪へざりし事なりし」(「吉田寅次郎」唱義聞見録抜粋、「全集」一〇、三一四頁）というのが、彼の実見談である。ほとんど松陰の息遣いが聞こえそうなぐらい臨場感があるが、小幡の言うところとは大いに異なっている。この違いは一体どこから来たのだろうか。

その前に、別の証言をもう少し聞いてみよう。佐倉藩の漢学者であり、のち演劇改良家として世に出た依田学海は、一〇日後の一一月八日の日記に、八丁堀同心吉本平三郎から聞いた話として、「過ぎし日死罪を命ぜられし吉田寅二郎の動止には人々感泣したり。奉行死罪のよしを読み聞かせし後、畏り候よし恭敷く御答申して、平日庁に出づる時に介添せる吏人に久しく労をかけ候よしを言葉やさしくのべ、さて死刑にのぞみて鼻をかみ候はんとて心しづかに用意してうたれけるとなり。凡《およ》そ死刑に処せらるるもの是れ迄多しと雖も、かくまで従容たるは見ず」（「依田学海日記」、同前書、三二一頁）と書いており、また播州明石の人、後に日本教会の創始者となった松村介石は、首切役人の山田浅右衛門から聞いた話を、「愈々《いよいよ》首を切る刹那の松陰の態度は真にあつぱれなものであつたといふ事である。悠々として歩を運んで来て、役人共に一揖《いちゆう》し、〈御苦労様〉と言つて端坐した。其の一糸乱れざる、堂々たる態度は、幕吏も深く感嘆した」（「松村介石所説」大正一三年一月某日、同前書、三二六頁）と記している。いずれも伝聞にすぎないが、現場にいた役人たちの証言を踏まえたものであり、それなりに信頼度は高いといえよう。

松陰の死骸を引き取り、骨カ原（南千住小塚原）の回向院《えこう》に埋葬した村塾生の飯田正伯や尾寺新之丞から萩城下へ宛てた一一月一五日付の手紙には、「辞世の詩歌は二十七日朝評定所より早駕籠にて伝馬町の揚屋に帰る途中にて作られたる事と相見え候。先生獄中に帰り、直ちに西奥の同居の人々に一礼をのべられ、上下《かみしも》紋付の上に荒縄にかかりながら東奥に行き、同志の人々堀江・長谷川・小林等の人々に面会成され候へども、獄中他室の人に言語を通ずることを禁ずる、従つて大音声《だいおんじょう》にて辞世詩歌三返おしかへして歌ひ候に付き、獄中同志の人々筆記し、僕等に送る。身はたとへ武蔵の野辺に朽ちぬとも留め置かまし大和言の葉、我今為レ国死。死不レ背二君親一。悠々天地事。感賞在二明神一」（「葬祭関係文書」、「全集」一〇、一七九頁）とあるが、この情報は飯田らが牢役人や同囚の人びとに金品を贈ってようやく聞き出したものであり、どこまで正確なのかいささか疑わしい。その証拠に、「身はたとへ」（「留魂録」では身はたとひ）の歌は、死の前日に脱稿した「留魂録」の冒頭にあり、また「我今為レ国死」で始まる詩も、小幡が評定所内で聞いているから、伝馬町牢へ帰る途中で慌ただしく作られたわけではない。評定所の裁決の場に、サムライ身分の囚人は、紋付に麻裃《あさかみしも》を付けて出廷し、張番縄、両方の小手を緩めて縛られるのが定法であったというから、松陰の場合も同じであろう。死罪を宣せられ、白洲口から出てきたときは、上着をすべて脱がされ下袴一枚となっており、仮牢の中で立ったまま本縄、すなわち小手高手に縛り上げられたはずである。とすれば、紋付袴の上から荒縄を掛けられていたという飯田らの話は信用しがたい。また一旦伝馬町牢へ戻り、西奥や東口揚屋の人びとに別れを告げたというのも、当時の獄則から見てありえない。おそらく世古が見たように、下袴一枚で厳重に縛られたまま伝馬町牢に戻り、そのまま誰にも会うことなく、牢内東北隅にあった刑場へ引かれていったというのが真相であろう。辞世の詩歌は、そのとき繰り返し高唱されたものと見える。

白洲口から押し出された松陰が顔色を変え歯噛みしていたという一見取り乱した情景は、松陰の死をこの上なく美しく、立派なものにしたい人びとにとって到底我慢のならないことであり、早くから世古説の誤りをあれこれと言い募るのに熱心であるが、必ずしも説得力があるとは思えない。歳月を経た回想の信憑性をいうのなら、明治三九（一九〇六）年に九〇歳で死んだ小幡の場合も、娘の小川三香《みか》に徒然《つれづれ》の思い出話として伝えられていたものが、数十年後に突然蘇《よみが》ったものであり、脚色の余地がないわけではない。時間的な正確さという点では、処刑から一〇日後に記された依田学海の日記が一番信用できそうであるが、これとても世古の見た白洲口の情景とは関係がない。

数十年の歴史的時間を経過したという点では、いずれの場合も不確かな情報というほかはなく、その間、さまざまな雑音が入り交じる可能性が十分にあるが、とくに松陰が歴史上の偉人として脚光を浴び、顕彰されつつある時代には、美しく飾られた願望にも似た話が実見談として語られやすい。そうした思い入れとまったく無縁という意味では、世古の発言の方が信用できるということもできよう。それはともかく、仮に世古のいうとおりでも、死罪の判決に松陰がうろたえ、取り乱したことにならないのではなかろうか。予想どおりとはいえ、このまま死ぬことは、やり残したことのまだたくさ

松陰二十一回猛士墓
（萩市椎原団子岩）

んある、あまりに若い松陰にとって平常心で受け止められたことではあるまい。思わず無念の形相《ぎょうそう》をしたことは十分考えられる。刑を宣せられ引き立てられるさい、幕吏が裃や紋付を剥《は》いで下袴一枚にさせ、荒縄を掛けた行為が予想外であり、屈辱のあまり顔色が変わり、思わず全身をぶるぶる震わせたのかもしれない。真相は依然ナゾのままであるが、これが本当だったとしても松陰という人物の評価を貶《おとし》めることにはならない。むしろそのように感情をあらわにし、激しく情緒的な反応を示した方がいかにも生身の人間らしく、われわれの共感を呼ぶような気がする。なお、刑場に赴いたときの態度は、いずれの証言にも違いがなく、巷間伝えられるような、すこぶる立派な最期であったようだ。松陰、享年三〇歳の若さであった。

終章　吉田松陰はわれわれに何を語りかけるのか

1　どのような人間であったのか

江戸遊学中の師佐久間象山《しょうざん》は、松陰の胆略、虎三郎の学識、皆稀世《きせい》の才である。しかし天下の事をなすのは松陰がふさわしいが、わが子を託して教育させるのは虎三郎の方であろうと評しており、象門の二虎の一人小林虎三郎に教師の適性を認めたものの、吉田寅次郎、松陰については、革命家の典型のように見ている。そのほとんど狂にも似た発想の斬新さや意外性、一旦正しいと信ずれば、脇目もふらず真っすぐに突き進む行動力を、聖賢の書を淡々と講ずる学者先生のタイプではないと考えたようである。

教師に向いていないという評とはまったく逆に、僅《わず》か五歳で山鹿流兵学師範吉田家の養子となった松陰は、幼いときから教師になることを最大の目標にし、叔父玉木文之進らについて、ひたすら教師としての修業を重ねた。明倫館兵学教授や松下村塾の師として多くの弟子たちに教えるだけでなく、江戸伝馬町牢や野山獄中でも機会さえあれば誰にでも気軽に教えており、三〇年の短い生涯のほとんどを教師の顔で過ごしたといってもよい。

松陰自身は、平生人の師となることを極端に自戒し、可能なかぎり友人として接しようとしたが、にもかかわらず、その生い立ちのせいか、あるいは職業病とでもいうべきか、彼には時や場所を構わず、しばしば人に教えたがる一種の教訓癖があった。刎頸《ふんけい》の友来原《くりはら》良蔵が常々、「義卿、人に強ふるの病《へい》あり」（安政六年正月二六日付小田村伊之助宛書簡、「全集」八、二〇九頁）というのは、それが昂《こう》じてややもすれば周囲の人びとに強制し、教え込みとなることをたしなめたものである。もう一人の親友、中村道太郎が、あえて偏見の士と苦言を呈したのも、同様の観点からであろう。

東北遊歴中の水戸城下で、袴を注文した呉服屋と残余の布の有無で争ったのは、正直が商いの秘訣であることを店の主人や手代へ訓戒しようとしたものであり、算盤《そろばん》勘定からではなかったというが、いささか分別くさい感がしないではない。日頃の説教調が思わず出てしまったのであろう。それはともかく、この種の生真面目さ、呆れるほど単純明快な言動は、終生彼につきまとった。下田踏海《とうかい》の失敗後、押し込められた狭い獄舎で、金子重之助と書を読むだけでは満足せず、毎夜番卒に道を説いたというが、江戸へ護送の途上でも、行く先々で警護の人びとに語り掛けることを一向に止めていない。後の野山獄における同囚たちはむろん獄吏をも含めた、いわゆる獄中教育の素地はすでにあったわけである。

囚人の境遇にありながら、獄吏に語り掛けたのは、取り締まり取り締まられる、あるいは敵、味方の対立関係などまったく頓着しない、つまりどのような環境にいる人びとをも、あるがままに受け入れ相手のすべてを信ずるところから出発するという、彼一流のやり方である。他人の欠点や短所を探すより、何とかして長所や可能性を見付け出し、これを伸ばし育てていこうというわけである。どうにもならない閉塞状況、逆境にあっても一向に構わず、周囲の人びとに語り掛けることを止めなかったのは、そのためである。

単純率直で裏表がない、子どもがそのまま大きくなったような性情の彼は、人を評するさいしばしば絶賛したが、反面また悪口雑言もよくした。かつての恩師たちを、「山田亦介気魂衰茶《すいでつ》甚だ嘆ずべし」（嘉永六年九月一七日付杉梅太郎宛書簡、『全集』七、二〇二頁）「艮斎《ごんさい》は俗儒、僕甚だ之れを鄙《いやし》み」（九月一五日付杉梅太郎宛書簡、同前書、一九八頁）「素水が不学無術の佞人《ねいじん》たる事は勿論衆目のみる所」（九月一〇日付玉木文之進宛書簡、同前書、一九〇頁）「森田は疏豪、策なし、梅田は精密、策あり。但し二人共天下の大計には頗る疏なり」（一二月七日付杉梅太郎宛書簡、同前書、二一三頁）などと撫《な》で斬りにするのは、いささか頂けないが、罵倒のための罵倒でなく、それはまさに一人一人の先生に心の底から傾倒した反動である。全身全霊を挙げてぶつかれば、相手も必ずそれに応えてくれると信ずる彼は、教えを乞う先々でしばしば過大とも思える期待を抱いたが、その反面、裏切られた思いもまた極めて大きかった。失望落胆し、怒り心頭に達することも少なくなかったが、そのことを彼はまったく隠さなかった。世間的な常識や知恵を働かしながら、どっちつかずの言葉を弄する、そうした曖昧《あいまい》な態度は、彼がもっとも嫌ったところである。

極端な言葉使いは、村塾の教育においてもごく普通に見られた。入門を乞う久坂玄瑞の文を、再度にわたり酷評したのは、徒《いたずら》に美辞麗句を並べ、空疎な文を列ねる青年客気をずばりと指摘したものであるが、同時にまた、そうした過激なやりとりを介することで、相手の人物をよりよく知ることができると考えたようである。塾中でも、弟子たちを徹底的に褒めるかと思えば、完膚《かんぷ》なきまで叱る傾向があった松陰は、奥歯に物が挟まったような言動をしたことは一度もない。授業を休みがちな品川弥二郎や馬島甫仙らに対し、称賛と叱責を織り交ぜながら迫る、その極めて分かりやすいものの言い方は、しばしば塾生たちと関係を断つ、すなわち破門や絶縁を伴うことも珍しくなかった。

大言壮語や志士気取りを極端に嫌う、穏やかで君子風の外見とはうらはらに、松陰は感情の起伏が大きく、喜怒哀楽のはっきりした、理性よりもむしろ情緒の勝った人物のようだ。人に接するのに極めて穏やかであり、決して極端なものの言い方はせず、面白いことも言わず、しごく温和《おとな》しい人であったなどと弟子たちに見られた松陰は、一方でまた、東北脱藩や下田踏海のような大胆不敵な行動をあえてしたが、普段は物静かで優しいタイプだけに、一旦激するとその変化は、想像を絶するほど極端であった。先生が門人に書を授けるさい、忠臣孝子がわが身を犠牲にして節に殉ずるなどの箇所では、眼に一杯涙を浮かべ、声を顫《ふる》わして講じ、甚しいときは熱涙《ねつるい》が点々本の上に滴《したた》り落ちた。門人もまた、自然に感動して共に涙を流しながら聞いた。また逆臣が主君を苦しめるような箇所になると、眦《まなじり》が裂けんばかりに目を見開き、大声を発して、怒髪《どはつ》天を衝く勢いで怒り罵った。その場にいた弟子もまた激しく怒り、これを憎むようになったという冷泉《れいぜん》雅二郎（天野御民）の回想は、授業中の題材に刺激された師弟がしだいに興奮の頂点に登りつめていく様子を雄弁に伝えてくれる。そのいわゆる感癖や泣癖は自他ともに認めるところであり、事実、感激家の彼は周囲を憚《はばか》らずよく泣いた。

天野清三郎（渡辺蒿蔵《こうぞう》）のように、松陰先生が怒ったのを見たことがないという塾生もいたが、時と場合によって彼は大いに怒った。とかく反抗的な商家の子市之進が何度掃除を言い付けられても習字を止めなかったとき、突然その筆と紙を取り上げて庭に叩き付けたというから、並大抵の怒り方ではない。常日頃、大きな声一つ立てない松陰先生が怒ると迫力があったらしく、野山再獄の前夜、吉田栄太郎宅に押し掛け、塾に来るように徹夜で強談判《こわだんぱん》に及んだとき、傍らの幼い妹がとうとう泣きだしたというから、よほど激しい口調で迫ったのであろう。冷静で思慮深く見える彼は、反面また短気で怒りっぽい直情径行型の人であった。「留魂録」の中で、「吾が性激烈怒罵に短し」（『全集』六、二八八頁）というのは、死を直前にした松陰が、自らを総括する言葉として残しただけに、いかにも説得力がある。

教師の顔を離れた一個の人間としての松陰は、趣味や遊びとはまるで無縁のあまり面白くない、真面目一方の人物であったらしい。俳句や短歌、漢詩にはそれなりの興味を示したが、小説は読まず歌舞音曲にも無関心であった。酒は少し嗜んだようだが、煙草はなぜか毛嫌いした。女性には驚くほど潔癖、というより臆病であり、旅の空で友人たちが遊所へ出入りしたときも、同行したような形跡はない。一時期周囲から勧められた妻帯《さいたい》や妾《めかけ》話に勃然と怒ったのは、革命家をめざしていたからだというが、妹千代を自らの後継者に擬した久坂玄瑞の嫁にしており、あまり説得力がない。巷間伝えられる獄中の恋、高洲久子との関係はあくまで想像の域を出るものでなく、この方面ではいかにも未成熟な青年のままであったらしい。

二つ違いの兄梅太郎へは、信じられないぐらい甘えており、我侭《わがまま》一杯な態度に終始しているが、もともと家族には極めて依存的である。もっとも、天才少年にありがちな高慢ちきなところはなく、無邪気でお人好しの坊ちゃんタイプのためか、家族の誰からも好かれ愛されたようだ。他人との付き合い、社交面では、お世辞やお追従《ついしょう》らしきものがまったくできない、世渡り下手の典型のような人間であった。江戸遊学中の友人たちから、吉田は城を守る大将にすれば、どんなに大勢の敵兵が押し掛けてもびくともしない、殿様の奥方が病の床にあるときは、その看病人にすれば絶対に間違いがないなどと評されたのは、いかにも「仙人」のあだ名を持つ松陰らしい。吉田は今まさに新婦を迎えようとしている新郎のような男であり、いつも晴れやかな表情で心中何の不平もないように見えるとも評されたが、この種の天真爛漫さは、挫折や失敗をいささかも意に介せず、三〇年の短い生涯を絶えず前へ前へまっしぐらに進んだ松陰の面目躍如たるものがある。

では、そうした松陰の行動の指針、哲学とはどのようなものであるのか。早くから彼は、孟子の「至誠にして未だ動かざるものなし」の言葉を好んだが、最晩年には、李卓吾の「焚書《ふんしょ》」を読み、その童心説に心酔した。童子は人の初め、童心は心の初めであり、純粋に真なるもの、最初一念の本心であり、虚偽とはまるで無縁のものである。このような童心、すなわち真心をもって接すればいかなる人でも動かすことができるというのは、先の孟子の教えとも重なるが、実はこうした考え方は、歴史上に登場する忠孝節義の士の多くが早くから熱心に唱え、繰り返し実践したところでもある。そうした人びとに憧れ、何とかその後継者たろうとした松陰は、とくに弘法大師と日蓮上人を敬慕した。その信ずるところの法を弘めるためにはいかなる艱難をも厭わず、またいささかも死生を顧みない勇胆剛気を高く評価したものであり、そこからすべて一事を成そうとする者はこの勇猛果敢がなくてはならないを自らの信条とした。

東北脱藩以後の松陰の生きざまは、まさにその典型であったが、ただ、彼の場合、一旦決断すると猪突猛進してしまい、状況判断しながら進退する柔軟性や融通性にいささか欠けるところがあった。友人との約束を守るため、過書を待つ時間すら惜しんだ脱藩行は、若気の至りといえばそれまでだが、下田踏海の失敗や未発に終わった一連の政治的謀議も、周到な準備を積み重ねる過程は意外にお粗末であり、ひたすら蹶起《けっき》そのものにこだわる嫌いがないではない。しばしば拙速、粗暴と非難されたのはそのためであるが、松陰の側は、自らが進んで死地へ赴く、そうすることによって革命の先兵たらんとしたのであり、事の成否は初めから論外であった。

2　松下村塾——教育の原風景に学ぶもの

下田踏海は、吉田松陰なる無名の若者を一挙に有名人にしたが、彼がなしたおそらく最大の仕事、したがって彼の名前をほとんど不滅のものにしたのは、二年後に始まる村塾の教育といって過言ではなかろう。江戸や大坂のような大都会から遠く離れた萩城下の一隅にありながら、しかも僅《わず》か三年足らずの短期間しか存続しなかったこの小さな学塾から、幕末維新の変革を担う有為の人材が多数輩出したことは周知の事実であるが、そのことを可能にした本当の理由は一体何なのか、必ずしも解明されているわけではない。

すでに見たように、松陰の人並み優れた数々の資質、何よりも教師にふさわしい、あるいは教師にしかなれない特有の性格や能力の果たした役割は極めて大きいが、それ以上に決定的であったのは、この塾には初めから、本当の意味での教育の自由、すなわち教える自由と学ぶ自由があったということである。教師松陰の側からいえば、かつての明倫館兵学教授時代と異なり、官定の教育課程、上から与えられたカリキュラムなどは一切存在しなかった。自らが教えたいことを自らの意思でまさしく自由奔放に教えたのであって、教える内容や方法について外部から何の注文もなく、上からの規制も存在しなかった。予《あらかじ》め定められたテキストなど何一つなく、また早朝、あるいは夜晩く、場合によっては徹夜で教えたのは、多分に塾生の都合に合わせたものであるが、そのことを可能にしたのはやはり、先生の松陰自身が自由気侭《きまま》に振る舞える生活環境にあったからであろう。野山獄を出てからも、自宅謹慎の身であった彼は、村塾を中心にしたごく狭い空間でしか行動を許されず、それゆえ、朝から晩まで教える時間があった。いつ誰がどのような状態で来ても教えることが可能であり、現に彼はこれを忠実に実行した。一日、数回出入りしながら学ぶ吉田栄太郎のような塾生がいたのも、そのことと無関係ではなかろう。

塾生たちの側から見ると、村塾に来て松陰先生に学ぶことは、誰からも強制されたわけではない。親類縁者の反対を押し切り、世間の目を憚《はばか》りながら密《ひそ》かに出入りしたような場合はとくにそうであるが、一体に村塾の人びとは、ほとんど例外なく、自らの意思でやって来た。したがって自らが学びたいことを自らが思うように学んだのであり、学習のすべてを自らが決定した。何をどう学ぶのか、自分自身で納得がいくまで頑張ってみるというのは、見方を換えれば、期待した先生の授業が大して面白くなければ自然に出席しなくなり、ついには二度と現われない、つまり退学ということになる。勉学の開始から終了まで、すべてを自前で決めるという意味であり、われわれの学校、近代以後の制度的学校に当たり前の入学、進級、卒業という概念そのものが存在しなかったといってよい。

誰にも雇われてなく、どこからも強制がない、もっと正確に言えば、教える内容や方法など一切を教師自身が決定できたという意味で、村塾の教師は、限りなく教える自由を享受したのであるが、観点を換えて見れば、それだけ責任を伴う教育であったということもできよう。何をどう教えるかをすべて教師に任されているというのは、結局塾生一人一人の教育の成否、人間形成のすべてに教師が関わるということであり、責任の重大さは測りしれないものがある。常日頃から塾生たちに、「人は実行が第一である」ことを強調した松陰自身がそうであったが、村塾の教育において知識の授受は大して問題でない。その意味では何も教えないという立場は、実は先生自身が生徒のモデルとなって一生懸命に考え行動する、つまり立派に生きてみせること以外にないのであるが、教師にとって、これほど大変な仕事、心魂をすり減らし汗水垂らす作業はなかったということでもあろう。

教える自由と学ぶ自由が本当に保障された教育の場である村塾が、現代の学校社会における数々の病理現象――いじめ、校内暴力、学校嫌い、登校拒否、不登校、今流行の学級崩壊などにほとんどお手上げ状態のわれわれに語り掛けるものは極めて多く、また限りなく示唆的である。近代学校の官定カリキュラムが一体何をもたらしたか、たとえば小学校の授業風景を見ればすぐに分かるが、もともと学校が子供一人一人に合わせるのではなく、まったく逆に、すべての子供が例外なく集団一般に埋没しながら学校に合わせることを余儀なくされる、つまり押しつけ、強制、教え込みなど、われわれのよく知っている学校に特有の教育環境がそうしたマイナス的兆候を結果していることに注目すれば、事態を解決するためのヒントを得ることは、必ずしも困難な作業とは言えないように思われる。

村塾の教師松陰に誰もがなれるかといえば、素直に否という他はないが、それにもかかわらず、この人物がこれからもわれわれのめざす理想の教師、期待される教師像であることは、おそらく間違いない。またすべての人びとが自由に出入りして、自らが欲することを納得のいくまで学んだ村塾の教育風景、誰からも干渉されず、どこからも規制がなく、教師と生徒が自由に教え、自由に学ぶという教育関係を再現することは、公教育体制下のワンパターン化した今日の学校社会においては到底不可能のように見えるが、一方でまた、近年、われわれの周辺にさまざまな手法で試みられている脱学校教育的な挑戦、たとえばフリースクールの刺激的な実践が数多くあることも事実である。その意味では、百数十年の歴史的時間を超えた村塾教育の現代化も決して夢物語ではなく、それどころか、一層積極的にこれを教育の原風景として位置づけ、そこへ限りなく近づく努力を続けることは、われわれに課せられたほとんど義務といえるのではなかろうか。

参考文献一覧

山口県教育会編『吉田松陰全集』全一〇巻　岩波書店　昭和九～一一年
山口県教育会編『吉田松陰全集』全一二巻　岩波書店　昭和一三～五年
山口県教育会編『吉田松陰全集』全一〇巻・別巻　大和書房版　昭和四九年
　本文中ではすべて「全集」と略記、原則として大和書房版によった。

釈月性「封事草稿」　京都大学尊攘堂蔵
野口勝一・富岡政信編『吉田松陰伝』　野史台　明治二四年
徳富猪一郎『吉田松陰』　民友社　明治二六年
徳富猪一郎『吉田松陰』（改訂版）　民友社　明治四一年
日本及日本人臨時増刊『吉田松陰号』第四九五号　政教社　明治四一年
帝国教育会編『吉田松陰』　弘道館　明治四二年
杉浦重剛・世木鹿吉『吉田寅次郎』　博文館　大正四年
大庭柯公『柯公全集』　全集刊行会　大正一四年
福本椿水『吉田松陰之殉国教育』　誠文堂　昭和八年
玖村敏雄『吉田松陰』　岩波書店　昭和一一年
関根悦郎『吉田松陰』　白揚社　昭和一二年

福本椿水『至誠殉国吉田松陰之最期』誠文堂新光社　昭和一五年
妻木忠太『吉田松陰の遊歴』泰山房　昭和一六年
『松陰主義の生活』松陰精神普及会本部　昭和一七年
布目唯信『吉田松陰と月性と黙霖』興教書院　昭和一七年
知切光歳『宇都宮黙霖』日本電報通信社　昭和一七年
広瀬豊『吉田松陰の研究』至文堂　昭和一八年
諸根樟一『吉田松陰東北遊歴と其亡命考察』共立出版　昭和一九年
福本椿水『踏海志士金子重之助』同人発行　昭和二三年
奈良本辰也『吉田松陰』岩波新書　昭和二六年
『近世政道論』日本思想史大系38　岩波書店　昭和五三年
『水戸学』日本思想史大系53　岩波書店　昭和五三年
三坂圭治編『維新の先覚月性の研究』マツノ書店　昭和五四年
小野武夫『江戸物価事典』展望社　昭和五五年
奈良本辰也編『吉田松陰のすべて』新人物往来社　昭和五九年
樹下明紀・田村哲夫編『萩藩給禄帳』マツノ書店　昭和五九年
源了圓『佐久間象山』ＰＨＰ研究所　平成二年
海原徹『吉田松陰と松下村塾』ミネルヴァ書房　平成二年
田中彰『松陰と女囚と明治維新』日本放送出版協会　平成三年
海原徹『松下村塾の人びと』ミネルヴァ書房　平成五年
福本義亮『松下村塾をめぐりて』（復刻版）マツノ書店　平成一〇年

海原徹『松下村塾の明治維新』ミネルヴァ書房　平成一一年
田中彰『吉田松陰』中央公論新社　平成一三年
海原徹『江戸の旅人 吉田松陰』ミネルヴァ書房　平成一五年

後記　「序章第2節　揺れ動いた松陰像」については、田中彰氏のこれまでの研究にほとんどを学んでいる。記して謝意を表したい。

あとがき

数え年僅《わず》か三〇歳で死んだ若者になぜ何十年もお付き合いをするのか、われわれが研究者人生の大半を割いて取り組む、それだけの値打ちが果たしてこの人物にはあるのか、私はよくこうした質問を受けるが、必ずしもうまく答えられるわけではない。大ていの場合、それだけたくさんの魅力を持った、いくら頑張って解き明かそうとしてもうまくいかない、謎に満ちた人物なのだというのが精一杯であるが、そのようにしか答えられない自分自身に満足しているわけではない。むしろ、松陰研究者の一人としていささか気恥ずかしい、内心忸怩《じくじ》たる思いをいつもしているというのが、本当のところであろう。

少し冷めた傍観者的な目で見れば、たしかにこの若者には、問題点が一杯ある。幼くして継いだ養家はお取り潰し、わが身は浪人となってしまい、何度も事件を起こして牢屋に繋がれるたびに、親兄弟は肩身の狭い思いをして生きなければならなかった。江戸へ檻送《かんそう》され、やがて刑死したときは、家族だけでなく、親類縁者や友人までもが厳しいお咎めを受けたことを考えると、周囲の人びとからどうしようもない厄介者、無法者と非難されても仕方がないように思う。彼のせいで、父百合之助や兄梅太郎は一時職場を追われ、閉門処分となってしまった。「孝経」をあれほど愛読しながら、両親より早く死んでしまったという点では、これほど親不孝な人間もまたいないだろう。

決して誉められたものでない立派に問題児の松陰が、なぜこれほどまで人気があるのか、少なくとも私の心を何時までも揺り動かして止まないのか、さまざまな角度から松陰論に取り組み、何冊かの本を書いてきた私にも、実のところ、よく分からない。松陰の素晴らしい点、アピールする箇所はいくらでも列挙できるが、なかんずく彼の生きざまのうち、私は李卓吾の童心説に心酔し、「夫童心は真心なり」と信じて疑わなかった最晩年の彼の姿に一番惹かれる。童心、すなわち真心を失わず、ひたすら真っすぐ前を見つめ全身全霊を挙げて生きた松陰のガンバリズムがどうしようもなく好きである。

歴史学者のはしくれの私が、研究対象の相手に無闇に肩入れしてしまってどうするのかという反省、自戒の念はむろんある。そう思いながら、しかし、この人物と十何年もお付き合いしている間に、いつの間にかその生き方に大いに影響され、しばしば彼の言行に自らのそれを重ね合わせていることに気付き、大いに驚くことがある。松陰の見事な出所進退の万分の一も真似できるわけではないが、何とはなしにそれに似せよう、少しでもそこへ近づこうとする自分自身がいるのは一体なぜなのか、どうしてそうなるのだろうか。

吉田松陰とはそもそも何者であるのか、私にとってこの人物は一体何であったのか、この本を書き終えた今でも、はっきりとした答えが出たわけではない。いささか無責任な締めくくりという他はないが、今私は、松陰という人物が限りなく好きだという以外に、うまいコトバを探し出すことができない。この感情をおそらく私は、これから先もずっと持ち続けるような気がする。

吉田松陰年譜

和暦	西暦	齢	関係事項	一般事項
天保元	一八三〇	1	8・4（陽暦9・20）長門国萩松本村に誕生。無給通士杉百合之助27歳の次男、幼名虎之助。母は児玉氏、名は滝、24歳。もと陪臣村田右中の娘。兄梅太郎3歳の他に祖母岸田氏や二人の叔父が同居。	文政13年12・10天保と改元。翌2年より藩内各地に一揆激発。
三	一八三二	3	妹千代生まれる。叔父吉田大助、久保久満、実は黒川村森田頼寛の娘と結婚、新道の家を求めて移る。	この頃から全国各地で飢饉が続発する。
五	一八三四	5	叔父吉田大助（大組、山鹿流兵学師範57石）の仮養子となる。父百合之助、呉服方に出仕、天保7年3月まで。	水野忠邦、老中となる。
六	一八三五	6	4・3叔父大助没、享年29歳。6・20家督相続大次郎と改称、杉家で起居。養母久満は黒川村の実家へ戻る。幼少のため家学教授は門人が代理する。	足立左内、露語辞典を完成。
九	一八三八	9	家学教授見習として明倫館に出仕。叔父玉木文之進、杉家の宅地内に一屋を営む。	前年2・19大塩平八郎の挙兵。緒方洪庵、大坂に適塾を創める。

一〇	一八三九	10	11・―明倫館で家学教授を行う。代理教授に代わり家学後見人が置かれる。叔父文之進、新道の吉田家へ転居。妹寿生まれる。	5・14蛮社の獄。
一一	一八四〇	11	藩主の前で「武教全書」を講義。叔父文之進、部下の不始末のため免職、自宅謹慎。	アヘン戦争の報。
一二	一八四一	12	波多野源左衛門に馬術を学ぶ。同じ頃、平岡弥三兵衛に剣、横地長左衛門に槍を習う。妹艶生まれるも早世。	5・9高島秋帆、徳丸原で西洋砲術を試す。水野忠邦の政治改革始まる。
一三	一八四二	13	藩主の親試で「武教全書」を講義。叔父文之進、家学後見人となる。新道の自宅に松下村塾を創める。兄梅太郎とこの塾に学ぶ。	文政8年の打払令を廃し、薪水給与令を復活。
一四	一八四三	14	香川千蔵、家学後見人となる。父百合之助、百人中間頭兼盗賊改方となる。安政6年5月の召上げまで。妹文生まれる。	水野忠邦、失脚する。萩藩、羽賀台で大操練を実施。
弘化 元	一八四四	15	藩主親試のさい、特命で「孫子」を講じ、「七書直解」を賞与される。井上七郎二郎、家学後見人となる。外叔久保五郎左衛門隠居、自宅に開塾、のち松下村塾を称する。	天保15年12・2弘化と改元。萩藩、沿岸に砲台を築く。仏船、琉球に来る。和蘭国王、幕府に開国を進言。
二	一八四五	16	山田亦介に長沼流兵学を学ぶ。叔父文之進の松下村塾に寄宿する。10・6弟敏三郎生まれる。	米艦、漂流民を送還。英艦、琉球・長崎に来る。

三	一八四六	17	林真人宅や松下村塾に寄宿する。長沼流兵学免許を受ける。佐藤寛作に「兵要録」、飯田猪之助に西洋陣法、守永弥右衛門に荻野流砲術を学ぶ。	閏5・―米艦来り開国を要求、幕府拒絶する。8・―海防の勅諭、幕府に下る。
四	一八四七	18	4～5月頃松下村塾に寄宿、学館秋試で論文丙科に入る。林真人から大星目録の免許返伝を受ける。	幕府、相模・安房・上総の沿岸防備を諸藩に命ずる。
嘉永元	一八四八	19	家学後見人をすべて解かれ、独立の師範となる。明倫館再興に関する上書。この年、杉家清水口の高洲家へ転居。	弘化5年2・28嘉永と改元。佐久間象山、大砲を鋳造する。
二	一八四九	20	2・―兵学寮掟書を定め、3・―水陸戦略を上書する。御手当内用掛となり、6・―藩命で沿岸防備の視察。10・―門人を率い羽賀台で銃陣演習。兄梅太郎明倫館面着方となる。玉木家土原へ転居。	閏4・―英船、浦賀に来る。5・―幕府、打払令復活の可否を問い、海防論沸騰する。
三	一八五〇	21	8・25九州遊歴に出発。平戸の葉山佐内、山鹿万介に従学。長崎、熊本、柳川に遊び、12・29帰宅。旅行中より義卿の字（あざな）を使い始める。	4・5七社七寺に対し、外患防止の祈祷の勅。清国、太平天国の乱。
四	一八五一	22	正・―林真人より三重伝の印可返伝を受ける。3・5藩主の参勤交代に従い江戸へ上る。安積艮斎、古賀茶渓、山鹿素水、佐久間象山らに従学する。6・―宮部鼎蔵と相模・安房の沿岸防備を踏査。12・14過書を持たず藩邸を出奔、松野他三郎と変名し、	正・―中浜万次郎帰国。この頃、幕府、浦賀砲台などの整備に着手。8・―薩摩藩、製錬所を設立。

和暦	西暦	齢	関係事項	一般事項
五	一八五二	23	12・19水戸城下に入る。 正・20水戸を発ち、白河、会津、新潟を経て佐渡に渡る。日本海側を北上し、秋田、弘前を経て小泊着。青森、盛岡、仙台、米沢を南下して4・5江戸着。5・10藩邸へ自首、5・12帰国、生家で謹慎中兵学門下生に教授。11月頃より松陰と号す。12・9士籍削除、父百合之助育となる。この日、松次郎と改め、また父百合之助、内意を得て松陰の10年間諸国遊学を願い出る。	2・―水戸藩、大日本史を刊行。5・―幕府、浦賀砲台を彦根藩の管轄とする。8・―蘭人、長崎に来て開国を説く。露船、下田に来航。薩摩藩、反射炉を建設。
六	一八五三	24	正・26諸国遊学に出発。寅次郎と改める。近畿方面を遊歴して5・24江戸着。鳥山塾に戻る。5・25鎌倉瑞泉寺の伯父竹院を再訪する。6・4黒船来航を聞き浦賀へ急行する。9・18露艦乗り込みのため発つ。10・27長崎着。露艦すでに去り空しく帰萩。11・25江戸再遊、12・27着。鳥山塾に寄宿する。この年、杉家新道の現在地へ転居する。	6・3米使ペリー浦賀に来航。7・―幕府、諸侯以下に開国の可否を聴取する。7・18露使プチャーチン、長崎に来航（10・23去る）。8・―高島秋帆の禁固を許す。9・―幕府、大船建造の禁を解除。12・5プチャーチン、長崎に再来。
安政 元	一八五四	25	3・5米国行きを策し金子重之助と下田へ向かう。3・27夜乗船に失敗、自首する。9・18国元蟄居の幕裁下る。10・24帰国、野山獄に繋がれる。この頃	嘉永7年11・27安政と改元。 正・14米艦再来する。3・3日米和親条約。8・23日英和親条

			から二十一回猛士を号す。父百合之助、兄梅太郎ら謹慎処分となる。	約。12・21日露和親条約。
二	一八五五	26	正・11金子重之助、岩倉獄中で病没。享年25歳。3・9来萩の僧月性と文通を始める。4・中頃から獄中の人びとと勉学を開始。9・13来萩の僧黙霖と文通を始める。12・15出獄、生家で蟄居の身となる。間もなく近親者に「孟子」を講ずる。	7・—幕府、長崎で海軍直伝習を開始、萩藩からも多数参加する。10・—江戸大地震、藤田東湖死ぬ。12・23日蘭和親条約。
三	一八五六	27	3・下〜杉家の幽室で密かに授業を始める。8・中僧黙霖といわゆる勤皇問答。9・4久保氏のために「松下村塾記」を書く。10・—野山獄囚のために運動、6名放免される。12・—来萩の梅田雲浜と会い、時務論を交わす。	2・11幕府蕃書調所。3・24幕府講武所。7・21米総領事使ハリス来日。
四	一八五七	28	7・25出獄した富永有隣を助教に迎える。11・初杉家の宅地内に8畳一間の塾舎を得る。幽室を出て塾生たちと共同生活を始める。妹文久坂玄瑞と結婚、二人とも杉家に同居する。	5・26ハリスと下田条約締結。7・—幕府、製鉄所建設。
五	一八五八	29	3・11増築を終え、18畳余の塾舎を得る。この頃から須佐育英館と数次にわたり塾生の交流を行う。7・20家学教授の公許を得る。7・23直目付へ皇城守護策を提出。8・1堅田家臣26名来塾、大井浜で	堀田老中、条約勅許に失敗する。4・23井伊直弼、大老となる。6・19日米修好通商条約。7・10以降、蘭・露・英・仏国と修

村塾生と銃陣演習。9・9松浦松洞に水野土佐守要撃策を示す。10・初赤禰武人に伏見獄舎破壊策を授ける。11・6塾生17名と血盟、間部老中要撃策を案ずる。11・29自宅厳囚、12・5投獄の命下る。この前後、大原三位父子下向策を練る。12・26野山再獄。塾生有志沿道で見送る。

好通商条約を調印。8・8水戸に密勅下る。9・—梅田雲浜ら志士多数が下獄。安政大獄が始まる。コレラ流行、死者3万名に達す。

六　一八五九　30

正・15来萩の大高・平島らの提案に応え、藩主伏見要駕策を企てるも成功せず。正・24時事に憤慨し、絶食に入る。正・26中止。この頃、清末策を塾生らに説くも、応ずる者なし。3・24野村和作に伏見要駕策を授ける。塾生らの離反や自重論を怒り、次々に絶交、賜死を願う。4・20東送の幕命あり、5・14兄より聞く。5・24帰宅、近親者と訣別。5・25江戸へ護送。出発の日父百合之助、兄梅太郎非職となり、謹慎。6・25江戸着、7・9幕府法廷に出頭し下獄。10・27罪状申渡し、同日午前中伝馬町牢で斬刑。

4・—幕府の内奏で革新公卿処罰。5・—幕府、神奈川・長崎・箱館三港を開き、貿易を許す。8・—幕府、水戸斉昭父子を処罰。8・11シーボルト再来。9・14梅田雲浜獄死。10・7橋本左内、頼三樹三郎ら死罪となる。

大谷光瑞　白須淨眞
*久米邦武　髙田誠二
フェノロサ　伊藤　豊
三宅雪嶺　長妻三佐雄
内村鑑三　新保祐司
*岡倉天心　木下長宏
志賀重昂　中野目徹
徳富蘇峰　杉原志啓
竹越與三郎　西田　毅
内藤湖南・桑原隲蔵　礪波　護
岩村　透　今橋映子
西田幾多郎　大橋良介
喜田貞吉　中村生雄
上田　敏　及川　茂
柳田国男　鶴見太郎
厨川白村　張　競
大川周明　山内昌之
折口信夫　斎藤英喜
九鬼周造　粕谷一希
辰野　隆　金沢公子
シュタイン　瀧井一博
*福澤諭吉　平山　洋
福地桜痴　山田俊治
中江兆民　田島正樹
田口卯吉　鈴木栄樹

*陸　羯南　松田宏一郎
黒岩涙香　奥　武則
宮武外骨　山口昌男
*吉野作造　田澤晴子
野間清治　佐藤卓己
山川　均　米原　謙
岩波茂雄　十重田裕一
北　一輝　岡本幸治
杉　亨二　速水　融
*北里柴三郎　福田眞人
田辺朔郎　秋元せき
*南方熊楠　飯倉照平
寺田寅彦　金森　修
石原　純　金子　務
J・コンドル　鈴木博之
辰野金吾　河上眞理・清水重敦
小川治兵衛　尼崎博正

現代

昭和天皇　御厨　貴
高松宮宣仁親王　後藤致人
*李方子　小田部雄次
吉田　茂　中西　寛

マッカーサー　柴山　太
重光　葵　武田知己
池田勇人　中村隆英
和田博雄　庄司俊作
朴正熙　木村　幹
竹下　登　真渕　勝
*松永安左ェ門　橘川武郎
鮎川義介　井口治夫
出光佐三　橘川武郎
松下幸之助　米倉誠一郎
渋沢敬三　井上　潤
本田宗一郎　伊丹敬之
井深　大　武田　徹
佐治敬三　小玉　武
幸田家の人々　金井景子
*正宗白鳥　大嶋　仁
大佛次郎　福島行一
*川端康成　大久保喬樹
薩摩治郎八　小林　茂
松本清張　杉原志啓
安部公房　成田龍一
三島由紀夫　島内景二

R・H・ブライス　菅原克也
金素雲　林　容澤
柳　宗悦　熊倉功夫
バーナード・リーチ　鈴木禎宏
イサム・ノグチ　酒井忠康
川端龍子　岡部昌幸
藤田嗣治　林　洋子
*井上有一　海上雅臣
*手塚治虫　竹内オサム
山田耕筰　後藤暢子
古賀政男　藍川由美
*吉田　正　金子　勇
武満　徹　船山　隆
*力道山　岡村正史
美空ひばり　朝倉喬司
植村直己　湯川　豊
*西田天香　宮田昌明
安倍能成　中根隆行
G・サンソム　牧野陽子
和辻哲郎　小坂国継
青木正児　井波律子
矢代幸雄　稲賀繁美

石田幹之助　岡本さえ
*平泉　澄　若井敏明
安岡正篤　片山杜秀
島田謹二　小林信行
前嶋信次　杉田英明
竹山道雄　平川祐弘
保田與重郎　谷崎昭男
福田恆存　川久保剛
井筒俊彦　安藤礼二
佐々木惣一　松尾尊兊
*瀧川幸辰　伊藤孝夫
矢内原忠雄　等松春夫
福本和夫　伊藤　晃
*フランク・ロイド・ライト　大久保美春
大宅壮一　有馬　学
清水幾太郎　竹内　洋
今西錦司　山極寿一

*は既刊
二〇一〇年三月現在

葛飾北斎 岸 文和
酒井抱一 玉蟲敏子
孝明天皇 青山忠正
*和宮 辻ミチ子
徳川慶喜 大庭邦彦
島津斉彬 原口 泉
*古賀謹一郎 小野寺龍太
栗本鋤雲 小野寺龍太
西周 清水多吉
*月性 海原 徹
*吉田松陰 海原 徹
*高杉晋作 海原 徹
オールコック 佐野真由子
アーネスト・サトウ 奈良岡聰智
冷泉為恭 中部義隆

近代

*明治天皇 伊藤之雄
*大正天皇 F・R・ディキンソン
昭憲皇太后・貞明皇后 小田部雄次
大久保利通 三谷太一郎
山県有朋 鳥海 靖
木戸孝允 落合弘樹
井上 馨 伊藤之雄
*松方正義 室山義正
北垣国道 小林丈広
板垣退助 小川原正道
大隈重信 五百旗頭薫
伊藤博文 坂本一登
井上 毅 大石 眞
井上 勝 老川慶喜
*桂 太郎 小林道彦
*乃木希典 佐々木英昭
林 董 君塚直隆
児玉源太郎 小林道彦
*高宗・閔妃 木村 幹
山本権兵衛 室山義正
高橋是清 鈴木俊夫
小村寿太郎 簑原俊洋
*犬養 毅 小林惟司
加藤高明 櫻井良樹
加藤友三郎・寛治 麻田貞雄
田中義一 黒沢文貴
平沼騏一郎 堀田慎一郎
宇垣一成 北岡伸一
宮崎滔天 榎本泰子
*浜口雄幸 川田 稔
幣原喜重郎 西田敏宏
関 一 玉井金五
広田弘毅 井上寿一
安重根 上垣外憲一
グルー 廣部 泉
永田鉄山 森 靖夫
東條英機 牛村 圭
今村 均 前田雅之
蔣介石 劉 岸偉
石原莞爾 山室信一
木戸幸一 波多野澄雄
岩崎弥太郎 武田晴人
伊藤忠兵衛 末永國紀
五代友厚 田付茉莉子
大倉喜八郎 村上勝彦
安田善次郎 由井常彦
渋沢栄一 武田晴人
山辺丈夫 宮本又郎
武藤山治 阿部武司・桑原哲也
小林一三 橋爪紳也
大倉恒吉 石川健次郎
大原孫三郎 猪木武徳
*河竹黙阿弥 今尾哲也
イザベラ・バード 加納孝代
*林 忠正 木々康子
森 鷗外 小堀桂一郎
二葉亭四迷 ヨコタ村上孝之
巌谷小波 千葉信胤
樋口一葉 佐伯順子
島崎藤村 十川信介
泉 鏡花 東郷克美
有島武郎 亀井俊介
永井荷風 川本三郎
北原白秋 平石典子
菊池 寛 山本芳明
宮澤賢治 千葉一幹
正岡子規 夏石番矢
高浜虚子 坪内稔典
与謝野晶子 佐伯順子
*種田山頭火 村上 護
斎藤茂吉 品田悦一
*高村光太郎 湯原かの子
萩原朔太郎 エリス俊子
原阿佐緒 秋山佐和子
*狩野芳崖・高橋由一 古田 亮
竹内栖鳳 北澤憲昭
黒田清輝 高階秀爾
中村不折 石川九楊
横山大観 高階秀爾
*橋本関雪 西原大輔
小出楢重 芳賀 徹
土田麦僊 天野一夫
岸田劉生 北澤憲昭
松旭斎天勝 川添 裕
中山みき 鎌田東二
ニコライ 中村健之介
出口なお・王仁三郎 川村邦光
島地黙雷 阪本是丸
*新島 襄 太田雄三
木下広次 冨岡 勝
嘉納治五郎 クリストファー・スピルマン
*澤柳政太郎 新田義之
河口慧海 高山龍三
山室軍平 室田保夫

竹崎季長　堀本一繁
西行　光田和伸
藤原定家　赤瀬信吾
*京極為兼　今谷明
*兼好　島内裕子
重源　横内裕人
*運慶　根立研介
法然　今堀太逸
慈円　大隅和雄
明恵　西山厚
親鸞　末木文美士
恵信尼・覚信尼　西口順子
覚如　今井雅晴
道元　船岡誠
叡尊　細川涼一
*忍性　松尾剛次
*日蓮　佐藤弘夫
一遍　蒲池勢至
夢窓疎石　田中博美
*宗峰妙超　竹貫元勝

南北朝・室町

後醍醐天皇　上横手雅敬
護良親王　新井孝重
*北畠親房　岡野友彦
楠正成　兵藤裕己
*新田義貞　山本隆志
光厳天皇　深津睦夫
足利尊氏　市沢哲
佐々木道誉　下坂守
円観・文観　田中貴子
足利義満　川嶋將生
足利義教　横井清
大内義弘　平瀬直樹
伏見宮貞成親王　松薗斉
山名宗全　山本隆志
日野富子　脇田晴子
世阿弥　西野春雄
雪舟等楊　河合正朝
宗祇　鶴崎裕雄
*満済　森茂暁
一休宗純　原田正俊

戦国・織豊

北条早雲　家永遵嗣
毛利元就　岸田裕之
*今川義元　小和田哲男
*武田信玄　笹本正治
武田勝頼　笹本正治
*真田氏三代　笹本正治
三好長慶　仁木宏
宇喜多直家・秀家　渡邊大門
*上杉謙信　矢田俊文
吉田兼倶　西山克
山科言継　松薗斉
*雪村周継　赤澤英二
織田信長　三鬼清一郎
豊臣秀吉　藤井讓治
*北政所おね　田端泰子
*淀殿　福田千鶴
前田利家　東四柳史明
黒田如水　小和田哲男
蒲生氏郷　藤田達生
*細川ガラシャ　田端泰子
伊達政宗　伊藤喜良
*支倉常長　田中英道
ルイス・フロイス　エンゲルベルト・ヨリッセン
*長谷川等伯　宮島新一
顕如　神田千里

江戸

徳川家康　笠谷和比古
徳川吉宗　横田冬彦
*後水尾天皇　久保貴子
光格天皇　藤田覚
崇伝　杣田善雄
春日局　福田千鶴
池田光政　倉地克直
シャクシャイン　岩崎奈緒子
*田沼意次　藤田覚
*二宮尊徳　小林惟司
末次平蔵　岡美穂子
高田屋嘉兵衛　生田美智子
林羅山　鈴木健一
吉野太夫　渡辺憲司
中江藤樹　辻本雅史
山崎闇斎　澤井啓一
山鹿素行　前田勉
*北村季吟　島内景二
貝原益軒　辻本雅史
松尾芭蕉　楠元六男
*ケンペル　B・M・ボダルト＝ベイリー
荻生徂徠　柴田純
雨森芳洲　上田正昭
前野良沢　松田清
平賀源内　石上敏
本居宣長　田尻祐一郎
杉田玄白　吉田忠
上田秋成　佐藤深雪
木村蒹葭堂　有坂道子
*大田南畝　沓掛良彦
菅江真澄　赤坂憲雄
*鶴屋南北　諏訪春雄
良寛　阿部龍一
*山東京伝　佐藤至子
*滝沢馬琴　高田衛
平田篤胤　川喜田八潮
シーボルト　宮坂正英
本阿弥光悦　岡佳子
小堀遠州　中村利則
狩野探幽・山雪　山下善也
尾形光琳・乾山　河野元昭
*二代目市川團十郎　田口章子
与謝蕪村　佐々木丞平
伊藤若冲　狩野博幸
鈴木春信　小林忠
円山応挙　佐々木正子
*佐竹曙山　成瀬不二雄

ミネルヴァ日本評伝選

企画推薦
梅原　猛
ドナルド・キーン
佐伯彰一
角田文衛

監修委員
上横手雅敬
芳賀　徹

編集委員
石川九楊
伊藤之雄
猪木武徳
今谷　明
今橋映子
熊倉功夫
佐伯順子
坂本多加雄
武田佐知子
竹西寛子
西口順子
兵藤裕己
御厨　貴

上代

俾弥呼　古田武彦
日本武尊　西宮秀紀
仁徳天皇　若井敏明
雄略天皇　吉村武彦
*蘇我氏四代　遠山美都男
推古天皇　義江明子
聖徳太子　仁藤敦史
斉明天皇　武田佐知子
小野妹子・毛人　大橋信弥
*額田王　梶川信行
弘文天皇　遠山美都男
天武天皇　新川登亀男
持統天皇　丸山裕美子
阿倍比羅夫　熊田亮介
柿本人麻呂　古橋信孝
*元明天皇・元正天皇　渡部育子
聖武天皇　本郷真紹
光明皇后　寺崎保広
孝謙天皇　勝浦令子
藤原不比等　荒木敏夫
吉備真備　今津勝紀
藤原仲麻呂　木本好信
道　鏡　吉川真司
大伴家持　和田　萃
行　基　吉田靖雄

平安

*桓武天皇　井上満郎
嵯峨天皇　西別府元日
宇多天皇　古藤真平
醍醐天皇　石上英一
村上天皇　京樂真帆子
花山天皇　上島　享
三条天皇　倉本一宏
藤原薬子　中野渡俊治
小野小町　錦　仁
藤原良房・基経　滝浪貞子
菅原道真　竹居明男
*紀貫之　神田龍身
源高明　所　功
慶滋保胤　平林盛得
*安倍晴明　斎藤英喜
藤原実資　橋本義則
*藤原道長　朧谷　寿
藤原定子　山本淳子
清少納言　後藤祥子
紫式部　竹西寛子
和泉式部
ツベタナ・クリステワ
大江匡房　小峯和明
阿弖流為　樋口知志
坂上田村麻呂　熊谷公男
*源満仲・頼光　元木泰雄
平将門　西山良平
藤原純友　寺内　浩
空　海　頼富本宏
最　澄　吉田一彦
*空　也　石井義長
奝　然　上川通夫
*源　信　小原　仁
後白河天皇　美川　圭
式子内親王　奥野陽子
建礼門院　生形貴重
平清盛　田中文英
藤原秀衡　入間田宣夫
平時子・時忠　元木泰雄
平維盛　根井　浄
守覚法親王　阿部泰郎
藤原隆信・信実　山本陽子

鎌倉

源頼朝　川合　康
*源義経　近藤好和
源実朝　神田龍身
後鳥羽天皇　五味文彦
九条兼実　村井康彦
北条時政　野口　実
熊谷直実　佐伯真一
*北条政子　関　幸彦
北条義時　岡田清一
曾我十郎・五郎　杉橋隆夫
北条時宗　近藤成一
安達泰盛　山陰加春夫
平頼綱　細川重男

刊行のことば

歴史を動かすものは人間であり、興趣に富んだ人間の動きを通じて、世の移り変わりを考えるのは、歴史に接する醍醐味である。

しかし過去の歴史学を顧みるとき、人間不在という批判さえ見られたように、歴史における人間のすがたが、必ずしも十分に描かれてきたとはいえない。二十一世紀を迎えた今、歴史の中の人物像を蘇生させようとの要請はいよいよ強く、またそのための条件もしだいに熟してきている。

この「ミネルヴァ日本評伝選」は、正確な史実に基づいて書かれるのはいうまでもないが、単に経歴の羅列にとどまらず、歴史を動かしてきたすぐれた個性をいきいきとよみがえらせたいと考える。そのためには、対象とした人物とじっくりと対話し、ときにはきびしく対決していくことも必要になるだろう。

今日の歴史学が直面している困難の一つに、研究の過度の細分化、瑣末化が挙げられる。それは緻密さを求めるが故に陥った弊害といえるが、その結果として、歴史の大きな見通しが失われ、歴史学を通しての社会への働きかけの途が閉ざされ、人々の歴史への関心を弱める危険性がある。今こそ歴史が何のためにあるのかという、基本的な課題に応える必要があろう。評伝という興味ある方法を通じて、解決の手がかりを見出せないだろうかというのも、この企画の一つのねらいである。

狭義の歴史学の研究者だけでなく、多くの分野ですぐれた業績をあげている著者たちを迎えて、従来見られなかった規模の大きな人物史の叢書として、「ミネルヴァ日本評伝選」の刊行を開始したい。

平成十五年（二〇〇三）九月

ミネルヴァ書房

《著者紹介》

海原　徹（うみはら・とおる）

1936年　山口県生まれ。
京都大学卒，京都大学助教授，同大学教授を経て，
1999年　京都大学停年退官。
現　在　京都大学名誉教授，前京都学園大学学長，教育学博士。
著　書　『明治維新と教育』ミネルヴァ書房，1972年。
『近世私塾の研究』思文閣出版，1983年。
『近世の学校と教育』思文閣出版，1988年。
『吉田松陰と松下村塾』ミネルヴァ書房，1990年。
『松下村塾の人びと』ミネルヴァ書房，1993年。
『松下村塾の明治維新』ミネルヴァ書房，1999年。
『江戸の旅人 吉田松陰』ミネルヴァ書房，2003年。
『偉大なる凡人　辻本光楠』丸善，2005年。
『月性』（日本評伝選）ミネルヴァ書房，2005年。
『エピソードでつづる吉田松陰』共著，ミネルヴァ書房，2006年。
『高杉晋作』（日本評伝選）ミネルヴァ書房，2007年。
『広瀬淡窓と咸宜園』ミネルヴァ書房，2008年。
『吉田松陰に学ぶ』ミネルヴァ書房，2010年。
訳　書　R. Rubinger『私塾』共訳，サイマル出版会，1982年。

ミネルヴァ日本評伝選
吉《よし》田《だ》松《しょう》陰《いん》
――身はたとひ武蔵の野辺に――

2003年9月10日　初版第1刷発行
2010年3月20日　初版第3刷発行
〈検印省略〉

定価はカバーに
表示しています

著　者　海　原　　徹
発行者　杉　田　啓　三
印刷者　江　戸　宏　介

発行所　株式会社　ミネルヴァ書房
607-8494 京都市山科区日ノ岡堤谷町1
電話（075）581-5191（代表）
振替口座 01020-0-8076番

© 海原徹，2003〔002〕
共同印刷工業・新生製本

ISBN978-4-623-03903-6
Printed in Japan

人名索引

あ　行

か　行

さ　行

た　行

な　行

は　行

ま　行

や　行

ら　行

わ　行

事項索引

あ 行

か 行

さ 行

た　行

な　行

は　行

ま　行

や　行

ら　行